suhrkamp taschenbuch 5202

Maya Angelou

Was die Wahrheit uns bedeutet

Aus dem amerikanischen Englisch
von Christiane Buchner

Suhrkamp

Die amerikanische Originalausgabe erschien 1981
unter dem Titel *The Heart of a Woman*
bei Random House, New York.

Erste Auflage 2022
suhrkamp taschenbuch 5202
Deutsche Erstausgabe

Umschlagfoto: Klaus Vedfelt / Getty Images
Umschlaggestaltung: hißmann, heilmann, hamburg
Druck und Bindung: C. H. Beck, Nördlingen
Printed in Germany
ISBN 978-3-518-47202-6

www.suhrkamp.de

Was die Wahrheit uns bedeutet

»The ole ark's a-movernin', a-moverin', a-movernin'
the ole ark's a-moverin' along.«

Das alte Spiritual hätte der Titelsong der Vereinigten Staaten des Jahres 1957 sein können, so hoch ging es damals bei uns her, *moverin'* vorwärts und rückwärts und oft genug auch einfach nur im Kreis.

Wir schufen uns ein Labyrinth aus Widersprüchen. Schwarze und weiße Amerikaner tanzten einen extravaganten und oft gefährlichen Tanz, und mit unseren Schritten nach vorn, den plötzlichen Drehungen, Pirouetten und Rückwärtsschritten machten wir uns ganz wirr. Das Land feierte Althea Gibson, die hochgewachsene Tennisspielerin, die als erste Schwarze die U.S. Open im Einzel der Frauen gewann, Präsident Eisenhower schickte ein Fallschirmjägerbataillon, um Schwarze Schulkinder in Little Rock, Arkansas, zu beschützen, und South Carolinas Senator Strom Thurmond filibusterte 24 Stunden und 18 Minuten lang im Kongress, um die Verabschiedung des Wahlrechtsgesetzes der Kommission für Bürgerrechte zu verhindern.

Sugar Ray Robinson, *everybody's Dandy*, verlor seinen Mittelgewichtstitel, holte ihn sich wieder und verlor ihn erneut – alles innerhalb von ein paar Monaten. Der Bestseller des Jahres war Jack Kerouacs *On The Road*, und der Titel beschrieb treffend die Psyche unserer Nation: Wir waren tatsächlich *unterwegs*, auch wenn keiner wusste, wohin und wann wir dort ankommen würden.

Ich war nach einer einjährigen Europatournee als Solotänzerin bei *Porgy and Bess* wieder nach Kalifornien zurückgekehrt. Ein paar Monate lang arbeitete ich als Sängerin in Clubs an der Westküste und auf Hawaii und sparte mein Geld, dann nahm ich meinen kleinen Sohn Guy unter den Arm und ging unter die Beatniks. Zum Kummer meiner Mutter und zu Guys allergrößtem Vergnügen zogen wir über die Golden Gate Bridge und in eine Hausbootkommune in Sausalito, wo ich barfuß und in Jeans herumlief und wir beide in ungebügelten Klamotten. Guy schleppte ich zu einem Friseur in San Francisco, meine eigenen Haare dagegen ließ ich zu einer wilden, ungeglätteten Mähne wachsen, mit der ich aus der Ferne aussah wie ein großer brauner Baum, dem man die Äste abgezwickt hatte. Meine Mitbewohner, eine Ichthyologin, ein Musiker, eine Ehefrau und ein Erfinder, waren Weiße und wären, so sie politisch gewesen wären (was nicht der Fall war), irgendwo zwischen linkem Rand und Revolution angesiedelt gewesen.

Erstaunlicherweise bot mir das Hausboot eine Atempause von den Spannungen zwischen Weiß und Schwarz und meinem Sohn die Gelegenheit, sich unter Weißen zu bewegen, für die er weder so exotisch war, dass man ihn nicht auch zurechtweisen durfte, noch so stinknormal, dass man ihn ignoriert hätte.

Während unserer Zeit in Sausalito hatte meine Mutter schwer mit ihrem Mutterinstinkt zu kämpfen. Bei ihren monatlichen Besuchen, im Marderpelz, Klunker um den Hals und Stöckelschuhe an den Füßen, mit denen sie grundsätzlich zwischen lockeren Bootsplanken steckenblieb, machte sie gute Miene und biss sich auf die Zunge. Ihre Augen verrieten jedoch die Sorge um ihr Kind und Kindeskind. Sie stopfte mir bündelweise Geldscheine unters Kopfkissen oder drückte mir beim Abschiedskuss einen Scheck in die Hand. Dabei hätte sie sich ruhig entspannen können, getreu dem Bibelspruch »Der Apfel fällt nicht weit vom Stamm« – wenn er ihr denn eingefallen wäre.

Binnen eines knappen Jahres regte sich in mir die Sehnsucht nach Privatsphäre, Teppichboden und Maniküren. Guy war bald außer Rand und Band wie ein junger Tiger. Er wusch sich seltener, als ich für gesund hielt, und weil meine Freunde ihn wie einen Erwachsenen behandelten, wollte er sich allmählich auch von seiner Mutter nichts mehr sagen lassen.

Etwas Neues musste her – zum Beispiel konnte ich wieder als Sängerin arbeiten und meinen Sohn und mich mit den Gagen über Wasser halten.

Es galt, dem Leben zu vertrauen, schließlich war ich jung genug, um daran zu glauben, dass das Leben den liebt, der sich traut, es zu leben.

Ich packte meine Sachen, verabschiedete mich und zog los.

Laurel Canyon galt als offizielle Wohngegend von Hollywood, keine zehn Minuten von Schwab's Drugstore und eine Viertelstunde vom Sunset Strip.

Bestechend an dem Canyon war seine Sinnlichkeit. Häuser im maurischen Stil mit roten Ziegeldächern schmiegten sich zwischen Erdbeerbäumen verführerisch aneinander, die feuchte Luft duftete nach Eukalyptus, Blumen tobten sich aus in Purpur, Pink, Fuchsia und Sonnengelb. Häher und Nachtfalken, Hüttensänger und Schwalben zirpten, pfiffen und trillerten auf Baumästen in allen Schattierungen von ominösem Dunkelgrün bis Brackengelb. Filmstars und

Starlets, Produzenten und Regisseure, die sich dort niedergelassen hatten, trugen das Ihre zur erotischen Aufladung ihrer Umgebung bei.

Die paar Schwarzen, die in Laurel Canyon wohnten, darunter Billy Eckstein, Billy Daniels und Herb Jeffries, waren reich, berühmt und hellhäutig genug, um als Weiße durchzugehen, jedenfalls als Portugiesen. Ich dagegen war eine mäßig bekannte Nightclub-Sängerin mit dem Ruf, mehr Hartnäckigkeit als Talent zu besitzen; unbedingt wollte ich in dieser Glamour-Gegend wohnen. Dass die Geschichten von Amateuren, die beim Lunch an der Bar entdeckt wurden, ins Reich der Fabel gehörten, war mir zwar klar, doch zur richtigen Zeit am richtigen Ort zu sein, schien mir schon wichtig, und 1958 schien mir kein Ort so richtig wie Laurel Canyon.

Als ich mich auf eine Mietanzeige meldete, hieß es, das Haus sei am selben Vormittag vermietet worden. Ich bat ein mir wohlgesinntes weißes Ehepaar, Atara und Joe Morheim, es für mich zu probieren, und siehe da, ihnen gelang es.

Am Umzugstag tauchten die Morheims, mein Gesangscoach Frederick »Wilkie« Wilkinson, Guy und ich vor einem bescheidenen, überteuerten Drei-Zimmer-Bungalow auf.

Der Vermieter begrüßte Joe herzlich mit Handschlag, blickte ihm dann über die Schulter und erkannte mich. Schockiert und angewidert wich er zurück und riss seine Hand an sich. »Ihr Mistkerle! Ich weiß, was ihr vorhabt. Ich sollte euch anzeigen!«

Joe, der immer eine an Desinteresse grenzende Lässigkeit an den Tag gelegt hatte, verblüffte mich mit seiner emotionalen Reaktion: »Das lässt du schön bleiben, du Faschist. Wenn hier einer einen anzeigt, dann ist das die Dame hier, und falls sie das tun will, sage ich als Zeuge vor Gericht für sie aus. Und jetzt zisch ab, damit wir einziehen können.«

Der Vermieter rauschte an uns vorbei und brüllte seinen Ärger in den milden Frühlingsduft. »Das hätt ich mir denken können! Du Mistkerl, du, du Drecksjude!«

Unter nervösem Gelächter trugen wir meine Möbel ins Haus.

Ein paar Wochen später hatte ich das kleine Haus strahlend weiß gestrichen, Guy in der nahegelegenen Schule angemeldet, lediglich ein paar Drohanrufe bekommen und mir einen schicken Oldtimer zugelegt. Der meergrüne, zehn Jahre alte Chrysler hatte ein Armaturenbrett aus Parkett und Türen mit splitteriger Holzoptik. Mit dem blitzenden Chrom der Cadillacs und Buicks meiner Nachbarn konnte er zwar nicht mithalten, aber er hatte eine altmodische Eleganz, und wenn ich ihn offen fuhr, kam ich mir vor wie eine exzentrische Künstlerin und nicht wie eine mittellose Schwarze, die im falschen Viertel und fern von ihren Wurzeln über ihre Verhältnisse lebt.

Eines Morgens im Juni kam Wilkie zu mir ins Haus marschiert und fragte: »Hast du Lust, Billie Holiday kennenzulernen?«

»Natürlich, was für eine Frage. Hat sie Auftritte in L. A.?«

»Nein, sie ist bloß auf der Durchreise von Honolulu. Ich bin auf dem Weg zu ihrem Hotel und bringe sie mit, wenn du dir das zutraust.«

»Was gibt's da zum Zutrauen? Sie ist eine Frau, ich bin eine Frau.«

Wilkie lachte polternd. »Huiuiui, du nimmst den Mund ganz schön voll. Vielleicht gefällt ihr das, dann ist alles Ordnung. Vielleicht auch nicht, dann hast du Pech.«

»Das könnte auch umgekehrt gehen. Vielleicht gefällt sie mir ja genauso wenig.«

Wilkie lachte noch einmal. »Ich sag's ja, du nimmst den Mund ganz schön voll. Hast du Gin da?«

Irgendwo stand eine Flasche herum, die seit Monaten Staub ansetzte.

Wilkie stand auf. »Gib mir den Schlüssel. Cabrio fahren gefällt ihr bestimmt.«

Erst als er weg war, setzte die Nervosität ein. Die Tatsache, dass Lady Day zu mir nach Hause kommen würde, fuhr mir in die Glieder und schlotterte mich durch. Dass sie harte Drogen nahm, war kein Geheimnis; ich dagegen rauchte nicht mal mehr regelmäßig Gras. Wie sollte ich ihr begreiflich machen, dass sie sich bei mir keinen Schuss setzen und keine Line ziehen konnte? Außerdem hatte sie angeblich lesbische Affären. Wenn sie sich an mich ranmachte, wie sollte ich dann höflich ablehnen, ohne dass sie das Gefühl hätte, ich lasse sie abblitzen? Ihr Temperament war im Showbusiness legendär, da wollte ich ihr garantiert nicht zu nahetreten. Ich holte den Staubsauger, leerte Aschenbecher und räumte auf, im vollen Bewusstsein, dass ich Billie Holiday damit nicht beeindrucken würde.

Als ich sie dann durch die Fliegentür sah, wurde aus der Nervosität blitzartig ein Schock. Das aufgedunsene Gesicht ließ nur noch einen Schatten seiner einstigen Schönheit erahnen. Als sie eintrat, blieben ihre schwarzen Augen ausdruckslos, und als Wilkie uns bekanntmachte, lag ihre Hand in meiner schlapp wie ein Gummitier.

»Hallo Maya, was liegt an? Hübsch hast du's hier.« Noch keinen Blick hatte sie ins Haus geworfen. Die Stimme aber war genau die schleppende, karge, klagende, die mir in einsamen Nächten oft beiseitegestanden hatte.

Ich holte den Gin, setzte mich und hörte zu, wie Wilkie und Billie sich über die alten Zeiten und die alten Freunde in Washington unterhielten. Die Namen und die Eskapaden, mit denen sie prahlten, sagten mir nichts, aber Billies Ausdrucksweise zog mich in den Bann. Durch meinen Umgang mit der Straße, mit Hustlern, Spielern und Kleinkriminellen, war ich Fluchen gewohnt. Durch jahrelanges Frequentieren von Nightclub-Garderoben, Cabarets und Spelunken kannte ich jeden ordinären Ausdruck, jede Obszönität – dachte ich jedenfalls. Aber so abfällig und ordinär, wie sich Billie Holiday ausdrückte, riss es mir fast die Ohren weg. Sie gebrauchte durchaus die alten Wörter, setzte sie aber in neue Kontexte und verschliff sie so lässig, dass sie einem an den Gehörgängen entlangraspelten. Als sie mich nach einer halben Ewigkeit ins Gespräch miteinbezog, war mir klar, dass ich bei ihr nicht würde punkten können.

»Wilkie meint, du bist Sängerin. Singst du auch Jazz? Und taugst du was?«

»Nö, nicht so richtig. Mit der Intonation hapert's manchmal.«

»Hast du Aspirationen? Willst du mir Konkurrenz machen?«

»Ich will niemandem Konkurrenz machen. Ich bin Entertainerin und verdiene einfach mein Geld damit.«

»Als Entertainerin? Also Titties raushängen lassen und mit dem Arsch wackeln?«

»Das habe ich nicht nötig. Und ich würd's auch nicht tun. Unter keinen Umständen.«

»Beschreien reimt sich super auf bereuen.«

Ich überlegte schon, wie ich mir die Frau samt ihrer Feindseligkeit wieder vom Hals schaffen konnte, da sprang mir Wilkie zur Seite.

»Billie, hör sie dir doch erst mal an, bevor du den Mund aufreißt. Sie singt Folksongs, Calypso und Blues. Du kennst mich, wenn ich sage, sie ist gut, dann meine ich das. Sie ist gut, und sie war so nett, uns zum Lunch einzuladen, also jetzt halt mal die Luft an, sonst kannst du deinen Hintern allein den Hügel hier runterschaffen. Das ist mein voller Ernst.«

Sie lachte dröhnend. »Wilkie, du bist doch derselbe kleine Scheißer wie früher. Irgendwann setzt du mich auf die Straße, das war mir immer klar.« Sie schenkte mir ein brüchiges Lächeln.

»Was gibt's denn zu essen, Baby?« An Essen hatte ich überhaupt nicht gedacht, aber im Kühlschrank lag ein rohes Huhn. »Ich brat uns ein Huhn. Brathähnchen, Reis und Arkansas-Spezialsoße.«

»Hähnchen mit Reis ist immer gut. Aber brat mir den Gockel. Brat ihn, bis er durch ist, ich hasse scheiß rohe Hühner.«

»Billie, ich behaupte nicht, dass ich eine tolle Sängerin bin, aber wie man ein Essen auf den Tisch stellt, weiß ich. Und rohes Huhn habe ich noch nie serviert.« Ich musste für mich einstehen, selbst auf die Gefahr hin, dass sie mir Beleidigungen an den Kopf warf.

»Okay, Baby, okay. Ich sag ja bloß, dass ich blutige Hühnerbeine nicht ausstehen kann. Aber du weißt, was du tust, dann ist ja alles in Ordnung. Ich wollte dir nicht zu nahetreten.«

Ich zog mich in die Küche zurück. Über dem Geklapper der Töpfe und dem zischenden Fett waberte Wilkies und Billies Gelächter herüber.

Was dieser Nachmittag wohl noch alles mit sich brachte? Vielleicht hatte ich ja Glück, vielleicht tranken sie die Flasche leer und Wilkie nahm sie mit in eine Bar auf dem Sunset.

Billie setzte sich bedächtig an den Tisch. Jede Bewegung wirkte wie sorgfältig überlegt.

»Du deckst so einen schönen Tisch und hast keinen Kerl?«

Ich erklärte ihr, dass ich mit meinem Sohn allein lebte. Sie drehte sich abrupt weg – die erste schnelle Bewegung, seit sie mein Haus betreten hatte. »Kinder kann ich nicht ausstehen. Die kleinen Krähkrümel fressen einem die Haare vom Kopf und sagen nicht mal Danke.«

»Mein Sohn ist nicht so. Er ist intelligent und höflich.«

»Das sagen sie alle. Also, ich kann die kleinen Scheißer nicht um mich haben. Das Hähnchen schmeckt nicht schlecht.«

Ich warf Wilkie einen Blick zu; er nickte.

»Billie, ich fahr dich jetzt in eine Kneipe auf der Western, da kriegst du alles, was du willst.«

Ihre vollen Backen hielten sie keineswegs vom Sprechen ab. »Verdammt, Nigger, wenn ich in ne Kneipe will, find ich die auch ohne dich. Im ganzen Land kenne ich jeden Schuppen, wo man kriegt, was du dir nur vorstellen kannst. Ich wollte aber zu einer freundlichen Lady nach Hause. Kochen kann sie auch. Ich bin also happy wie ein Schwuler im Baumpflanzercamp. Gib mir mal noch das Hühnerbein da.«

Während ich die Reste des Hähnchens in die Küche brachte, erzählte Billie von Hawaii.

»Die Leute schwärmen immer von ›den Inseln, den Inseln‹. Verdammt, da gibt's nichts als Wasser und Sand. Den ganzen Tag scheint die Sonne. Scheiße, was soll die Sonne sonst tun außer scheinen?«

»Aber fandst du es nicht auch schön dort? Die laue Luft, die Blumen, die Palmen und die Menschen? Die Hawaiianer sehen doch so gut aus.«

»Nichts als ein paar Nigger. Nackte noch dazu. Und dann die Musik! Unf, unf.« Sie ahmte den Klang einer Ukulele nach.

»Nee, also echt. Da bin ich lieber in New York. In New York sind zwar alles Arschlöcher, aber wenigstens tun sie nicht scheinheilig.«

Als ich wieder ins Wohnzimmer kam, sah Wilkie mit einem Seitenblick zu mir auf die Uhr. »In einer halben Stunde habe ich einen Schüler. Komm, Billie, ich fahr dich zurück ins Hotel. Danke, Maya, wir müssen los.«

Billie sah von ihrem Glas auf. »Du vielleicht. Ich muss gar nichts, außer Schwarz bleiben und irgendwann sterben.«

»Na, ich hab dich hergebracht, also nehm ich dich auch wieder mit. Maya hat wahrscheinlich sowieso zu tun.«

Die beiden starrten mich an. Ich überlegte kurz und beschloss, nicht zu lügen.

»Nein, ich habe Zeit. Ich fahre sie dann ins Hotel, wenn sie zurückmöchte.«

Wilkie schüttelte den Kopf. »Okeydoke.« Seine Miene verriet ein »Hoffentlich weißt du, was du tust«. Wusste ich natürlich nicht, aber die Neugier war stärker als die Angst.

Billie warf den Kopf zurück. »Also bis dann, Wilkie. Hoffentlich nicht erst wieder in zwanzig Jahren.«

Wilkie drückte ihr einen Kuss auf die Wange, warf mir einen höchst eigenartigen Blick zu und verließ uns.

Die ersten paar Minuten schwiegen wir beide. Billie taxierte mich, und ich überlegte, mit welchem Thema ich wohl ihr Interesse wecken könnte.

»Du bist keine von uns, oder?«, fragte sie schließlich.

Ich wusste, was sie meinte. »Nein.«

»Wieso hast du mich dann eingeladen?«

Eingeladen hatte sie zwar Wilkie, aber ich hatte mich darauf eingelassen.

»Weil du eine große Künstlerin bist und ich Respekt vor dir habe.«

»Quatsch. Du wolltest mich aus der Nähe sehen.« Meinen Protest ließ sie nicht gelten. »Schon gut, damit trittst du mir nicht auf die Zehen. Aber was du hier siehst, sagt gar nichts. Ich war eine Schönheit hoch drei. Das fanden alle. Haben sie jedenfalls gesagt. Du weißt ja, wie die Leute so reden, wenn sie was von dir wollen, lügen sie dir die Hucke voll. Und dann gibt's die, die dich einfach bloß aussaugen. Die kenn ich auch, zur Genüge.« Plötzlich schien sie in Gedanken und ich blieb stumm, um ihre Träumerei nicht zu stören.

Sie hob den Kopf und drehte sich weg, Richtung Fenster. Dann kam ein verschwörerisches Flüstern. »Männer. Männer können einem echt den Rest geben. Frauen genauso, die haben bloß nicht den Nerv. Das sind genau solche Hyänen, sie sagen es bloß nicht so laut.«

Zwar kannte ich die Geschichten, wie Billie von Männern verprügelt, von Dealern übers Ohr gehauen und von Drogenfahndern gejagt worden war, trotzdem litt sie für meine Begriffe einfach unter Verfolgungswahn.

»Hast du denn keine Freunde? Niemand, dem du vertraust?«

Sie fuhr wieder herum. »Klar hab ich Freunde. Gute Freunde sogar. Wer keine Freunde hat, der kann sich gleich einsargen lassen.« Zuvor war sie weicher geworden, aber durch meine Frage hatte sie blitzschnell die alten Mauern wieder aufgebaut. Ich zerbrach mir den Kopf, wie ich ihr die Befangenheit nehmen könnte. Dann waren Guys Schritte auf der Treppe zu hören.

»Mein Sohn kommt nach Hause.«

»Ach du Scheiße. Wie alt ist der noch mal?«

»Er ist zwölf und ein sehr netter Mensch.«

Voller Energie kam Guy ins Zimmer gestürmt.

»Hey, Momwieisses? Washastdugemacht? Wasgibtszum-Essen? DarfichzuTony? DarfichnachdenHausaufgabenzu-Tony?«

»Guy, wir haben einen Gast. Das ist Miss Billie Holiday.« Er wandte sich Billie zu, war aber zu schnell unterwegs, als dass er die Abneigung in ihrer Miene bemerkt hätte.

»Billie Holiday? Ach ja, ich weiß. Guten Tag, Miss Holiday.« Er ging um den Tisch und streckte ihr die Hand hin. »Freut mich, Sie kennenzulernen. Ich habe mal was über Sie gelesen, in einer Zeitschrift. Da hieß es, die Polizei hätte Sie schikaniert. Und dass Sie ein sehr schwieriges Leben hatten. Stimmt das? Was hat die Polizei denn mit Ihnen gemacht? Und konnten Sie sich wehren? Also, die anzeigen oder so?«

Billie fiel vor lauter Verblüffung nichts mehr ein.

Guy packte ihre Hand und schüttelte sie, ohne dass dabei sein Redefluss versiegt wäre.

»Vielleicht erwarten die zu viel von Ihnen. Damit kenne ich mich aus. Wenn ich von der Schule heimkomme, muss ich als Erstes den Rasen gießen, also, erst mal mich umziehen natürlich. Und ist Ihnen schon aufgefallen, dass wir an einem Hang wohnen? Wenn da also Wind geht, dann kriege ich beim Gießen die volle Ladung ab. Und wenn ich dann tropfnass wieder reinkomme, glaubt meine Mutter, ich hätte bloß mit dem Schlauch rumgespielt. Dabei kann ich gegen den Wind doch nichts machen. Kommen Sie mit raus und unterhalten sich mit mir, wenn ich mich umgezogen habe? Ich möchte alles über Sie wissen.« Er ließ ihre Hand los und raste aus dem Zimmer. »Bin gleich wieder da!«

Billie wusste nicht, wie ihr geschah. Nach einer Schrecksekunde sah sie mich an. »Hölle, das ist ja ein Kaliber. Schlaues Kerlchen. Was will er denn werden?«

»Mal Arzt, mal Feuerwehrmann, kommt immer drauf an, wann man ihn fragt.«

»Gut so. Hauptsache, er geht nicht ins Showbusiness. Schwarze Männer und Showbusiness ist eine schlechte Kombination. Wenn sie nicht das werden, was sie sich erträumt haben, lassen sie das an ihren Frauen aus. Wie heißt er noch mal?«

»Guy. Guy Johnson.«

»Du heißt Angelou, er Johnson? Du hast doch nicht schon die zweite Ehe in den Knochen? So alt siehst du gar nicht aus.«

Ich hatte Guy als unverheirateter Teenager gekriegt, deshalb trug er den Nachnamen meines Vaters. So viel von unserer Familiengeschichte wollte ich aber nicht preisgeben.

»Wie's halt so geht«, sagte ich.

Billie nickte. »Ja, life is a bitch. Und was für eine«, murmelte sie.

Guy kam wieder hereingefegt, alte Jeans zerrissenes T-Shirt. »Alles klar, Miss Holiday? Sind Sie dabei? Kommen Sie, ich pass schon auf, dass Sie nicht nass werden.«

Sichtlich mühsam stemmte Billie sich hoch.

Ich beschloss einzuschreiten. »Guy, Miss Holiday will sich mit mir unterhalten. Geh du mal raus und erledige deine Aufgaben, dann kannst du hinterher noch mit ihr reden.«

Billie stand aufrecht. »Ach was, ich geh schon mit ihm raus. Aber wie kannst du ihn in diesen zerlumpten Klamotten rumlaufen lassen? Ihr wohnt in einer weißen Gegend, da steht er doch unter Beobachtung. Guy, wenn deine Mutter mich fährt, kauf ich dir morgen was Anständiges zum Anziehen. Du brauchst ja nicht rumzulaufen wie auf dem Baumwollfeld, bloß weil du den Rasen sprengst. Komm jetzt, los.«

Guy hielt ihr die Tür auf, und sie stelzte durchs Zimmer. Kurz darauf konnte ich beobachten, wie mein Sohn mit dem Schlauch auf den Rosengarten zielte und Billie wacker übers Gras balancierte, obwohl die Absätze ihrer Baby-Doll-Pumps in der weichen Erde versanken.

Sie blieb noch zum Abendessen – ich könne sie doch auf dem Weg zur Arbeit im Hotel absetzen. Während ich in der Küche stand, unterhielt sie sich mit Guy, und erstaunlicherweise saß er stumm da und hörte zu, wie sie von den Südstaaten erzählte, von den Städten, der Polizei, den Musikagenten, den guten Musikern und schuftigen Kerlen, denen sie begegnet war. Sie unterließ jegliches Fluchen und wenn ihr doch ein Ausdruck herausrutschte, entschuldigte sie sich bei ihm: »Ist einfach eine schlechte Angewohnheit von mir.« Als nach dem Abendessen die Babysitterin kam, verkündete Billie, dass sie Guy ein Gutenachtlied singen würde.

Sie gingen in sein Zimmer, ich kam nach. Guy setzte sich auf die Bettkante, und Billie stimmte a capella »You're My Thrill« an, einen alten Song voller sinnlicher Metaphorik. Sie sang ihn, als wäre sie ausgehungert nach Sex, und nur der Junge, der sie aus teilnahmslosen Teenageraugen anblickte, könnte ihr Befriedigung verschaffen.

Ich beobachtete die Szene von der Tür aus und zeichnete jeden Ton innerlich auf, prägte mir alles ein, die raue Stimme, Billies Haltung und Guys nachsichtigen Blick (er hätte viel lieber gelesen oder Scrabble gespielt).

Als ich sie am Sunset Colonial Hotel absetzte, sagte sie, ich solle sie am nächsten Morgen in aller Frühe wieder abholen. Sie könne sowieso nicht schlafen, bekam ich zu meiner Verwunderung zu hören, also könne sie mit ihrem Chihuahua genauso gut bei mir die Zeit totschlagen.

Die nächsten vier Tage kam Billie frühmorgens zu uns, redete den ganzen Tag wie ein Wasserfall, sang Guy ein Gutenachtlied vor und blieb, bis ich zur Arbeit fuhr. Ich hätte eine beruhigende Wirkung auf sie, meinte sie, weil ich so gottverdammt spießig sei. Sobald Guy auftauchte, beherrschte sie sich, ansonsten fluchte sie wie ein Bierkutscher, nur in seiner Gegenwart riss sie sich zusammen und ließ nicht nur die Obszönitäten weg, sondern gab sich erhebliche Mühe, deutlich zu artikulieren.

Am letzten Abend, bevor sie nach New York zurückflog, wollte sie Guy als Abschiedslied »Strange Fruit« vorsingen. Wir saßen am Esstisch, Guy stand in der Tür.

Mit heiserer Stimme und trockenem Ausdruck sprach und sang Billie das berühmte Protestlied. Ihre Phrasierung und die raue Stimme schlugen mich völlig in Bann. Ich sah die Leichen an den Bäumen hängen, sah vor mir, wie das Blut der Lynch-Opfer von den Blättern an den Stämmen entlang bis zu den Wurzeln rann.

Guy rief dazwischen. »Wie soll denn da Blut an die Wurzeln kommen?« Ich blickte ihn scharf an. »Sei still, Guy, hör einfach zu.« Billie hatte, mit bebender Stimme über jähe Klippen hinweg, weitergesungen.

Sie malte das Bild einer lieblichen Südstaatenlandschaft, pastoral und idyllisch, und dann kamen hervorquellende Augen und verzerrte Münder dazu.

Guy platzte heraus: »Was ist denn eine pastorale Szene, Miss Holiday?« Billie hob langsam den Kopf und taxierte ihn. Plötzlich trat Grausamkeit in ihren Blick, und als sie sprach, klang ihre Stimme verächtlich. »Das heißt, wenn die Cracker die Nigger umbringen. Wenn sie einen kleinen Nigger wie dich packen, ihm die Eier abschneiden und sie ihm ins Maul stopfen. Das heißt das.«

Mich hatte ihr Ausbruch verblüfft, und Guy war völlig vor den Kopf gestoßen.

Billie war noch nicht fertig. »So läuft das. Das ist eine gottverdammte pastorale Szene.«

Guy schoss uns einen eisigen Blick zu. »Entschuldigt mich, ich gehe jetzt ins Bett.« Er drehte sich um.

Ich stand auf, unter dem Vorwand, ich müsse zur Arbeit, aber Billie hörte weder ihn noch mich.

Oben in Guys Zimmer entschuldigte ich mich für Billies Benehmen. Er lächelte sarkastisch, als hätte ich und nicht Billie ihn so angeblafft, und hielt mir kühl die Wange für meinen Gutenachtkuss hin.

Im Auto versuchte ich Billie zu erklären, was an ihrem Verhalten falsch war, aber sie weigerte sich, es zu verstehen. »Wieso, ich hab doch nicht gelogen«, sagte sie. »So sind die Cracker. Man wird ja wohl noch die Wahrheit sagen dürfen.«

Sie beschloss, nicht ins Hotel gebracht werden zu wollen, sondern mit mir in den Nightclub zu kommen und mich singen zu hören. Jeder Versuch, sie umzustimmen, blieb erfolglos.

Ich nahm sie also mit in den Club, besorgte ihr einen Platz in der ersten Reihe und ging in meine Garderobe.

Jimmy Truitt von der Lester Horton Dance Troupe war schon in voller Montur für die erste Nummer.

»Hey« – Jimmy grinste wie ein Schuljunge – »Billie Holiday sitzt im Publikum, und ihr glaubt es nicht …«

Die anderen Tänzer und Tänzerinnen umringten uns.

»Die große Billie Holiday sitzt in der ersten Reihe, und ein Minihündchen säuft aus ihrem Glas.« Für mich war es inzwischen normal, dass Billie kaum einen Schritt ohne Pepe tat, ich hatte das gar nicht groß bemerkt.

Die Tanztruppe schwärmte aus und legte ein Feuerwerk aus Latin-Rhythmen auf die Bühne. Danach wurde ich angekündigt.

Nach meinem ersten Stück wandte ich mich ans Publikum.

»Ladies and Gentlemen, es ist zwar gegen die Regeln dieses Clubs, Prominente im Publikum zu begrüßen, damit nicht etwa einmal jemand übersehen wird. Aber heute Abend verstoße ich gegen diese Regeln. Es wird Sie sicher alle freuen, dass Miss Billie Holiday hier bei uns ist.«

Das Publikum applaudierte begeistert. Die Leute jubelten, sprangen auf und blickten sich suchend um. Billie stierte mich an, nahm dann Pepe auf den Arm, stand auf, drehte sich zum Publikum und verbeugte sich ein paar Mal huldvoll. Mit unbewegter Miene setzte sie sich wieder.

Mein nächstes Stück war ein alter Blues, den ich immer allein mit Bassbegleitung anfing. Es war ein Klagelied mit einem tragischen Text. Ich sang es mit geschlossenen Augen, als so plötzlich, als würde eine Scheibe zerbersten, Billies Stimme mir dazwischenfuhr.

»Stopft der Bitch das Maul! Stopft es ihr, verdammt! Maul stopfen! Sie klingt ja wie meine gottverdammte Mutter.«

Ich brach ab und sah gerade noch, wie Billie mit Pepe auf

dem Arm durch die Menge zur Damentoilette marschierte. Ich bedankte mich beim Publikum, bat den Bandleader weiterzuspielen, und stürzte ihr nach. Zwei Mal am selben Abend hatte die Frau mich brüskiert. Das ließ ich mir nicht gefallen. Sie sollte lernen, dass eine »gottverdammte Spießerin« sich wehren konnte.

Ich hatte die Hand kaum auf dem Drücker, da flog die Tür schon auf und eine weiße Frau mittleren Alters schoss mit kalkweißem Gesicht an mir vorbei.

Ich trat ein. Billie stand vor dem Spiegel und betrachtete sich eingehend. »Hör mal, Billie«, setzte ich an.

Den Blick weiter auf den Spiegel gerichtet, sagte sie: »Ach, ist schon okay mit dem Lied. Du kannst ja nichts dafür. Die meisten Schwarzen Frauen klingen gleich. Außer sie versuchen, wie Weiße zu klingen.« Sie lachte. »Hast du gesehen, wie die olle Schnepfe hier rausgezischt ist?«

»Mir ist eine Frau über den Weg gelaufen, ja.«

»Das war sie. Sie saß auf dem Klo, und als ich die Tür aufmache, keift sie mich an: ›Tür zu!‹ Ich keife zurück: ›Dann sperr sie doch zu, wenn sie zu bleiben soll! Schnepfe.‹ Hinterher kommt sie raus und meint: ›Wow, sind Sie nicht Billie Holiday?‹ Und ich: ›Frag ich dich, wie du heißt? Schnepfe.‹ Ein Bild für die Götter, wie die hier abgezischt ist.« Sie lachte wieder und schnitt ihrem Spiegelbild eine Grimasse.

»Die Frau war womöglich ein alter Fan von dir, Billie«, sagte ich.

Sie drehte sich um, Pepe, Handtasche und Jacke fest im Griff. »Vorhin, als du mich vorgestellt hast, weißt du, warum die ganzen Cracker da aufgestanden sind? Weißt du warum?«

»Aus Respekt«, erwiderte ich.

»Quatsch. Mann, bist du naiv. Alle sind sie aufgestanden und haben rumgeglotzt. Und was wollten sie sehen? Eine Schwarze, die schon mal wegen Dope im Knast saß. Und noch eins sag ich dir. Du willst doch berühmt werden, oder?«

Ich gab zu, dass das stimmte.

»Du wirst auch berühmt. Allerdings nicht als Sängerin. Du weißt ja selber, dass du nicht so wahnsinnig gut bist. Aber du wirst trotzdem berühmt. Und deshalb fragst du dich am besten gleich jetzt: ›Wem kann ich dann noch trauen?‹ Die Cracker sind alles Schweine, und die Nigger sind nicht viel besser. Pass einfach auf deinen Sohn auf. Lass ihn nicht aus den Augen und sag ihm immer wieder, dass er der klügste Mensch auf Gottes Erden ist. Vielleicht wird er dich dann später nicht hassen. Denk immer dran, Billie Holiday hat dir gesagt: ›So weit kannst du's gar nicht bringen, dass dich nicht einer wieder abschießt.‹«

Draußen vor dem Lokal setzte ich sie in ein Taxi. Ein paar Monate später starb sie in einem New Yorker Krankenhaus. Sämtliche Jazz- und Rhythm-and-Blues-Sender im Radio schleimten herum, dass es so eine großartige Künstlerin nicht ein zweites Mal geben wird. Jazzexperten mit einem aufgeblasenen Vokabular schrieben lange und oft dröge Elogen auf die atemberaubend schöne Lady Day, auf ihre Phrasierung und ihr unerhörtes Harmonieverständnis. Ich erinnerte mich mein Leben lang an den Rat einer einsamen, kranken Frau mit einer Klappe wie ein Scheunentor, die einem Zwölfjährigen hübsche Lieder vorsang.

Noch Wochen nach Billies Besuch zeigte Guy mir die kalte Schulter. Keiner von uns beiden erwähnte die Szene, aber er benahm sich, als hätte ich ihn verraten. Ich hatte einer Fremden gestattet, ihn zu beleidigen, ohne ihm beizustehen.

Das Schuljahr ging allmählich zu Ende, und als ich ihn fragte, ob er in den Ferien in die Sommerschule, ins Sommerlager oder lieber einfach zu Hause bleiben und in den Canyons herumstreunen wolle, erwiderte er mit der größtmöglichen gelangweilten Distanz, er habe sich noch nicht entschieden.

Es war offensichtlich, dass unser Zusammenleben sich nicht normalisieren würde, bevor er nicht sagen durfte, wo der Schuh drückte.

»Wie fandst du eigentlich Billie Holiday, Guy?«

»Ganz okay.«

»Sonst nichts?«

»Na ja, sie hat ganz schön ordinäre Sachen gesagt. Wenn sie immer so rumflucht, ist es kein Wunder, wenn die Leute sie nicht mögen.«

»Dann mochtest du sie also nicht?«

»Wer so viel flucht, ist doch einfach bescheuert.«

Er gebrauchte schon auch inakzeptable Schimpfwörter, wenn er mit seinem Freund Tony unterwegs war, das hatte ich natürlich mitgekriegt. »Aber du fluchst doch selber manchmal rum, oder?«

»Schon, aber Jungs reden halt so, wenn wir unterwegs sind, oder beim Training. Da sagen wir Sachen, die man nicht sagt, wenn Mädchen dabei sind, aber das ist was anderes.«

Ich hielt es nicht für angebracht, ihm ausgerechnet jetzt einen Vortrag über die Ungerechtigkeit einer solchen Doppelmoral zu halten. Er ging auf sein Zimmer, blieb dann in der Tür stehen und drehte sich nicht einmal um. »Ach ja, und wenn ich groß bin, dann lass ich bestimmt nicht zu, dass ein Gast meine Kinder beleidigt, und wenn er noch so berühmt ist.«

Seine Tür knallte zu.

Der Vorfall hatte meinen Sohn tiefer verletzt, als mir klar gewesen war. Ich dachte mir ein Wiedergutmachungsprogramm aus, um mich mit ihm zu versöhnen. Als Erstes entschuldigte ich mich bei ihm, dann achtete ich ein paar Tage lang streng auf meinen Ton, machte ihm sein Lieblingsessen, ging mit ihm ins Kino und lieferte mir mit ihm knallharte Scrabble-Partien, bis ich zur Arbeit musste. Als er schon auf dem besten Weg war, erhielt ich einen Anruf aus seiner Schule.

»Miss Angelou, ich bin Vertrauenslehrer an der Marvelland School, und wir sind der Meinung, dass Guy im nächsten Jahr nicht mit dem Bus zur Schule kommen sollte.«

»›Wir sind der Meinung‹ ... Wer ist ›wir‹ und warum nicht?«

»Der Direktor, einige Lehrerinnen und ich. Wir haben über das, was er getan hat, gesprochen ... und sind uns einig –«

»Was er getan hat? Was hat er denn getan?«

»Nun, er hat im Schulbus unflätige Ausdrücke benutzt.«

»Ich komme.«

»Ach, das ist nicht –«

Ich legte auf.

Als ich ins Direktorat marschiert kam und das Empfangskomitee sah, fühlte ich mich fünf Meter groß und Schwarz wie die Nacht. Zwei weiße Frauen und ein mickriges weißes Kerlchen mit schütterem Haar erhoben sich von ihren Stühlen.

Ich wünschte allerseits einen guten Morgen und stellte mich vor.

»Wirklich, Miss Angelou, es wäre nicht nötig gewesen, dass Sie gleich herkommen.«

Das Kerlchen streckte mir die Hand entgegen. »Ich bin Mr Baker, Guys Vertrauenslehrer, und ich weiß, dass er kein schlechter Junge ist, eigentlich.«

Ich blickte die Frau an, die noch gar nichts gesagt hatte. Am besten ließ ich alle erst einmal reden.

Die andere Frau begann: »Ich unterrichte Englisch, und eine Schülerin berichtete mir heute Morgen von dem Vorfall.«

»Ich wüsste gern, was überhaupt vorgefallen ist.«

Die Englischlehrerin wählte ihre Worte mit Bedacht, als wollte sie jedes einzelne kosten.

»Nach meinem Verständnis hatte sich ein Gespräch über ein gewisses Thema entsponnen. Als der Bus an Ihrer Ecke hielt, stieg Guy zu und beteiligte sich an dem Gespräch. In der Folge führte er das Thema in nicht jugendfreien Details aus. Als der Bus die Schule erreichte, waren einige der Mädchen in Tränen aufgelöst, diese kamen dann zu mir und berichteten mir von Guys Verhalten.«

»Und was hat Guy gesagt? Womit hat er sich entschuldigt?«

Nun brach die zweite Frau ihr Schweigen. »Mit Guy haben wir noch nicht gesprochen. Wir wollten ihn nicht in Verlegenheit bringen.«

»Sie glauben also, wenn jemand einer Sache beschuldigt wird, hat er sie auch begangen? Sie würden ihm glatt das Recht absprechen, den Schulbus zu benutzen, der von meinen Steuern bezahlt wird, ohne seine Seite auch nur anzuhören? Ich möchte Guy sehen. Und zwar sofort. Wie kam ich nur darauf, dass weiße Lehrer einen Schwarzen Jungen fair behandeln könnten. Ich möchte hören, was Guy zu sagen hat, und zwar jetzt.«

Die direkte Konfrontation hatte eine unerwartete Wandlung zur Folge. Die drei Lehrer, die jeder für sich klein und schwach gewirkt hatten, verschmolzen plötzlich zu einer Einheit, drei Körper mit einem einzigen Gehirn. Ihre Mienen versteinerten, die Blicke ebenso.

»Wir unterbrechen Schüler während des Unterrichts nicht, grundsätzlich nicht. Es gibt auch keine Ausnahme, nur weil ein Kind Schwarz ist. Und wir lassen nicht zu, dass ein Schwarzer Junge in Gegenwart unserer Mädchen unflätig wird.«

Die beiden Frauen standen da und bekundeten stumm ihr Einverständnis.

Mr Baker hatte für sie und für Weiße insgesamt gesprochen.

Die Ausweglosigkeit der Situation lag mir wie ein bitterer Geschmack auf der Zunge. Wie sollte ich einem erwachsenen Mann, der als Weißer auf die Welt gekommen war, einen Schwarzen Jugendlichen begreiflich machen? Wie sollten die beiden weißen Frauen eine Schwarze Mutter verstehen, die ihrem Sohn notgedrungen eine gespielte Überheblichkeit mit auf den Weg gegeben hat? Und wenn ich eine Ewigkeit Zeit hätte und die Engelszungen der alten Spirituals, ich könnte sie nicht dazu bringen, die schmerzhaften Momente zu durchleben, in denen ich Guy klarzumachen versuchte, dass seine Hautfarbe kein grausamer Scherz ist, sondern eine kerngesunde Mitgift. Wenn sie wüssten, dass ich meinem Sohn den lieben Gott als eine Art John Henry beschreibe, den Schwarzen Arbeiterhelden, der den Wettbewerb gegen den Dampfhammer gewann, würden sie das nicht für Blasphemie halten? Falls Guy eigensinnig war, dann hatte ich ihm das beigebracht. Falls er, in seinem pubertären Glauben, sich für den gelungensten Repräsentanten der Menschheit hielt, dann hatte er das von mir, und ich brauchte mich dafür nicht zu entschuldigen. Aus dem Radio, der Werbung, den Zeitungen, von Lehrerinnen, Busfahrern und Verkäuferinnen hörte er schließlich jeden Tag in tausenderlei Variationen, dass er aus dem Nichts käme und es zu nichts bringen würde.

»Ich verstehe Sie, Mr Baker. Und jetzt möchte ich Guy sehen.« Mein Ton war ruhig und beherrscht.

»Wenn wir ihn aus dem Unterricht holen, müssen Sie ihn mit nach Hause nehmen. Wir unterbrechen unseren Unterricht nicht, das ist einfach ein Grundsatz.«

»Gut. Ich nehme ihn mit nach Hause.«

»Dann wird das als Fehltag für ihn gezählt. Aber das tut wohl nichts zur Sache.«

»Ich nehme meinen Sohn mit nach Hause, Mr Baker.« Ich musste Guy unbedingt sehen und hören, was er zu sagen hatte. Von dem Gespräch mit den Lehrern war nichts weiter zu erwarten. Er musste auch wieder zurück in diese Schule, aber fürs Erste wollte ich mich vergewissern, dass er nicht noch einen Schlag abbekommen hatte.

»Ich warte draußen auf ihn. Danke.«

Guy kam mit wacher, besorgter Miene ins Auto gesprungen. »Was ist denn los, Mom?«

Ich erzählte ihm von dem Gespräch mit den Lehrern.

Er entspannte sich. »Oh Mann, Mom, und deswegen kommst du extra in die Schule? Das war doch Pipifax. Manche von denen sind einfach so bescheuert. Es ging drum, wo die Babys herkommen. Die haben so unglaublichen Schwachsinn erzählt. Dann habe ich halt das mit Penis, Vagina und Gebärmutter erklärt, so wie das in meinem Buch steht. Und dann flennen ein paar dämliche Mädchen los, bloß weil ich gesagt habe, ihre Väter haben's ihren Müttern besorgt.« Beim Gedanken an die heulenden Mädchen musste er lachen. »Mehr war nicht. Ich hab doch recht, oder vielleicht nicht?«

»Manchmal ist es klüger, im Stillen recht zu haben.«

Er sah mich mit jugendlichem Argwohn an. »Aber du sagst doch immer, ich soll den Mund aufmachen. Ich soll die Wahrheit sagen, egal, worum's geht. Und ich hab einfach die Wahrheit gesagt.«

»Ja, mein Schatz. Du hast einfach die Wahrheit gesagt.«

Zwei Tage später lieferte Guy einen Brief bei mir ab, der mich in Rage brachte. Mein Sohn verfügte über hinreichende Intelligenz, war aber nie mehr als ein kompetenter Schüler gewesen. In dem Brief stand dagegen, aufgrund seiner überragenden Leistungen sei er aufgestiegen und würde ab dem nächsten Halbjahr eine andere Schule besuchen.

Die offensichtliche Lüge beleidigte meinen Sohn genauso wie mich; trotzdem hielt ich es für geboten, Guy so schnell wie möglich aus dieser Schule zu holen, denn ich wollte nicht, dass ein bereits voreingenommener Lehrkörper meinen Sohn als Prügelknaben missbrauchte.

Ich sah mich nach einer anderen Schule um und zugleich nach einer anderen Wohnung. Wir brauchten eine Gegend, in der Schwarze Haut nicht als unansehnliche Verirrung der Natur galt.

Das Westlake-Viertel schien mir ideal. Tür an Tür wohnten mexikanische, afroamerikanische, asiatische und weiße Familien in großen alten, charaktervollen Häusern, und Nachbarn hielten beim Rasenmähen oder beim Einkaufen in den alteingesessenen kleinen Läden ein Schwätzchen.

Ich mietete die obere Etage eines zweistöckigen viktorianischen Hauses an, und als Guy die Schwarzen Kinder in unserer neuen Straße sah, freute er sich halb tot. An seiner Reaktion konnte ich ablesen, wie sehr er den Kontakt zu Schwarzen vermisst hatte.

»Mann!« Er war kaum zu bändigen. »Mann! Hier find ich bestimmt sofort Freunde!«

1

Für die nächsten anderthalb Jahre wohnten wir also, bis auf meine gelegentlichen kurzen Engagements als Sängerin in anderen Städten, in Westlake, und Guy fand Anschluss an eine Gruppe von Jugendlichen, die genügend Blödsinn anstellten, um ihren Drang nach Rebellion zu befriedigen, ohne die Toleranz der Nachbarn allzu sehr zu strapazieren.

Ich fing an zu schreiben. Zunächst beschränkte ich mich auf kurze Sketche, dann auf Songtexte, dann wagte ich mich an Erzählungen. Als ich mit John Killens in Verbindung kam, der sich gerade in Hollywood einquartiert hatte, um das Filmskript für seinen Roman *Youngblood* zu schreiben, erklärte er sich bereit, einen Teil meines »work in progress«, wie er es nannte, in Augenschein zu nehmen. Ich hatte inzwischen sechs selbstgeschriebene Songs bei Liberty Records eingespielt, dachte aber, bevor John seinen kritischen Blick auf meine Geschichten geworfen hatte, nicht im Ernst an eine Karriere als Autorin. Danach dachte ich an nichts anderes mehr. John war der erste Schwarze Autor auf dem Buchmarkt, mit dem ich wirklich in Berührung gekommen war. (James Baldwin hatte ich zwar in den frühen Fünfzigerjahren in Paris einmal getroffen, aber nicht wirklich kennengelernt.) »An deinen Texten muss ein bisschen gefeilt werden. Das ist auch nichts Besonderes, das geht jedem so. Aber Talent hast du, das steht fest«, meinte er. Und schloss an: »Am besten kommst du nach New York, du gehörst eigentlich in die Harlem Writers Guild.« Das war eine etwas verblümte Einladung, aber sie klang verlockend.

Jahre zuvor hatte ich die Sängerin Abbey Lincoln kennengelernt, und während meiner Zeit in Westlake hatten wir uns angefreundet. Inzwischen war sie nach New York gezogen, und jedes Mal, wenn wir telefonierten, schwärmte sie – wenn sie mit dem Schwärmen über ihre große Liebe Max Roach fertig war – von New York. Es sei der absolute Nabel der Welt, der einzig wahre Ort für einen intelligenten Menschen, der etwas aus sich machen will.

Wenn ich nach New York ging, dachte ich mir also, könnte ich doch ganz vielleicht auch meine Nische finden, sie ausbauen und erfolgreich werden.

Dass ich aus Los Angeles wegwollte, hatte nämlich noch einen Grund. Guy, mit dem ich früher so viel Spaß gehabt hatte, entwickelte sich allmählich zu einem hochaufgeschossenen, distanzierten Fremden. Unsere gemütlichen Abende mit Scrabble und Scharade gehörten für ihn uralten Zeiten an. Die Spiele aus der Kindheit fand er einfach nicht mehr spannend. Und wenn er sich an meine Hausregeln hielt, dann demonstrativ gelangweilt – rebellieren wäre einfach zu anstrengend gewesen.

Ich begriff damals nicht sofort, dass die Pubertät ihn heimgesucht und ihren Sack an Ängsten und Unsicherheit über ihm ausgekippt hatte. Mein schmächtiger Teilzeit-Liebhaber, der ganz in der Nähe wohnte, war zu fade und fromm, als dass er mir hätte begreiflich machen können, was mit meinem Sohn los war. Mit seinem Faible für fernöstliche Religionen, Vegetariertum und sexuelle Abstinenz war er für fast nichts zu gebrauchen außer für tiefschürfende Gespräche über den Sinn des Lebens.

Ich rief meine Mutter an, und sie hob nach dem ersten Klingeln ab.

»Hallo?«

»Lady?«

»Ach, hallo, Baby.« Sie sprach so frisch gebügelt wie eine Weiße.

»Ich möchte mich mit dir treffen. Ich ziehe nach New York und weiß nicht, wann ich wieder nach Kalifornien komme. Vielleicht können wir uns irgendwo treffen und ein paar Tage zusammen sein. Ich könnte ein Stück rauffahren, Richtung San Francisco ...«

Sie überlegte keine Sekunde. »Natürlich können wir uns treffen, ich würde dich auch so gern sehen, Baby.« Gut eins achtzig groß, mit einem vierzehnjährigen Sohn, und immer noch hieß ich bei ihr Baby. »Wie wär's mit Fresno? Das ist die halbe Strecke. Wir könnten in das Hotel dort gehen, du hast bestimmt davon gelesen.«

»Ja. Aber nicht, wenn es Ärger gibt. Ich will einfach mit dir zusammen sein.«

»Ärger? Ärger?« Da war sie wieder, die vertraute Schärfe im Ton. »Ich reib mir schon die Hände, Baby, du kennst mich. Das Hotel ist gesetzlich verpflichtet, Schwarze als Gäste zu empfangen. Ich kann vor Gott und fünf weiteren gestandenen Mannsbildern bezeugen, dass meine Tochter und ich Schwarze sind. Wenn sie uns trotzdem nicht reinlassen wollen ...« – vor Vorfreude schnappte ihr fast die Stimme über – »tja, dann finden wir schon einen Topf, auf den wir sie setzen können.«

Damit war dieser Teil des Gesprächs beendet. Vivian Baxter witterte eine Konfrontation am Horizont – nichts und niemand würde sie davon wieder abbringen. Ich hätte einfach den Southern Pacific nach San Francisco nehmen und die zwei Tage in ihrem Haus in der Fulton Street verbringen sollen, um dann in Frieden wieder zurückzukehren und meine Sachen für den transkontinentalen Umzug zu packen, aber für diese Erkenntnis war es jetzt zu spät.

In wieder weicherem Ton brachte sie mich in puncto Familienklatsch auf den neuesten Stand und legte ein Datum für unser Treffen fest.

Fresno im Jahr 1959 war eine mittelgroße Stadt mit Palmen und einem dezidiert südstaatlichen Einschlag. Die meisten der weißen Einwohner kamen einem vor wie Nachfahren der Joads aus Steinbecks *Früchte des Zorns*, und die Schwarzen Bürger waren Farmarbeiter, die einfach die Holperpisten von Arkansas und Mississipi gegen die staubigen Straßen von Mittelkalifornien eingetauscht hatten.

Ich parkte meinen alten Chrysler in einer Seitenstraße und stiefelte mit meinem Köfferchen um die Ecke zum Desert Hotel. Meine Mutter hatte vorgeschlagen, dass wir uns um drei Uhr treffen, was bedeutete, dass sie ab zwei Uhr warten würde.

Die Hotellobby war mit Willkommensbannern für eine Verkäufertagung geschmückt. Unter tiefhängenden Kronleuchtern standen breitschultrige, rotgesichtige Kerle und flachsten mit korpulenten Frauen herum.

Als ich hereinkam, stockte ihnen der Sekt in den Gläsern. Alle Köpfe drehten sich, alle Blicke taxierten mich, erst ungläubig, dann entrüstet. Am liebsten wäre ich ins Auto gesprungen, zurück nach Los Angeles gerast und hätte mich hinter meinen viktorianischen Säulen verkrochen. Stattdessen straffte ich die Schultern, setzte eine gleichgültige Miene auf und trat an den Empfang. Die Uhr dahinter meldete Viertel vor drei. »Guten Tag. Wo ist bitte die Bar?« Ein junger Mann mit kindlichem Gesicht senkte den Blick und deutete hinter mich.

»Danke.«

Die Menge wich auseinander, und ich marschierte durch das Schweigen, in der Gewissheit, dass ich noch vor der rettenden Tür zur Lounge ein Messer in den Rücken oder ein Lasso um den Hals bekommen konnte.

Meine Mutter saß im braunen Samtkostüm und ihrem Dobbs auf dem Kopf an der Bar. Ich stellte mein Köfferchen hinter die Tür und gesellte mich zu ihr.

»Hi Baby«, strahlte sie mich mit blendend weißem Lächeln an. »Du bist aber früh dran.« Womit sie natürlich gerechnet hatte. »Jim?« Ich wiederum hatte damit gerechnet, dass sie den Barkeeper bereits kennengelernt und um den Finger gewickelt hätte. Der Mann grinste pflichtschuldig.

»Jim, das ist mein Baby. Hübsch, was?«

Jim nickte, ohne den Blick von meiner Mutter zu wenden. Sie beugte sich zu mir und drückte mir einen Kuss auf den Mund.

»Mach ihr einen Scotch mit einem Schuss Wasser und dir auch noch einen.«

Als er abwehren wollte, kam sie ihm zuvor. »Keine Widerrede, Jim. Auf einem Bein steht es sich nun mal schlecht.« Sie lächelte ihm zu, und er tat wie geheißen.

»Gut siehst du aus, Baby. Wie war die Fahrt? Hast du noch den alten Chrysler? Hast du die Leute in der Lobby gesehen? Da wird einem ja die Milch sauer, bei den Gesichtern. Wie geht's Guy? Wieso zieht ihr nach New York? Findet er das gut?«

Jim stellte mir den Whisky hin und prostete mir mit seinem zu.

Meine Mutter hob ebenfalls ihr Glas. »Schau mir in die Augen, Jim.« Und zu mir: »Auf dich, Baby.« Sie lächelte, und mir wurde wieder bewusst, dass sie einfach die schönste Frau der Welt war.

»Danke, Mutter.«

Sie nahm meine Hände und rieb sie zwischen ihren.

»Die sind ja eiskalt. Dabei herrscht hier eine Affenhitze. Alles okay bei dir?«

Meine Mutter hatte vor nichts und niemandem Angst, außer vor Gewittern. Ihr konnte ich doch nicht erzählen, dass ich mit meinen zweiunddreißig Jahren mir wegen der Weißen in der Lobby fast in die Hose gemacht hätte.

»Alles gut, Mutter. Ist wahrscheinlich die Klimaanlage.«

Sie ließ mir die Lüge durchgehen.

»Okay, trinken wir aus und gehen aufs Zimmer. Es gibt eine Menge zu reden.«

Sie nahm die Barzettel, zählte sie durch und holte zwei Dollarscheine heraus.

»Um wie viel Uhr fängst du an, Jim?«

Der Barkeeper drehte sich grinsend zu uns um. »Ich schließe morgens die Bar auf, um elf.«

»Dann mach ich dir den Eintänzer. Scotch mit Wasser, nicht vergessen. Um elf. Das ist für dich.«

»Ach, das ist aber nicht nötig.«

Meine Mutter war vom Barhocker aufgestanden. »Eben. Umso lieber tue ich es. Bis morgen früh.«

Ich nahm mein Köfferchen und trottete ihr nach, raus aus der schummerigen Bar und rein in das Stimmengewirr der Lobby. Wieder ebbte es ab, aber meine Mutter nahm davon keine Notiz. Sie stöckelte durch die Lobby und trat an den Tresen.

»Mrs Vivian Baxter Johnson mit Tochter. Wir haben reserviert.« Trotz diverser Ehen hing meine Mutter an ihrem Mädchennamen; ob gerade verheiratet oder nicht, sie nannte sich einfach gern Vivian Baxter.

Das wirkte. »Und bitte rufen Sie den Pagen. Mein Koffer liegt im Wagen, hier ist der Schlüssel. Stell dein Gepäck da hin, Baby.« Wieder zu dem Mann am Empfang: »Den Koffer meiner Tochter möge er bitte ebenfalls auf unser Zimmer bringen.« Zögernd schob der Hotelangestellte ein Formular über den Tresen. Meine Mutter zückte ihren goldenen Sheaffer und trug uns ein.

»Den Schlüssel, bitte.« Wieder in Zeitlupe schob er meiner Mutter den Schlüssel hin.

»Zwei zehn, zweiter Stock. Danke. Komm, Baby.« Das Hotel hatte erst einen Monat zuvor seine Segregationspolitik aufgegeben, doch meine Mutter tat so, als verkehrte sie hier schon seit Jahren. Rechts von der Anmeldung führte eine geschwungene Treppe nach oben, und vor dem Lift stand ein Grüppchen entgeisterter Tagungsteilnehmer.

»Komm, nehmen wir die Treppe«, sagte ich.

»Wir nehmen den Aufzug«, erwiderte sie und drückte auf den Knopf. Die Wartenden blickten uns an, als hätte allein unsere Gegenwart sie jegliches Wertvollen im Leben beraubt.

Oben trat meine Mutter aus dem Lift, blickte sich kurz um und steuerte nach links auf die Nr. 210 zu. Sie schloss auf, warf ihre Handtasche aufs Bett und trat ans Fenster.

»Setz dich, Baby. Ich sag dir jetzt mal was, und schreib es dir bitte hinter die Ohren.«

Während sie die Vorhänge zurückzog, setzte ich mich auf

den erstbesten Stuhl. Ihre Umrisse waren vom Sonnenlicht eingerahmt, ihre Miene war nicht zu deuten.

»Tiere wittern Angst. Sie können sie spüren. Und Menschen sind nun mal Tiere. Zeig nie einem anderen Menschen, dass du Angst hast, nie. Und einer Gruppe von Menschen schon gar nicht. Angst bringt die allerniedrigsten Triebe zum Vorschein. Du warst in dieser Lobby panisch wie ein Karnickel, das habe ich gespürt und diese ganzen Weißen genauso. Wenn ich nicht dabei gewesen wäre, hätte die Meute zum Mob werden können. Aber irgendetwas an mir hat ihnen gesagt, wenn sie einer von uns blöd kommen, können sie sich einen neuen Hintern besorgen, denn was sie von ihrer Mama mitgekriegt haben, blas ich ihnen weg.«

Sie gackerte wie ein junges Mädchen. »Guck mal in meine Handtasche.« Ich klappte die Tasche auf.

»Das Desert Hotel soll sich mal lieber auf die Integration einstellen, sonst hab ich nämlich eine Überraschung parat.«

Unter dem Portemonnaie, halb verdeckt von ihrem Kosmetiktäschchen, lag eine dunkelblaue deutsche Luger.

»Zimmerservice? Hier ist die zwei zehn. Ich hätte gern einen Krug Eiswürfel, zwei Gläser und eine Flasche Teachers Scotch. Danke.«

Der Page hatte unsere Koffer gebracht und wir hatten geduscht und uns umgezogen.

»Den Cocktail nehmen wir hier, zum Abendessen gehen wir dann runter. Aber jetzt reden wir erst mal. Wieso New York? Da warst du doch 52 schon und musstest nach Hause geschickt werden. Wieso glaubst du, da ist jetzt alles anders?«

»Ich habe einen Autor kennengelernt, John Killens. Als ich ihm erzählt habe, dass ich auch schreiben will, hat er mich nach New York eingeladen.«

»Der ist doch Schwarz, oder?« Seit der Scheidung von meinem ersten Mann, einem Griechen, hoffte meine Mutter auf einen afroamerikanischen Schwiegersohn.

»Mutter, er ist verheiratet. Darum geht's nicht.«

»Umso schlimmer. Neunundneunzig Prozent der verheirateten Männer lassen sich wegen ihrer Freundinnen garantiert nicht scheiden, und das eine Prozent verlässt die neue Frau wegen einer noch neueren Freundin.«

»Ehrlich, darum geht's nicht. Ich kenne auch schon seine Frau und seine Kinder. Ich gehe nach New York, wohne ein paar Wochen bei ihnen, bis ich eine Wohnung gefunden habe, und dann hole ich Guy nach.«

»Und wo wird der die zwei Wochen wohnen? Nicht allein in dem Riesenhaus. Er ist doch erst vierzehn.«

Wenn ich jetzt erzählen würde, er solle bei dem Mann bleiben, von dem ich mich gerade trennte, würde sie in die Luft gehen. Für Vivian Baxter war ihr gesundes Misstrauen ein Überlebensmechanismus. Nie würde sie einem enttäuschten Liebhaber zutrauen, ihren Enkel fair zu behandeln.

»Ein Freund kümmert sich um ihn. Ist ja nur für zwei Wochen.«

In stiller Übereinkunft dachten wir beide daran, dass sie mich und meinen Bruder zehn Jahre lang in die Obhut meiner Großmutter väterlicherseits gegeben hatte. Wir blickten uns an, sie machte zuerst den Mund auf.

»Du hast recht, es sind nur zwei Wochen. Dann lass dir mal erzählen, was ich so vorhabe. Ich gehe zur See.«

»Aha. Und dann? Springst du rein oder wie?«

»Ich gehe zur Handelsmarine.«

Von weiblichen Seeleuten in der Handelsmarine hatte ich noch nie gehört.

»Als Mitglied der Gewerkschaft der Köche und Stewards zur See.«

»Wieso denn das?« Meine Stimme überschlug sich fast. Sie war ausgebildete OP-Schwester, Immobilienmaklerin, verfügte über eine Lizenz als Friseurin und besaß ein Hotel. Wieso wollte sie ausgerechnet zur See gehen und das raue, wenig glamouröse Matrosenleben auf sich nehmen?

»Weil es hieß, als Schwarze Frau kommt man nicht in die Gewerkschaft. Weißt du, was ich denen erzählt habe?«

Ich schüttelte den Kopf, obwohl ich es mir ganz gut vorstellen konnte.

»›Wetten?‹ habe ich gesagt. ›Bis zur Hüfte kriege ich den Fuß in die Tür, bis nämlich Frauen jeglicher Hautfarbe über meinen Fuß latschen können, in die Gewerkschaft gehen, und ab aufs Schiff.‹« Es klopfte. »Herein.«

Ein Schwarzer in Uniform machte die Tür auf und erstarrte vor Schreck, als er uns sah.

»Guten Abend. Stellen Sie das Tablett einfach dorthin. Danke.«

Der Page stellte das Tablett ab und blickte uns an.

»Guten Abend. Ihr habt mich ja ganz schön erschreckt, also echt. Das hätte ich nicht erwartet, also echt.«

Meine Mutter ging mit ein paar Scheinen in der Hand auf ihn zu.

»Wen haben Sie denn erwartet? Queen Victoria?«

»Nein, Ma'am. Nein. Ich meine ... zwei von uns ... hier im Hotel ... das ist einfach noch neu, dass wir hier ... und so.«

»Das ist für Sie.« Sie gab ihm das Trinkgeld. »Wir sind ganz normale Hotelgäste, danke und gute Nacht.« Sie öffnete die Tür und wartete. Als er »Gute Nacht« murmelnd hinausging, machte sie mit Nachdruck hinter ihm die Tür zu.

»Mom, du warst ja fast unverschämt.«

»Baby, ich seh das so. Er ist Schwarz und ich bin Schwarz, aber deshalb sind wir noch lang keine Verwandten. Komm, unsere Drinks.« Sie lächelte.

Im Lauf der nächsten zwei Tage präsentierte meine Mutter mich auch einmal voller Stolz alten Freunden, mit denen sie zwanzig Jahre zuvor Karten gespielt hatte.

»Das ist mein Baby. Sie war schon in Ägypten, in Mailand, Italien, in Spanien und in Jugoslawien. Sie ist nämlich Sängerin und Tänzerin, müsst ihr wissen.« Als ihre Freunde meine Errungenschaften gebührend bewundert hatten, setzte sie dem Ganzen die Krone auf: »Übrigens gehe ich selbst in ein paar Tagen aufs Schiff.«

Zum Abschied umarmten wir uns in der leeren Lobby des Desert Hotel; die Tagung war am Tag vor unserer Abreise zu Ende gegangen.

»Pass auf dich auf. Und auf deinen Sohn. Und denk dran, New York ist auch nichts anderes als Fresno. Dieselben Pappnasen, bloß größere Häuser. Schwarze können sich nicht ändern, weil die Weißen sich nicht ändern wollen. Verlang, was du brauchst, und dann zahl, was es kostet.« Sie gab mir einen Kuss und flüsterte: »Lass mich vorausgehen. Menschen, die ich liebhabe, sehe ich nicht gern von hinten.«

Wir umarmten uns noch einmal und ich blickte ihr nach, wie sie mit wiegenden Hüften ins grelle Licht draußen davonstöckelte.

Zu Hause holte ich tief Luft und rief Guy, der auch ins Wohnzimmer kam, nicht ohne sich rückwärts an den Türpfosten zu lümmeln.

»Guy, bitte setz dich, ich möchte mit dir reden.« Derzeit

setzte er sich nur, wenn es unbedingt sein musste, lieber stand er gelangweilt über den Dingen. Demonstrativ mir zuliebe ließ er sich breitschlagen.

»Guy, wir ziehen um.« Aha, ein interessiertes Zucken im Blick, das er schnell unter Kontrolle brachte.

»Schon wieder? Okay, ich brauche zwanzig Minuten zum Packen. Hab ich schon mal getimt.« Jetzt wäre beinahe ich schmerzhaft zusammengezuckt.

In den neun Jahren seiner bisherigen Schullaufbahn hatten wir in fünf verschiedenen Vierteln von San Francisco gewohnt, in drei Wohngegenden von Los Angeles, in New York, auf Hawaii und in Cleveland. Ich reiste meinen Jobs hinterher, und gegen den Rat eines besserwisserischen Schulpsychologen hatte ich Guy immer mitgenommen. Der Psychologe war weiß und gebildet, und schon von daher gut situiert. Was wusste der schon, was ein kleiner Schwarzer Junge in einer rassistischen Welt wirklich brauchte?

Wenn wir Geld hatten, wohnten wir in schicken Hotels und riefen den Zimmerservice. Dann wieder hausten wir in Pensionen, wo ich Bettlaken als Raumteiler aufhängte und unsere Lieblingsgerichte unerlaubt auf einer kleinen Kochplatte zubereitete. Weil wir so oft umgezogen waren, hatte Guy kaum die Chance gehabt, Freundschaften zu knüpfen, aber wir beide hatten es immer lustig gehabt und waren immerhin zusammen gewesen. Jetzt, da ihn die Spätpubertät am Wickel hatte, war uns die Flachserei vergangen, und schon wieder ein Umzug stellte fast eine Zumutung dar.

»Das ist das letzte Mal. Praktisch sicher.«

Seine Miene verriet, was er davon hielt.

»Wir ziehen nach New York.« Wieder leuchteten seine Augen auf, um gleich wieder zu erlöschen.

»Am Samstag fliege ich hin. John und Grace Killens suchen uns schon eine Wohnung. Ich wohne einstweilen bei ihnen, und in zwei Wochen kommst du nach. In Ordnung?« Als Elternteil wird einem die eigene Macht so selbstverständlich, dass nur die Kinder sie noch sehen. Ich bat ihn nicht um sein Einverständnis, und da er das wusste, gab er keine Antwort.

»Ich dachte, ich frage mal Ray, ob er für die zwei Wochen hier einziehen möchte. Damit du nicht allein bist. Okay?«

»Bestens, Mutter.« Er stand auf. Er war so ein langer Lulatsch, dass ihm die Beine scheinbar bis unter die Achseln reichten. »Und jetzt entschuldige mich bitte.«

Damit endete dieser unbefriedigende Familienplausch. Und das Gespräch mit meinem Kavalier stand noch aus.

In der Morgensonne aneinandergeschmiegt betrachtete ich Rays wundervoll geschnittene hellbraune Züge, die wie immer eine gütige Ruhe ausstrahlten.

»Ich fliege am Samstag nach New York.«

»Ach? Hast du einen Vertrag?«

»Nein. Noch nicht.«

»Ohne Vertrag nach New York, ich weiß nicht, ob ich das so gern mache ...«

Jetzt musste es raus.

»Es gehen nur Guy und ich. Und wir bleiben dort.«

Ein Ruck ging durch seinen Körper, und seine Miene entgleiste. Zum ersten Mal dachte ich, ihm lag vielleicht doch etwas an mir. Man konnte zusehen, wie er sich wieder in den Griff bekam, und nach einer Weile öffnete er die Fäuste, die langgliedrigen Finger lockerten sich, und der harte Zug um die Mundwinkel verschwand.

»Kann ich dir bei irgendwas helfen?«

Er erklärte sich bereit, bei uns zu wohnen und Guy in zwei Wochen zu mir zu schicken. Danach konnte er selbst bei uns einziehen oder die Wohnung auflösen. Und selbstverständlich würden wir Freunde bleiben.

2

John und Grace Killens lebten mit ihren zwei Kindern und Johns Mutter in einem geräumigen Brownstone in Brooklyn. Sie nahmen mich auf wie eine alte Freundin, die von einer langen Reise zurückkehrt. John empfing mich an der Tür. »Girl, endlich kommst du aus der Pampa in die Zivilisation. Klopf dir den Dreck von den Stiefeln, komm rein und machs dir gemütlich.«

Grace war leiser. »Willkommen in New York. Schön, dass du da bist.«

Sie legten eine selbstverständliche Gastfreundschaft an den Tag, ohne die großen Gesten, die einem als Besucher eher unangenehm sind. In den ersten Tagen war ich vollauf damit beschäftigt, mich mit dem Haus und den unterschiedlichen Persönlichkeiten seiner Bewohner vertraut zu machen. John war ein leidenschaftlicher Mensch, der zu diesem Charakterzug auch stand. Er sah gut aus, und die dunkelbraunen Augen in seinem hellbraunen Gesicht konnten lodern genauso wie vernichtend funkeln. Beim Reden untermalte er das Gesagte mit Gesten, die es dem Zuhörer präsentierten wie ein Geschenk.

Grace war hübsch und zierlich und ließ sich weder von Johns Erfolg noch davon, dass sie seine große Liebe war, vom unabhängigen Denken abhalten.

Johns Mutter, Mom Willie, die ihre Herkunft aus den Südstaaten wie ein stets duftiges Magnolienmieder trug, war um die sechzig und eine kernige Natur. Sie gehörte zu den Schwarzen Frauen, die hart gearbeitet, ihre Kinder erzogen und für ihre Überzeugungen gekämpft, dabei aber ihren Humor nicht verloren hatten. Sie schlug die Familie gern mit anschaulichen Erzählungen aus einem düsteren, rassistischen Süden in den Bann. Die Geschichten wechselten, die Plots variierten, ihre Bösewichte waren jedoch grundsätzlich weiß und die Helden aufrechte, mutige, clevere Schwarze.

Barbara, das jüngere der beiden Killens-Kinder, war ein schlauer Wildfang mit einem ratternden Mundwerk, der durchs Haus tobte wie ein zimtfarbener Wirbelwind. Ihr Bruder Jon, größer und sanfter, bewegte sich langsam, machte selten den Mund auf und schien die Verantwortung für die Lösung der Welt unlösbarer Rätsel auf seinen Schultern zu tragen.

Alle außer Jon, mit Spitznamen Chuck, redeten unaufhörlich, und ich genoss zwar einerseits das Geplänkel, fand aber das immerselbe Thema doch irritierend. Sie ließen einfach kein gutes Haar an weißen Männern, weißen Frauen, weißen Kindern und der weißen Geschichte, vor allem in ihrem Bezug auf Schwarze.

Ich hatte mein ganzes Leben lang auf Haustreppen in der Großstadt gesessen und in Gärten, Küchen, Wohnzimmern und Schlafzimmern auf dem Land Schwarzen zugehört und mich mit eingemischt, aber nie hatte das Thema Weiße so viel Aufmerksamkeit bekommen.

Natürlich mussten Schwarze Kinder in meiner Kindheit in Arkansas, die wussten, dass die Baumwollentkörnungsmaschine, das Sägewerk, die schönen Häuser und gepflasterten Straßen alles Weißen gehörte, natürlich mussten die etwas finden, das ihrer Meinung nach Weiße nicht hatten. Und dieses Bedürfnis, etwas Ureigenes zu besitzen, stieß dann auf das aufkeimende Interesse an Sex, sodass die Kinder, fern von erwachsenen Ohren, wehmütig-weise intonierten:

»Weiße haben nicht das Loch ...
Und nicht den Docht ...
Und Soul? Och och ...
Die könnens nicht ... nicht mal ohne Licht ...«

In den darauffolgenden Jahren in Kalifornien kamen die Witze dann seltener und die Pointen wurden böser. Sobald das Gespräch auf Weiße kam, war die Wut mit dabei. Wir diskutierten darüber, wie Reverend Martin Luther King Jr. behandelt wurde, über den Mord an Emmett Till in Mississippi, über die großen Demütigungen und die kleinen Gemeinheiten, die unser Selbstbewusstsein erschüttern sollten. Weiße wurden verunglimpft, verflucht und beneidet, aber in meiner Erfahrung hatten sie nie die gesamte Konversation einer Schwarzen Familie dominiert.

Wenn bei den Killens dagegen die Rede etwa aufs Entertainment kam, wies garantiert jemand darauf hin, dass Harry Belafonte, ein enger Freund der Familie, gerade mit der südafrikanischen Sängerin Miriam Makeba zusammenarbeite und dass es in Südafrika ja auch nicht anders zugehe als in Süd-Philly. Wenn es um die Karibik, um Religion oder um Mode ging, nahmen wir Minuten später das Wesen rassistischer Unterdrückung, des Schwarzen Aufstiegs und der ethnischen Integration haarklein auseinander.

Mir ging die ständige Schimpferei gegen den Strich, nicht

weil sie nicht angebracht gewesen wäre, sondern weil ich Weiße nicht so interessant fand, dass sie meine Gedanken komplett beherrschen sollten, und nicht so mächtig, dass ich unter ihrer Fuchtel stand.

Bald hatte ich bei den Killens um die Ecke eine Wohnung gefunden. Tagsüber strich ich nun die beiden Schlafzimmer und brachte Möbel aus Secondhand-Läden auf Vordermann, zum Übernachten ging ich wieder zu den Killens.

Eines Abends, als alle schon im Bett waren, blieb ich mit John noch auf einen Absacker sitzen. Ich fragte ihn, warum er ständig so in Rage sei. Ich stünde ja ganz auf der Seite der Schwarzen in Alabama, die Busunternehmen boykottierten und gegen die Segregation demonstrierten, aber die Schwarzen in Kalifornien seien von diesen südstaatlichen Plagen doch meilenweit entfernt, buchstäblich und im übertragenen Sinn.

»Glaub das bloß nicht, Girl. Georgia ist tiefster Süden, Kalifornien ist tiefster Norden. Als Schwarzer lebst du in diesem Land auf einer Plantage, und du hast es mit Sklavenhaltern zu tun. Man kann sich darüber streiten, ob es böswillige Sklavenhalter sind, aber als Herren fühlen sie sich alle ... und wenn sie sich für die Herren halten, weißt du, wer der Knecht ist. Der Sklave. Du giltst vielleicht als schlauer Sklave, als hübscher Sklave oder guter Sklave, aber jedenfalls als Sklave.«

Ich erinnerte John daran, dass ich auch schon einmal ein Jahr in New York gelebt hatte, aber er konterte: »Na ja, als Tänzerin, aber Tänzer sehen bloß andere Tänzer, sie sehen sowieso nichts, sie sind da, um gesehen zu werden. Diesmal schaust du dir New York lieber mit den Augen, den Ohren und der Nase einer Autorin an, dann siehst du New York, wie es wirklich ist.«

John hatte recht. Als ich sieben Jahre zuvor ein Studienjahr in New York verbrachte, verteilte ich meine Aufmerksamkeit ungleichmäßig zwischen dem Tanzstudio, wo ich mit einem Stipendium studierte, meinem Sohn und meiner sich auflösenden ersten Ehe. Ich hatte weder die Zeit noch das Interesse, mich mit New York auseinanderzusetzen.

Johns Augen standen in Flammen, und er redete auf mich ein, als wäre ich ein vollgepackter Hörsaal.

»Ich mache dir einen Vorschlag. Morgen fährst du nach Manhattan. Fang am Times Square an, da begegnen dir dieselben Menschen wie damals in Arkansas. Sie reden vielleicht anders, sie sind anders gekleidet, aber wenn es weiße Amerikaner sind, sind es alles Cracker aus den Südstaaten. Und dann fahr nach Harlem. Harlem ist die größte Plantage in diesem Land. Da begegnen dir Rechtsanwälte im Dreiteiler, Immobilienmakler im Nerz, Zuhälter im weißen Cadillac, aber es sind alles Sharecropper. Sharecropper auf einer hippen Plantage.«

Ich wollte mir Harlem gern mit Johns Augen anschauen, doch bevor ich Gelegenheit dazu hatte, traf Guy ein. Ich holte ihn am Flughafen ab, und kaum trat er über die Türschwelle, wurde deutlich, dass er das Wohnzimmer schon schier sprengte. Einen Monat lang hatten wir uns nicht gesehen, und er kam mir fünf Zentimeter größer vor und Lichtjahre entfernt. Er warf einen Blick auf die hastig gestrichenen Wände und die Van-Gogh-Drucke, die ich ausgesucht und sorgfältig mit Passepartouts versehen hatte.

»Schon okay. Sieht aus wie alle anderen Wohnungen bisher.«

Ich hätte ihm am liebsten eine geknallt. »Knapp besser als unter der Brücke, was?«

»Das hättest du dir sparen können, Mutter.« Sein überheblicher Ton sagte mir, wie sehr ihn unsere Trennung getroffen hatte.

Ich grinste. »Okay, entschuldige. Und was sagst du zu dem Schreibtisch? Du wolltest doch immer einen schön großen Schreibtisch. Gefällt er dir?«

»Schon, aber den wollte ich mal als Kleinkind. Jetzt bräuchte ich eher ...«

Seine spöttische Reserviertheit belastete die Atmosphäre zwischen uns. Ich verstand ihn nur zu gut.

Als ich drei war, ließen meine Eltern sich scheiden und schickten mich und meinen vier Jahre alten Bruder Bailey, unbegleitet, von Long Beach, Kalifornien, zu unserer Großmutter väterlicherseits in den Süden. Ums Handgelenk hatten wir Namensschilder, auf denen zu lesen war, dass wir Marguerite und Bailey Johnson hießen und auf dem Weg waren zu Mrs Annie Henderson in Stamps, Arkansas.

Bis auf ebenso katastrophale wie gnädigerweise kurze Begegnungen mit beiden Elternteilen, als ich sieben war, sahen wir unsere Eltern erst wieder, als ich dreizehn wurde.

Unser Wiedersehen mit unserer Mutter in Kalifornien war ein Freudenfest samt Tränen, Umarmungen und Lippenstiftküssen. Unter all dem Jubel spürte ich allerdings schmerzlich, dass sie all die Jahre ganz gut ohne uns ausgekommen war.

Und jetzt schlug sich mein zorniger Sohn mit derselben Gewissheit herum. Knapp einen Monat waren wir getrennt gewesen, er als unwillkommener Gast in seinem eigenen Zuhause, während ich garantiert jeden Tag unserer Trennung genossen hatte.

Er versteckte den Schmerz hinter einer gelangweilten

Miene, doch ich kannte sein Gesicht besser als mein eigenes. Jede Falte, jede Erhebung, ob Licht oder Schatten in seinem Blick, hatte ich über die Jahre studiert. Ich hatte ihn als ledige abenteuerlustige Siebzehnjährige bekommen; wir waren zusammen herangewachsen. Da er die meiste Zeit seines vierzehnjährigen Lebens ohne Vater auskommen musste, schlug die Panik in seinem Blick in Verachtung um, wenn ich wieder einmal einen neuen Mann in unser Leben brachte. Ich spürte, wie erleichtert er war, wenn sich der Neuling als fürsorglich mir gegenüber und respektvoll ihm gegenüber entpuppte, und ich kannte nur zu gut seinen unsteten Blick, wenn dieser Mann wieder packte. Ich verstand die unausgesprochene Frage: »Den hat sie rausgeschmissen – was, wenn auch ich ihr nicht mehr passe?« Er stand da, die Hände in den Hosentaschen, und wartete darauf, dass ich ihn von der Unverrückbarkeit meiner Liebe überzeugte. Worte waren zwecklos.

»Deine Schule ist drei Blocks weiter und in der Nähe ist ein großer Park, der fast so schön ist wie der auf der Fulton Street.«

Bei der Erwähnung des Parks in San Francsico, in dem wir Picknicks machten und er das Fahrradfahren gelernt hatte, huschte ein winziges Lächeln über sein Gesicht, das er allerdings schnell wieder verscheuchte.

»... und du hast dich doch so gut mit den Killens-Kindern verstanden. Die wohnen jetzt um die Ecke.«

Er nickte mit der Weisheit eines alten Mannes. »Ist natürlich was anderes, ob wer zu Besuch ist oder bei sich zu Hause. Wird sich zeigen, ob die in New York noch die gleichen sind wie in Kalifornien.«

Jugendlicher Zynismus ist traurig mitanzusehen, spricht

er doch weniger von eigener bitterer Erfahrung als von mangelndem Vertrauen in die Zukunft.

»Guy, ich hab dich lieb, das weißt du, und ich bemühe mich, eine gute Mutter zu sein. Ich bemühe mich, alles richtig zu machen, aber ich bin halt nicht perfekt« – zustimmendes Schweigen – »also, wenn ich dir mal weh getan habe, dann weißt du hoffentlich, dass es nicht absichtlich war und dass ich dich immer lieb habe, egal was kommt.«

Er studierte meine Miene, horchte auf meinen Tonfall.

»Mom ...« Ich entspannte mich etwas. »Mutter« klang offiziell, kühl, missbilligend, »Mom« bedeutete Nähe, Versöhnlichkeit.

»Mom, das weiß ich doch. Du tust dein Bestes, das weiß ich. Ich bin dir auch gar nicht böse. Es war in Los Angeles bloß ...«

»Hat Ray dich irgendwie schlecht behandelt?«

»Ach Quatsch, Mom. Er ist ja schon nach einer Woche wieder ausgezogen.«

»Heißt das, du warst die ganze Zeit allein?«

Der Schock traf mich mit voller Wucht. Jede Körperfunktion lief auf Hochtouren, Tränen schossen mir in die Augen und verschmierten mir die Sicht. Guys Alter halbierte sich, und plötzlich war er wieder der Siebenjährige, der mit dem Fleischermesser unter dem Kopfkissen schlief, wie das eine Mal im Sommercamp. Was hatte er sich wohl in Los Angeles unters Kopfkissen gelegt, während ich seelenruhig in New York Party machte?

»Mein Baby. Warum hast du mir denn das nicht erzählt, als ich angerufen habe, mein Schatz? Ich wäre doch sofort gekommen.«

Jetzt war er es, der den beruhigenden Tonfall auspackte.

»Du hast doch einen Job und eine Wohnung gesucht. Außerdem hatte ich keine Angst.«

»Aber Guy, du bist erst vierzehn. Wenn dir jetzt was passiert wäre?«

Schweigend stand er da und beobachtete mich in meiner Verzweiflung. Plötzlich kam er quer durchs Zimmer geschossen und stellte sich neben mich. »Mom, ich bin erwachsen, ich kann selber auf mich aufpassen. Mach dir keine Sorgen, ich bin noch jung, aber trotzdem erwachsen. Ich bin ein Mann.« Er beugte sich herunter und drückte mir einen Kuss auf die Stirn. »Ich stell jetzt mal die Möbel um. Mein Schreibtisch soll am Fenster stehen.«

Eine Schwarze Mutter wittert hinter jeder Tür Unheil, hinter jedem Fenster Verderben, und nicht mal sie selbst ist über jeden Verdacht erhaben. Sie hinterfragt, ob sie ihre Kinder genug liebt – oder noch schlimmer, etwa zu viel? Ist ihr Aussehen ihren Kindern peinlich – oder noch schrecklicher, ist sie so attraktiv, dass ihre Söhne sie begehren und ihre Töchter eifersüchtig werden? Für Ledige vervielfachen sich die Herausforderungen noch. Dass sie Single ist, heißt ja, dass sie ihren Partner verschmäht hat oder von ihm verschmäht wurde, und dann soll sie Kinder erziehen, die später Partner sein wollen? Außerhalb ihres Einflussbereichs wiederum liegt sämtliche Autorität in den Händen von Menschen, die anders aussehen, anders denken und sich anders verhalten als sie und ihre Kinder. Lehrer, Ärztinnen, Verkäufer, Buchhändlerinnen, Polizisten, Sozialarbeiterinnen sind alle weiß und üben Macht aus über die Stimmung, die Lebensbedingungen und Individualität ihrer Familie; trotzdem muss sie im Haus das Regiment führen, selbst wenn sich das jeden Moment durch ein Klopfen an der Tür, ein

Klingeln des Telefons als nichtig entpuppen kann. Im Angesicht all dieser Widersprüche muss sie eine Decke ausbreiten, die Halt gibt, die wärmt, aber nicht die Luft abschnürt, und sie muss ihren Kindern die Wahrheit über die Macht der weißen Macht erzählen, ohne den Eindruck zu vermitteln, dass diese Macht nicht in Frage gestellt werden kann.

»Hey, Mom, schau mal.«

Jedes Möbelstück war an einen neuen Ort gerückt worden, und trotzdem sah das Zimmer aus wie vorher.

»Gefällt's dir? Nach dem Abendessen spiel ich mit dir Scrabble. Wo ist das Lexikon? Was gibt's zum Essen? Geht der Fernseher schon? Mann, ich bin halb verhungert!«

Mein Sohn war zu Hause angekommen, und wir waren wieder eine Familie.

Die Harlem Writers Guild traf sich wieder bei den Killens, und ich hatte schwitzige Handflächen und die Zunge klebte mir am Gaumen. Die locker strukturierte Organisation, ohne Gebühren oder Mitgliedskärtchen, hatte sich eine einzige strenge Regel gegeben: Als geladener Gast durfte man dreimal zuhören, dann musste man aus einem in Arbeit befindlichen Werk lesen. Es war so weit.

Sarah Wright und Sylvester Leeks standen in einer Ecke zusammen und unterhielten sich leise. John Clarke begutachtete die Buchtitel im Regal. Mary Delaney und Millie Jordan begrüßten Grace und reichten der Gastgeberin ihre Mäntel. Die anderen Literaten saßen bereits im Wohnzimmer im Halbkreis.

John Killens fasste mich im Vorbeigehen an der Schulter, setzte sich und rief die Versammlung zur Ordnung.

»Okay, Freunde. Fangen wir an.« Das Schrappen der

Stühle dröhnte mir bis in die Achselhöhlen. »Wie ihr wisst, wird heute unser neuestes Mitglied, unsere kalifonische Sängerin, aus ihrem neuen Theaterstück lesen. Wie ist der Titel, Maya?«

»*Eine Liebe. Ein Leben.*« Piepsig und kläglich kam meine normalerweise tiefe Stimme heraus.

Eine Autorin wollte wissen, wie viele Akte das Stück denn habe. Wieder piepsig antwortete ich: »Bisher nur einen.«

Alle lachten; das sollte ja wohl ein Witz sein.

»Wenn alle so weit sind, können wir anfangen.« John zückte seinen Notizblock, und raschelnd folgten die anderen seinem Beispiel.

Ich las die Beschreibung der Figuren und des Bühnenbilds vor, obwohl mein Körper sich plötzlich einiges herausnahm. Das Blut pochte mir in den Ohren, nur nicht laut genug, um mein dürftiges Stimmchen zu übertönen. Meine Hände zitterten so heftig, dass ich das Manuskript auf dem Schoß ablegen musste, was allerdings auch keine gute Lösung war, denn nun tricksten mich meine Knie aus. Sie hoben sich ungefragt, sodass es mir die Fersen vom Boden zog, und zitterten wie ein verschreckter Wackelpudding. Bevor ich zur Handlung des Stücks ansetzte, blickte ich hoch, in der Hoffnung, die illustre Runde würde ihre Belustigung angesichts meiner Not nicht allzu deutlich zeigen. Ihre Mienen blieben betont ausdruckslos. Im Lauf des Jahres sollte ich dann erfahren, dass jeder seine Horrorgeschichte über das erste Mal Lesen bei der Harlem Writers Guild zu erzählen hatte.

Die Zeit wickelte sich um jedes einzelne Wort und bremste mich aus. Ich konnte mich einfach nicht dazu bringen, schneller zu lesen. So sehr ich mich bemühte, das Manuskript zu kürzen, die Seiten vermehrten sich ständig. Das Stück war langweilig, die Figuren unglaubwürdig und die Dialoge offenbar komplett vom Etikett einer Campbell-Suppendose abgeschrieben. Das wurde sicherlich mein erstes und letztes Mal bei der Guild. Falls ich nicht vernünftigerweise freiwillig wieder austrat, so hatten die Mitglieder bestimmt ein Prozedere, um die Spreu vom Weizen zu trennen.

»Ende.« Endlich.

Die Guild-Mitglieder legten ihre Notizen beiseite, ein paar standen auf, um auf die Toilette zu gehen. Es wurde kein Wort gesprochen. Ich hatte beim Lesen ja selbst gemerkt, dass das Stück schlecht war, aber irgendwer hätte doch ein bisschen schwindeln können.

Der Raum füllte sich wieder. Nur am leisen Rascheln der Blätter ließ sich erkennen, dass die Jury so weit war.

John Henrik Clarke, ein feister kleiner Mann aus den Südstaaten, räusperte sich. Wenn er der erste Kritiker war, bekam ich die Höchststrafe. John Clarke war in der Gruppe berühmt für seinen Scharfsinn und sarkastischen Humor. Dem FBI hatte er angeblich einmal erklärt, er würde keineswegs den Ausverkauf seines Heimatstaates Georgia betreiben; er würde ihn vielmehr verschenken, und falls sich kein Abnehmer fände, würde er sogar noch draufzahlen.

»*Ein Leben. Eine Liebe?*« Sein Tonfall ein ungläubiges Krächzen. »Für mich war da kein Leben und herzlich wenig Liebe in dem Stück, von der Eröffnungsszene bis zum unseligen Ende des Aktes.«

Mit übermenschlicher Kraft hielt ich meine Lippen verschlossen und den Blick auf mein Manuskript geheftet.

Animierter im Ton fuhr er fort. »Eines schönen Märzabends im Jahre 1879 beendete Alexander Graham Bell erfolgreich seine Versuche, die menschliche Stimme durch einen dünnen Draht zu schicken. Am nächsten Morgen begann ein frustrierter Dramatiker, nicht gewillt, den nötigen Spannungsaufbau zu leisten, sein Stück mit einem Anruf.«

Missbilligendes Gemurmel wurde laut.

»Mensch, John« und »Sei nicht so gemein« und »Also echt, John, schäm dich«. Das Gestöhne war aufgesetzt, reine Begleitmusik ihrer Schadenfreude.

Grace bat zu den Drinks, und man stand auf, um sich die Füße zu vertreten; lediglich ich blieb sitzen.

»Komm, Maya, hol dir was zu trinken«, rief Grace mir zu. »Kannst du jetzt brauchen.« Ich grinste dümmlich; an Aufstehen war nicht zu denken.

Killens kam zu mir. »Gut, dass du noch geblieben bist. Das war eine sehr wertvolle Kritik.« Er konnte auch zur Hölle fahren, am besten mit einem eingeölten knotigen Strick zwischen den Beinen. »Aber jetzt bleib nicht einfach hier sitzen. Wenn sie dich für eine Mimose halten, dann kriegst du beim nächsten Mal keine so wertvollen Hinweise mehr.«

Beim nächsten Mal? Das war ja wohl nicht sein Ernst. Ich mischte mich nicht noch mal unter diese arroganten Arschgeigen, nicht solange ich Schwarz war und denen der Hintern am Rücken saß. Ich setzte mein zuckersüßestes Lächeln auf und nickte.

»Recht so, Maya Angelou, zeig ihnen, dass du einstecken kannst. Eins sag ich dir …« Er wollte sich glatt neben mich setzen, aber zum Glück rief ihn ein anderer Autor weg.

Ich schätzte die Entfernung von meinem Stuhl zur Tür ab; mit zehn Schritten könnte ich dort sein.

»Maya, du hast etwas zu sagen.«

Ich blickte hoch und in John Clarkes ernstes Gesicht.

»Ich glaube, ich kann für die Harlem Writers Guild sprechen, wenn ich sage, wir freuen uns, dass du dabei bist. Als John Killens aus Kalifornien zurückkam, hat er nur so geschwärmt von deinem Talent. In dieser Gruppe erinnern wir uns gegenseitig daran, dass Talent nicht ausreicht. Du musst an dir arbeiten. Schreib jeden Satz noch mal hin und noch mal, bis du jede erdenkliche Kombination ausprobiert hast. Und dann schreib ihn noch mal. Verlage geben nicht viel auf weiße Autoren.« Ein Husten oder Lachen. »Da kannst du dir ausrechnen, was sie von Schwarzen halten. Komm, gehen wir was trinken.«

Schneller als spontan stand ich auf und folgte ihm.

In der Küche liefen gerade zehn Gespräche auf einmal.

Die Autoren feierten. Verschwunden waren die sachlichen Mienen und ernsten Blicke. Als John Clarke und ich hereinkamen, sprach mich eine der Autorinnen an. »Hey, Maya, du hast deine Feuertaufe überlebt. Jetzt gehörst du zur Herde.« Sarah, eine grazile Frau mit den allerfeinsten Manieren, legte mir die Hand auf den Arm. »Die haben dich heute Abend geschont, meine Liebe. Mehr als geschont. Es war ja deine erste Lesung. Wart nur, wie sie nächste Woche Sylvester anpacken.«

Paule Marshall, deren Buch *Brown Girl, Brownstones* gerade fürs Fernsehen verfilmt wurde, grinste konspirativ. »Siehst du? War doch gar nicht so schlimm, was?« Sie hatten mich nackt gemacht, mir die Haut abgezogen, mich bis zum Scheitel in den Erdboden gestampft, und jetzt flöteten sie wie die Weihnachtsengel.

Ich nippte an meinem Wein und dachte über die Lehren aus dem Abend nach. Da ich über einen einigermaßen großen Wortschatz verfügte und seit meiner Kindheit immer viel gelesen hatte, hatte ich die Kunst des Schreibens nicht ernst genug genommen. Die Autoren hier hatten meine saloppe Herangehensweise aufs Korn genommen und mich gezwungen, meiner Absicht ins Auge zu blicken. Wenn ich wirklich schreiben wollte, dann musste ich bereit sein, eine Konzentration zu kultivieren, die der normale Mensch erst kurz vor der Hinrichtung entwickelt. Ich musste meine Ignoranz überwinden und Schreibtechnik lernen.

John Killens unterbrach meine Gedanken. »Maya, wie lange brauchst du, um dein Stück zu überarbeiten?«

Ich hatte weder beschlossen, es zu überarbeiten, noch, je wieder ein Treffen der Guild zu besuchen.

»Ich muss das wissen, damit ich deine nächste Lesung planen kann.«

»Ich bin noch nicht sicher. Lass mich überlegen.«

»Eine ganze Reihe von Leuten wollen lesen. Entscheid dich, sonst musst du hinten anstehen.«

»Ich ruf dich morgen an.«

John nickte und drehte sich um. »Okay, Freunde«, rief er über den Lärm hinweg, »wie ist das mit Kuba? Wie ist das mit Castro? Wollen wir einfach untätig zusehen, wie die Vereinigten Staaten mit Castro umspringen, wie sie schon immer mit uns umgesprungen sind?«

Das Geschnatter verstummte. Dann wurden Stimmen laut.

»Alle Schwarzen sollten hinter Castro stehen.«

»Kuba ist in Ordnung, Castro ist in Ordnung.«

»Castro benimmt sich, als käm er aus Harlem.«

»Spricht Spanisch, könnte aber genauso gut Niggerisch sein.«

John wartete, bis die Kommentare spärlicher wurden.

»Der beste Zeitpunkt ist immer jetzt. Ihr kennt ja die Geschichte von dem Sklaven, der beschloss, sich freizukaufen?« Hier und da huschte ein Lächeln über die schwarzen, braunen und helleren Gesichter. Grace biss glucksend auf ihren Zigarettenhalter.

»Dieser *Negero* war also Sklave, aber sein Eigentümer erlaubte ihm, nachts, am Wochenende und an Feiertagen Jobs außerhalb der Plantage anzunehmen. Also schuftete er. Und das hieß natürlich, er schuftete auf der Plantage, dann lief er zu Fuß die fünfzehn Meilen in die Stadt und schuftete dort, lief wieder zurück, schlief zwei Stunden, stand bei Sonnenaufgang wieder auf und schuftete weiter. Er sparte jeden Penny. Verkniff sich das Heiraten, verkniff sich sogar die Ladys ringsum, damit er bloß nichts von seinem sauer verdienten Geld ausgeben musste. Am Ende hatte er sich tausend Dollar zusammengespart. Schöne Stange Geld. Er ging zu seinem Master und fragte, wie viel er denn wert wäre. Wozu die Frage, wollte der Weiße wissen. Es interessiere ihn einfach, was ein Sklave so kostet, sagt der Schwarze. Meint der Weiße, na ja, für einen Sklaven legt er normalerweise so achthundert bis zwölfhundert Dollar hin, aber in Toms Fall, der wär ja schon älter und könnte keine Kinder mehr zeugen, also, den würde er für sechshundert Dollar ziehen lassen.

Tom bedankt sich beim Sklavenhalter und geht nach Hause in seine Hütte, gräbt sein Geld aus und zählt es. Er streichelt die Münzen zärtlich und legt sie wieder in ihr Versteck. Dann geht er zu dem Weißen hin und sagt: ›Die Freiheit ist gerade ein bisschen teuer, Boss. Ich warte lieber, bis der Preis runtergeht.‹«

Alle lachten, allerdings peinlich berührt und bitter. Die meisten von uns hatten sich schon mal wie Tom verhalten.

Auch mir war der Preis der Freiheit schon zu hoch gewesen, und die Gesichter ringsum bewiesen, dass es manch anderem genauso ging.

»Es gibt da diese Initiative, ›Fair Play for Cuba‹. Die schalten eine Anzeige in den Tageszeitungen, und diese Anzeige kostet Geld. Wer unterschreiben will, findet das Formular im Wohnzimmer. Schreibt euren Namen drauf, und wer es sich leisten kann, legt ein paar Scheine in die Schale auf dem Couchtisch.«

Ein paar Leute wollten gleich los, aber John hielt sie zurück.

»Moment. Eins muss euch klar sein, wenn euer Name nachmittags in der Anzeige auftaucht, dann wette ich zehntausend Dollar und nen Trottel, dann hat ihn am selben Abend das FBI. Dann steht ihr unter Verdacht.«

John Clarke hüstelte wieder sein Lachen: »Verdammt, als Schwarzer in den Vereinigten Staaten stehst du eh unter Generalverdacht, bloß für weiß wird dich nie einer halten.« Wir lachten; froh, dass einer die Wahrheit ausgesprochen hatte, mit dem uns eigenen bitteren Witz. Ich musste an die Verse in Sterling Browns Gedicht »Strong Men« denken:

Wir gingen weiter. Und lachten wie üblich.
Sie hörten unser Lachen und staunten.

Kurz bevor ich das Haus verließ, unterschrieb ich das bereits ausgefüllte Formular.

An der Tür hielt mich Paule Marshall auf. »Ich bin gespannt auf deine überarbeitete Fassung. Weißt du, mehr Talent als du oder ich haben viele. Es kommt darauf an, dass man dranbleibt. Stoisch und gnadenlos dranbleibt.«

Das Treffen war vorbei. Mitglieder umarmten sich, setzten Schmatzer auf Wangen oder Lippen und tätschelten einander den Rücken. John Killens erbot sich, mich heimzufahren.

Grace nahm mich in die Arme und flüsterte: »Gut gemacht, Kiddo, und ich weiß, dass du eine Riesenangst hattest.«

Als John bei mir vor dem Haus hielt, raffte ich mein Manuskript zusammen und fragte: »Welche literarische Form ist eigentlich die schwierigste, John?«

»Jede ist die schwierigste. Wenn du mich fragst, Romane. Wenn du Langston oder Countee fragst, Gedichte. Baldwin sagt bestimmt Essays. Bloß über eins sind sich alle einig: Short Storys sind praktisch völlig unmöglich.«

Ich öffnete die Beifahrertür. »John, trag mich ein, ich lese in zwei Monaten wieder. Aus einer neuen Short Story. Gute Nacht.«

Auf dem Weg zu unserer Wohnung ließ ich mir meine Aussage durch den Kopf gehen. Der Abend hatte mir gezeigt, dass der Entschluss zu schreiben gut vergleichbar war mit dem Entschluss, in einen eisigen See zu springen. Da ich mich nun mal dafür entschieden hatte, konnte ich mir auch gleich das, John Killens zufolge, allerkälteste Wasser aussuchen: die Short Story. Wenn ich überhaupt überlebte, wäre das ein Triumph. Wenn ich ein Stück schwamm, ein Wunder. Beim Aufschließen der Tür kam mir in den Sinn, dass meine Mutter, um bei der Handelsmarine zu landen, sich fünfzehn Jahre jünger gemacht hatte. Ich musste es probieren. Wenn es mit einer Niederlage ausging, hatte ich es wenigstens versucht. Berge bezwingen zu wollen war schließlich ehrbare Schwarze Tradition.

3

Der Tag, an dem die Miete fällig wird, hat es in sich. Mit Fanfarengeschmetter kommt er angeprescht und treibt die Tage davor gnadenlos vor sich her. Bei mir war die Miete scheinbar jeden zweiten Tag fällig, und Guy brauchte grundsätzlich eine neue Jeans. Meine bescheidene Garderobe steckte ständig in der Reinigung, und aus der Küche verschwanden mit alarmierender Regelmäßigkeit die Grundnahrungsmittel.

Als Sängerin hätte ich ja arbeiten können, nur hatte ich keinen Agenten. Die Bühnenimpresarios von Harlem suchten für ihre reisenden Revuen nach hellhäutigen Schönheiten à la Cotton Club, und weiße Midtown-Agenten buchten unbekannte Schwarze Entertainer nur für Auftritte in der Pampa, After-hours-Schichten, Männerpartys oder Drogengigs. Einen weißen New Yorker Clubbesitzer kannte ich zwar, der sich mir als treuer Freund erwiesen hatte, aber mein jüngst erworbenes Niveau an Schwarzer Würde verbot es mir, ihn um Arbeit anzubetteln.

Ich suchte mir selbst einen Job. Der kleine Club an der Lower East Side war eine Absteige, in die man ging, wenn man sonst keine Bleibe hatte. Er bestand aus einer langen Bar, verwässerten Drinks, Tischchen, nicht größer als ein Essteller, sowie einer nicht vorhandenen Künstlergarderobe (zum Umziehen ging ich in die Damentoilette), und die Arbeit an sich war mir peinlich.

Zwei elende Monate lang sang ich in dem Club. Andere, von mir bewunderte Menschen machten währenddessen wichtige Dinge: Abbey und Max Roach spielten Jazzkonzerte unter politischen Vorzeichen, Lorraine Hansberry hatte ein Stück am Broadway laufen, das ein paar alte Wahrheiten über die Schwarze amerikanische Familie einem neuen weißen Publikum nahebrachte. James Baldwin hielt mit *Nach der Flut das Feuer* das ganze Land in seiner geballten Faust. Killens' *And Then We Heard the Thunder* brachte die unliebsamen Tatsachen angesichts Schwarzer Soldaten in einer weißen Armee auf den Tisch. Belafonte nahm die südafrikanische Sängerin Miriam Makeba mit auf die Bühne und bereicherte damit einerseits seine Arbeit künstlerisch und intensivierte andererseits seinen Protest gegen rassistische Ausbeutung. Und ich trällerte derweil immer noch launige Liedchen, in mäßiger Qualität. Ich beschloss, dem Showbusiness den Rücken zu kehren. Schluss mit den hautengen Klamotten und dem manikürten Lächeln, weg mit dem gespielten Gefühl zu sentimentalen Texten. Nie wieder würde ich meine Kraft dafür vergeuden, Menschen ein dümmliches Lächeln zu entlocken, stattdessen würde ich Verantwortung übernehmen und sie zum Nachdenken animieren. Es wurde Zeit, dass auch ich Ernst machte.

Zwei Wochen nach meinem felsenfesten Entschluss lud man mich ein, im Apollo Theatre aufzutreten, und der Gedanke, dieses Angebot auszuschlagen, streifte mich keine Sekunde. Das Apollo in Harlem war für Schwarze Künstler die Met, La Sacla und ein Auftritt vor der Queen in einem. Auf dieser Bühne hatten schon Pearl Bailey, Dizzy Gillespie, Count Basie und Duke Ellington gestanden.

Frank Schiffman, der Manager, saß im verdunkelten Theater und hörte sich gerade eine Probe an. Aus Tito Puentes Bigband mit Willi Bobo und Mongo Santamaria stoben die Rhythmen wie Staubkörner in einem Sturm.

Stocksteif saß Schiffman in der ersten Reihe. Ich probte meine Stücke mit der Band, und angefeuert von Willie Bobos Timbales und Mongo Santamarias Conga entlockte ich meinen Interpretationen neue Aspekte und sang ein ganzes Stück besser als sonst. Schiffman saß schweigend im Sessel, bis ich zu »Uhuru« kam, einem Lied mit Publikumsbeteiligung, das ich gern als Zugabe brachte.

»Kein Mitmachquatsch im Apollo.« Seine Stimme klang rostig wie eine alte Eisenstange.

»Wie bitte?« Wenn dir mulmig wird, sei arrogant, hieß meine Devise. »Sprechen Sie mit mir?«

»Yeah, kein Mitmachquatsch im Apollo.«

»Aber das ist mein Programm, ich bringe ›Uhuru‹ immer als Zugabe. Das Wort bedeutet Freiheit auf Swahili, der große Schlagzeuger Babatunda Olatunje hat es mir beigebracht ...«

»Kein Mitmachquatsch...«

»Ist das Ihre Hauspolitik, Mr Schiffman? Falls dem so ist ...«

Ein paar der Musiker raschelten mit ihren Notenblättern; andere unterhielten sich auf Spanisch.

»Das ist keine Hauspolitik. Die einzige Hauspolitik des Apollo heißt: ›Sei gut.‹ Kein Mitmachquatsch sage ich einfach, weil die Zuschauer im Apollo nicht mitmachen werden. Wenn du versuchst, die Leute zum Mitsingen zu bringen, dann zerren die dich von der Bühne.« Er lachte schnaubend. »Die meisten von denen singen sowieso besser als du.«

Ein paar der Musiker, die Englisch verstanden, lachten. Viele Menschen sangen besser als ich, Schiffman hatte mir also nichts Neues erzählt.

»Vielen Dank für den Rat. Ich singe es trotzdem.«

»Wenn die dich nicht von der Bühne johlen, ist das ein schieres Wunder.« Er schnaubte noch einmal.

»Danke.« Ich drehte mich zum Orchester. »Diesmal habe ich keine Noten, aber das Stück geht so …«

Schiffman hatte natürlich keine Ahnung, dass mein Leben, genauso wie das vieler anderer Schwarzer Amerikaner, sich durchaus wunderähnlichen Ereignissen verdankte. Noch etwas wusste er aber sicher nicht: Die Schwarzen in Harlem waren im Umbruch begriffen, und das Publikum im Apollo war Schwarz. Afrikanische Trommeln klangen im Jahr 1959 nicht mehr gar so fern wie das gesamte Jahrhundert davor.

Die 125ste Straße war für Harlem, was der Mississippi für die Südstaaten war: ein langer Strom, immer in Bewegung, der immer etwas mitführte. Gleich neben einem Möbelladen mit kitschigen Sofas und Kunstfellsesseln in Leopardenoptik fand sich Mr Micheaux' Buchhandlung, die sich zugutehielt, jedes seit 1900 von einem Schwarzen Menschen geschriebene Buch vorrätig zu haben oder beschaffen zu können. An der Ecke zur Seventh Avenue lümmelten zwar nach wie vor die Stenze im Sportdress herum und boten mit gereimten Sprüchen Heroin und Kokain feil – *»Got horse for the course and coke for your hope«* –, gegenüber klärten aber im selben Moment konservativ gekleidete Männer eine aufmerksame Menge über das satanische Wesen aller Weißen und die Göttlichkeit von Elijah Muhammad auf. Und immer häufiger trugen Schwarze Männer wie Frauen bunte afrikanische Stoffe, mit denen sie durch Harlems Straßen glitten wie helle Segel auf einer dunklen See.

Zudem war mir aufgefallen, dass immer weniger Leute

beim Anblick meiner naturbelassenen Frisur kicherten oder sich gegenseitig in die Seite boxten.

Clevere Elektroladen-Inhaber ließen ihre Fernseher auf den Sendern laufen, in denen UNO-Debatten liefen. Vor diesen Läden standen die Leute und beobachteten die Gesichter der internationalen Diplomaten, obwohl kein Ton auf die Straße drang. Ich hatte mich eines Abends in der Nähe der St. Nicholas Avenue auch unter eine Gruppe fremder Leute gemischt. Es herrschte eine vorfreudige Stimmung, ein Versprechen lag in der Luft. Als plötzlich auf allen Bildschirmen zugleich eine kleine Schwarze Gestalt erschien, rückte die Menge noch enger zusammen. Die Gestalt war ein Afrikaner in einer gemusterten Toga, der mit theatralischer Würde auf die Kamera zuschritt. Auf dem Bürgersteig herrschte gespannte Stille. Als das Gesicht des Mannes zu erkennen und der Scheitel in seinem Haar deutlich zu sehen war, fielen die ersten Bemerkungen.

»Hey, Alex. Hey, *brother*.«

»Mmh, sieht der Mann gut aus.«

»Ein Gangwerk wie Gott persönlich, dieser Afrikaner.«

»Allerdings. Schau hin, wenn du Augen hast.«

Der Mann begann zu sprechen, und die Menge verstummte, wie um ihm von den Lippen zu lesen. Man verstand zwar nicht, was er sagte, aber seine herablassende Miene blieb den Umstehenden nicht verborgen.

Eine korpulente Frau kommentierte glucksend: »Wüsste zu gern, was der hübsche Nigger da sagt.«

Ein Mann aus den hinteren Reihen schnaubte. »Er sagt den Crackern auf der ganzen Welt, sie können ihn an seinem Schwarzen Arsch lecken.«

Lautes Gelächter erscholl, spontanes, selbstgefälliges Gelächter.

Schiffman bewegte sich seit den Anfängen des Apollo in Harlem. Einer Reihe von Schwarzen Künstlern, die später international bekannt wurden, hatte er einen ersten Vertrag gegeben. Manche Harlemer fanden ihn in Ordnung, und er hatte auch Schwarze Freunde. Er kannte sich aus, wusste, wer illegales Glücksspiel betrieb, wer ein Wichtigtuer war und wer zuverlässig und vernünftig. Aber er war kein Schwarzer. Und er war zu sehr mit dem Harlem verwoben, das er mit aus der Taufe gehoben hatte, um für möglich zu halten, dass sich das Viertel allmählich seinem Einfluss entzog und irgendwann sogar seinem Verständnis.

»Uhuru« wurde ganz sicher meine Zugabe.

Zum Glück fand mein erster Auftritt um ein Uhr nachmittags an einem Montag statt. Vielleicht vierzig Zuschauer saßen weit verstreut in einem Saal, in den siebenhundert gepasst hätten. Tito Puentes Bigband beschallte den Raum mit der Power eines großen Symphonieorchesters. Der Comedian lachte über seine eigenen Witze, und das spärliche Publikum reagierte, als würde der Lieblingsneffe im Wohnzimmer die Familie unterhalten. Der Stepptänzer schickte eine Geheimbotschaft in Hacke-Spitze-Code, und das Publikum schickte seinen Applaus. Der Sänger sang ein Arrangement à la Billy Eckstein, und auch er wurde freundlich aufgenommen.

Ich marschierte in meinem himmelblauen Chiffonkleid und den passend eingefärbten High Heels auf die Bühne.

Die ersten paar Calypsos trugen mir lediglich höfliche Reaktionen ein, aber als ich dann einen Southern Blues sang, mit langgezogenen Seufzern und tiefsinnigem Inhalt, feuerten sie mich an. »Sag's, wie es ist, Baby«, und »Sing, du lange dünne Mamma. Sing dein Lied«. Sie fraßen mir aus der

Hand, und ich ihnen. Ich sang Songs aus dem kollektiven Gedächtnis der amerikanischen Schwarzen, und wir waren in unserem jahrhundertelangen Hiersein vereint. Mein letztes Stück war »Baba Fururu«, ein religiöses Lied aus Kuba, das mir Mongo Santamaria im Jahr davor beigebracht hatte, als ich mit Puente durch sechs Spielstätten an der Ostküste getourt war. Mongo, der kaum ein Wort Englisch sprach, hatte mir den Text Silbe für Silbe vorgesprochen. Übersetzen konnte er ihn zwar nicht, aber er hatte mir vermittelt, dass das Stück für religiöse Zeremonien des Schwarzen Kuba verwendet wurde.

Dieses erste Apollo-Publikum setzte sich aus Großeltern zusammen, die die Kinder ihrer eigenen abwesenden Kinder aufzogen, aus jungen Frauen auf Sozialhilfe, zu brav zum Klauen und zu ängstlich zum Anschaffen, und aus jungen Männern, die die Gesellschaft für überflüssig erklärt hatte.

Der afrokubanische Song ließ sich erst gar nicht auf Hoffnung ein, sondern tauchte tief ein in die Verzweiflung. Die Blue Notes rieben sich aneinander und wurden zur Middle Passage. Sie setzten extra tief an und stöhnten über die Armut und wie es sich anfühlte, gehasst zu werden. Das Publikum im Apollo tobte. Es hatte verstanden. Als ich zurück auf die Bühne kam und ankündigte, meine Zugabe sei noch einmal ein afrikanischer Song, mit dem Titel »Freiheit« auf Swahili, applaudierten sie, bereit, dieses Land der Verheißung mit mir zu erkunden.

»Wenn ihr glaubt, dass ihr die Freiheit verdient habt, wenn ihr sie wirklich wollt, wenn ihr glaubt, dass sie euch zusteht, dann singt jetzt mit mir:

»U hu uhuru oh yea freedom
U hu uhuru oh yea freedom
Uh huh Uh hum.«

Willie Bobo, Mongo und Juliano gaben mit Conga, Timbales und Caracas einen Vierviertel-, Fünfviertel- und Sechsvierteltakt vor und ich lehnte mich in den Rhythmus und sang.

»O sawaba huru
O sawaba huru
O sawaba huru.«

Beim Refrain stimmte das Publikum mit ein.

»Oh yea, oh yea freedom
uh huh
uh hum
uh hum
uh hum.«

Das Publikum sang voller Leidenschaft, ich spürte es unter meiner Stimme, über ihr, vor ihr – da war ein Verständnis, das über meines hinausging. Ich war die Sängerin, die Entertainerin, und sie waren diejenigen, die ihr Schicksal aushalten mussten. Sie nahmen mich in ihre Mitte, weil ich die Hymne sang und die Fahne hochhielt.

Am Abend des ersten Tages wurde deutlich, wie gut die Schwarze Mundpropaganda funktionierte. In der Sechs-Uhr-Show brüllte jemand aus dem Publikum: »Sing *Freedom*, sing *Freedom*!« Da es meine Zugabe war, musste ich mich erst durchs Programm singen, dann klatschten sie, bis ich zurück auf die Bühne kam. Ich setzte wie üblich zu meiner Einleitung an: »Wenn ihr glaubt, dass ihr die Freiheit verdient habt, wenn ihr …«

»U hu uhuru oh yea freedom
uh huh uhuru yea freedom
uh huh uhuru yea freedom
uh huh, o yea freedom.«

Sie fielen mir ins Wort, und ab ging die Post.

»Moment. Manche kennen das Stück, aber für die anderen würde ich es gern vorstellen.«

Einer aus dem Publikum rief: »Dann mach, aber keine Rücksicht auf Schnarchnasen, wir wollen singen.«

Ich fuhr mit meiner Einleitung fort, und die Percussion setzte ein. Das Publikum klatschte und stampfte den Rhythmus, variierte ihn, übernahm das Kommando über die Musik, die Band und mich.

»Uh, uh, oh huh.
O yea, freedom,
Uh huh. Uh huh.«

Als das Stück zu Ende war, donnerte das kleine Publikum seinen heißen Dank. Ich verbeugte mich zwar, aber im Bewusstsein, dass der Applaus nur in kleinem Maß mir galt. Ich war bloß der Funke gewesen, der ihr Feuer entfacht hatte. Unsere Geschichte, unsere schmerzhafte Schiffsreise und die ungleiche Gegenwart, all das brannte lichterloh in dem dunklen Theater.

Sechs Tage lang, bei drei Shows pro Tag, wiederholte sich

die überwältigende Reaktion. Am letzten Tag brachten John und Grace Guy und ihre eigenen beiden Kinder Barbara und Chuck mit ins Apollo. Durch ein Guckloch im Vorhang konnte ich die drei Teenager beobachten. Der Komiker war ihnen zu hoch, der Sänger mit seinen Klagen über unerwiderte Liebe interessierte sie nicht besonders, und der Stepptänzer ließ seine komplizierten Figuren allzu leicht aussehen. Als ich auf die Bühne kam, war der Exotenfaktor, jemand Bekanntes in einer ungewohnten Umgebung zu erleben, schon nach ein paar Minuten abgenutzt. Kurz vor dem Ende meines ersten Stücks warf ich einen Blick auf die drei, und sie quatschten schon miteinander. Aber am Ende des Abends machten sie begeistert bei »Uhuru« mit, nicht so sehr die Melodie singend als den Text mitbrüllend. Hoch über dem Sound des Ensembles kiekste Guys Stimmbruchstimme. Schiffman hatte recht und unrecht zugleich gehabt: Manche sangen besser als ich, aber keiner johlte mich von der Bühne.

Nachdem die Killens und Guy meine Garderobe wieder verlassen hatten, bereitete ich mich auf die letzte Show vor. Ich würde nie wieder als Sängerin auftreten, das stand fest. Es gab nur ein Apollo Theater, und keine andere Bühne war so attraktiv, dass sie meinen Entschluss hätte ins Wanken bringen können. Die Auftrittsserie hatte mich in der Achtung meiner New Yorker Bekannten steigen lassen, aber ihr eigentlicher Wert lag darin, dass ich Selbstbewusstsein daraus schöpfte. Zwar hatte ich weder Weltruhm erlangt noch Reichtümer angehäuft, aber ich verließ das Showbusiness zur rechten Zeit: vom Gipfel der Apollo-Bühne herabsteigend. Die ganze letzte Woche hatte mir außerdem ein »Sag-ich-doch« aus den Augen geblitzt. Da das Apollo-Publikum Frank Schiffman mit »Oh yea, oh yea, freedom« die Ohren vollgesungen hatte, hatte er seit dem Premierenabend kein Wort mehr mit mir gesprochen. Ich freute mich auf die Genugtuung, wenn er mir meinen Scheck überreichen würde. Nach dem Ende des Sets wartete ich in der Kulisse, während das Publikum mich zurück auf die Bühne jubelte. Anschließend trat ich noch einmal ans Mikrofon und setzte zu meinem Sprüchlein an: »Vielen Dank, Ladies and Gentlemen. Für das letzte Stück brauche ich jetzt Ihre Mithilfe. Ich singe einen afrikanischen Song mit dem Titel ›Uhuru‹, das bedeutet Freiheit. Alle auf dieser Seite des Theaters singen bitte *uh, uhuru,* oh yea freedom« – die Percussion startete einen vielversprechenden Wirbel – »und alle auf dieser Seite ...«

»Verdammte Hacke, zieh einfach dein Ding durch, Girl! Und wenn du nicht singen kannst, dann komm am Mittwoch wieder, da ist Amateur Night.«

Lautstark dröhnte die Stimme des Mannes vom Balkon herunter und schnitt unvermittelt ins Dunkel des Theaters wie ein Lichtkegel. Mein Herz wummerte, und mir fiel beim besten Willen keine Antwort ein. Ein Kichern hier und dort ermunterte den Mann.

»Und überhaupt« – seine Stimme noch lauter und fieser – »überhaupt, wenn du so auf Afrika stehst, dann geh doch wieder zurück!«

Jetzt war es so weit. Ich würde keinen Fuß mehr von dieser Bühne kriegen. Bis in alle Höllenewigkeit würde ich hier vor dem stummen Mikro stehen, die Füße an den Brettern festgeklebt. Das babyblaue Scheinwerferlicht blendete mich und nagelte mich ebenfalls auf ewig dort fest. Auf dem Balkon erhob sich Gemurmel und auch im Parkett machte sich hier und da Missmut bemerkbar. Ich konnte mich immer noch nicht rühren. Plötzlich rief eine zitronensaure Stimme aus einer der vordersten Reihen: »Halt die Klappe, du Rabenaas da oben. Ich hab hier schließlich Eintritt bezahlt.«

Überall im Zuschauerraum ploppten zustimmende »eben« und »genau« auf.

Dies brachte meinen Kritiker in Rage, und er brüllte: »Zur Hölle mit dir, du alte Vettel. Ich hab für den Quatsch auch bezahlt!«

»Ach vedammt, reg dich ab. Lass die Frau singen«, befahl eine Männerstimme von hinten. »Echt jetzt.« Noch eine Männerstimme, diesmal vom Balkon und in gefährlicher Nähe zu dem Störer. »Wenn dir was nicht passt, dann geh runter und schaff du deinen Hintern auf die Bühne, dann sehen wir ja.«

So, das war's. Jetzt floss entweder Blut, oder der Störer kam runter auf die Bühne, griff sich das Mikro und ließ mich noch lächerlicher aussehen, als ich mich sowieso schon fühlte. Die Percussion hatte einfach weitergemacht, merkte ich plötzlich.

Die Frau, die mir als Erste beigesprungen war, erhob die Stimme …

»Freedom, freedom, freedom.«

Sie hatte den Rhythmus, aber die Melodie stimmte nicht.

Weitere Stimmen kamen dazu: »Freedom, freedom.« Die Percussion schwoll an zu einem zornigen Fluss. »Freedom, freedom.« Immer mehr Leute aus dem Publikum sangen mit. »Freedom.« Inzwischen war das ganze Parkett mit eingestiegen. Sie hatten sich auf meine Seite geschlagen und das Lied von der Bühne getragen.

Grimmig ertönte wieder der Männerbass: »Jetzt sing schon, Girl, verdammte Hacke, sing deinen verdammten Song.«

Ich sang. »*O sawaba huru, O sawaba huru.* Oh yea. Oh yea, freedom.« Zwar sangen wir nicht das Lied, das mir Olatunji beigebracht hatte, aber wir sangen laut und triumphierend, als hielten wir das Besungene bereits in Händen. Mein Abschiedsauftritt als Sängerin ließ den Rat meiner Mutter wieder lebendig werden: »Als Schwarze musst du einfach das Beste hoffen und aufs Schlimmste vorbereitet sein. Der Ausgang ist immer offen.«

Als Schiffman mir meinen Scheck überreichte, grinsten wir beide.

4

Godfrey Cambridge war der schönste Mann, der mir je unter die Augen getreten war. Sein Gesicht hatte das Ebenmaß einer Maske aus Benin, seine Zähne blitzten weiß wie Friedensflaggen, und seine Haut hatte die Farbe der fruchtbaren schwarzen Erde am Arkansas River. Zudem war er groß und gut gebaut und sprach Englisch mit dem Stakkato-Akzent eines New Yorker Abkömmlings westindischer Eltern. Er war eindeutig der Richtige.

Man hatte uns auf einer Party in Greenwich Village bekannt gemacht. Er stellte sich mir als arbeitsloser Schauspieler vor, und da ich seine Neugier mit romantischem Interesse verwechselte, hielt ich mich ran. Wir tauschten Telefonnummern aus, und als ich ihn zum Abendessen einlud, nahm er an. Guy und Godfrey wuchsen in den ersten zehn Minuten zu einem Team zusammen. Guy fand Godfreys Storys aus seinem Job als Taxifahrer herrlich, genauso wie die über seine Abenteuer beim Vorsprechen für weiße Musicals. Wir ließen uns ein viergängiges Menü schmecken (ich habe meine Kochkünste schon immer als verlängerten Arm meines Sex-Appeals betrachtet) und lachten viel. Nachdem Guy im Bett war, setzten Godfrey und ich uns ins Wohnzimmer, hörten Musik und tranken Irish Coffee. Zu meiner Enttäuschung ging das Gewitzel weiter. Godfrey erzählte von Spinnern auf dem Rücksitz, egoistischen Schauspielern und tyrannischen Regisseuren, und jede Geschichte steuerte auf eine wohlgesetzte Pointe zu. Die Storys klangen immer forcierter und die Zeit verging immer stockender. Im vollen Angesicht meines Single-Status, meiner Kochkünste und meiner Bereitschaft wollte sich einfach kein leidenschaftliches Feuer zwischen uns entzünden.

Als ich ihn zur Tür brachte, drückte er mir einen brüderlichen Schmatz auf die Wange, und ich strich ihn von meiner Liste.

Die Kirche in Harlem war bis zum letzten Platz gefüllt, hinten standen die Leute. In den mittleren Reihen saßen ein paar Weiße, steif und unbeweglich und ohne sich nach den Schwarzen umzudrehen, unter denen es summte wie in einem Bienenschwarm. Godfrey und ich waren hergekommen, um Reverend Martin Luther King Jr. sprechen zu hören. Er war gerade aus dem Gefängnis entlassen worden und nach New York gekommen, um für die Southern Christian Leadership Conference Spenden zu sammeln und die Menschen im Norden der USA auf den Kampf aufmerksam zu machen, der in den Südstaaten geführt wurde.

Fünf Schwarze Männer schritten im Gänsemarsch auf die Empore, die ernsten Gesichter das perfekte Gegenstück zum jubelnden Empfang durch die Menge.

Der gastgebende Pastor stellte Wyatt Walker vor, einen Baptistenprediger, der zu gut aussah, als dass ich ihm Tugendhaftigkeit, und zu jung, als dass ich ihm Weisheit zugetraut hätte.

Er sprach, in schönster Baptistenmanier, von Alabama und dem redlichen Kampf um Gerechtigkeit. Anschließend wurde Fred Shuttlesworth vorgestellt, wieder ein attraktiver Pastor, und ich fragte mich schon, ob die SCLC absichtlich die hässlichen Prediger zu Hause ließ und nur die gutaussehenden in den Norden schickte. Shuttlesworth beugte sich mit seiner schmalen Gestalt übers Rednerpult und nahm das Publikum ins Visier wie ein Habicht. Seine Worte waren scharf, sein Ton anklagend. Er wurde zu einem Beil in Menschengestalt, das an unserer geografischen Geborgenheit herumhackte. Was hatten wir in New York verloren, wo doch im selben Augenblick auf Schwarze Kinder Hunde gehetzt, Schwarze Frauen vergewaltigt und Schwarze Männer verstümmelt und umgebracht wurden? Dachten wir vielleicht, New York würde dem gerechten Zorn Gottes entgehen? Jetzt, in diesem historischen Moment, hatten wir die Chance, uns in den heiligen Kreuzzug einzureihen, den Fehdehandschuh aufzuheben, den man uns voller Hass hingeschleudert hatte, ihn durchs blutige Schlachtfeld zu tragen und hinüber in die Gefilde des Friedens, der Gerechtigkeit und der Gleichheit für alle. Das Publikum sprang auf und der Reverend Shuttlesworth setzte sich.

Als Nächster wurde Ralph Abernathy vorgestellt. Gemessen schritt er aufs Podium, stand ein paar Sekunden da und blickte auf seine Hände, die auf dem Rednerpult ruhten. Seine Sprechstimme kam dann als Überraschung, und was er sagte, als Schock. Er hatte weder das Feuer von Walker noch den Zorn von Shuttlesworth, seine Botschaft war kurz und bündig und auf ungemütliche Weise die kraftvollste der drei. Der Süden befinde sich in einer Phase des Wandels, und für den Wandel müsse jeder bezahlen, denn jeder würde davon profitieren. Wir als Christen sollten den Wandel jederzeit willkommen heißen, schließlich sei Jesus der größte Wandler der Geschichte gewesen. Er habe die Vorstellung des Auge um Auge, Zahn um Zahn auf den Kopf gestellt, er habe die Geldverleiher aus dem Tempel geworfen, weil sie die Menschen betrogen hätten, und er habe gelehrt, selbst seinen Feinden zu vergeben. Nur mit Gott könnten wir den Mut entwickeln, erinnerte Reverend Abernathy das Publikum, das Unveränderbare zu verändern. Als er nachdenklich zu seinem Platz zurückkehrte, schwieg die Zuhörerschaft einen gedehnten Moment lang still. Da seine Worte nicht in Leidenschaft verpackt oder mit Eloquenz bestückt gewesen waren, dauerte es länger, bis man sie verdaut hatte. Der gastgebende Pastor erhob sich wieder, und alles Geraschel verstummte. Die Kirche hielt den Atem an.

Der Pastor erzählte uns, was wir über Martin Luther King bereits wussten, welche Gefahren er überstanden und welche Triumphe er gefeiert hatte. Reglos saßen die Zuhörer da, unter der Stille eine gespannte Aufmerksamkeit, laut wie ein Aufschrei. Er war hier, unser Mann, Schwarz, intelligent und furchtlos. Gleich würde er mitten unter uns das Licht der Welt erblicken. Er würde ans Rednerpult schreiten, sich in voller Größe aufrichten und den Tagen der Demütigung, den Jahren der Opfer einen Sinn verleihen. Er war der Beste, der Klügste und der Schönste unter uns. Vielleicht war es heute so weit, vielleicht würden wir heute die Freiheit erlangen.

Die Anmoderation war vorüber, und Martin Luther

King Jr. erhob sich. Das Publikum verlor kollektiv die Fassung, Kirchenbänke schrappten über den Boden, während alles aufstand, zurückwich, nach vorn drängte, sich Platz verschaffte, Rufe ausstieß.

»*Yes, Lord!* Kommen Sie, Dr. King, bitte kommen Sie auf die Bühne!«

Eine stämmige kleine Frau in Rot neben mir packte mich um die Mitte und drückte mich an sich. Sie blickte mich an, als wären wir alte Freundinnen, und flüsterte: »Wenn ich jetzt meinen letzten Atemzug tue, sterbe ich als glücklicher Mensch.«

Dann ließ sie mich wieder los und fasste den Arm eines Mannes rechts von ihr, zog ihn an sich, wiegte ihn an ihrer Brust und flüsterte: »Jetzt wird alles gut. Er ist da und alles wird gut.«

Martin Luther King schritt aufs Podium und blieb ein gutes Stück entfernt vom Rednerpult stehen, sodass seine Gestalt ungeschützt unseren Blicken ausgesetzt war. Er sah ins Publikum, quittierte lächelnd unsere Bewunderung, blieb aber zugleich seltsam distanziert. Nach kurzer Zeit trat er ans Rednerpult und hob beide Hände, in einer Geste der Hingabe genauso wie des beruhigenden Einwirkens aufs Publikum. Der Lärm verstummte, doch die Kirche blieb geschlossen stehen; man konnte sich an seinem Anblick nicht sattsehen.

Er lächelte herzlich und ließ die Arme sinken. Im selben Augenblick setzte sich das Publikum, als hinge es mit unsichtbaren Fäden an seinen Fingerspitzen.

Mit sonorer, volltönender Stimme begann er zu sprechen, überbrachte Grüße von unseren Brüdern und Schwestern in Atlanta und Montgomery, in Charlotte und Raleigh, Jackson und Jacksonville. Viele von euch, erinnerte er uns, kommen aus dem Süden und haben nach wie vor Verbindungen dorthin. Irgendwo sei da eine alte Großmutter, die die Stange halte, ein paar Onkel, Cousinen und Freunde. Doch den Süden, so wie wir ihn kannten, den gebe es nicht mehr. An seine Stelle sei ein neuer Süden getreten, ein gewalttätigerer, hässlicherer Süden, ein Land, in dem unsere weißen Brüder und Schwestern sich unsäglich fürchteten vor dem Wandel, der doch unausweichlich sei. Lieber rissen sie sich die Finger blutig an der Erde und warfen ihr wertvollstes Schriftstück, die Unabhängigkeitserklärung, ins tiefste Meer, verscharrten es unter dem höchsten Berg oder verbrannten es im lodernndsten Feuer, als dass sie der Gerechtigkeit einen Platz einräumten am Tisch oder dem Fairplay ein Zimmer in der doch leeren Herberge.

Godfrey und ich rückten zusammen, bis unsere Schultern und Knie sich berührten. Ich wandte den Kopf; auf seinem dunklen Gesicht glitzerten Tränen.

Reverend King skandierte weiter, sang seine prophetische Litanei. Wir waren ein Volk, unteilbar aus der Sicht Gottes, verantwortlich voreinander und füreinander.

Wir, die Schwarzen dieser Erde, die am gründlichsten Vertriebenen, die Ärmsten, die am heftigsten Geschmähten und Gegeißelten, wir hatten die glorreiche Aufgabe, die Seele unseres Landes wieder aufzurichten, seine Ehre wiederherzustellen. Wir, die Verhasstesten, mussten den Hass nehmen und durch das Wunder der Liebe Feindschaft in Liebe verwandeln. Wir, die Gefürchtetsten und die Bangsten, mussten die Angst nehmen und durch Liebe in Hoffnung verwandeln. Wir, die wir täglich in großer und kleiner Weise den Tod erfuhren, mussten den Dämon Tod nehmen und in Leben verwandeln.

Er hatte den Kopf zurückgeworfen, und seine Worte grollten wie Donner. Unaufhörlich sollten wir beten und unermüdlich arbeiten. Wir sollten wissen, dass das Böse den Thron nicht für immer gepachtet habe; mochte das Recht auch noch so tief in den Staub getreten werden, es stünde doch immer wieder auf, immer wieder.

Als er geendet hatte, uns mit seinen Worten gewaschen, unsere geschundenen Leiber mit seinem Optimismus gestreichelt hatte, stimmte er »Oh Freedom« an, und alle fielen mit ein.

Fremde umarmten sich herzlich, Männer und Frauen ließen ihren Tränen freien Lauf, schluchzten in aller Öffentlichkeit; andere badeten lachend in den Wellen des Geistes und der köstlichen Tide der Emotion.

Schweigend gingen Godfrey und ich von der Kirche in Richtung Hudson. Von Zeit zu Zeit legte er mir den Arm um die Schultern, oder ich drückte seine Hand. Wir setzten uns auf eine Bank und blickten aufs träge Wasser hinaus.

»Und was jetzt? Was tun wir dagegen?« Godfrey war mir mit der Frage zuvorgekommen, und ich wusste keine Antwort darauf. »Irgendwas müssen wir tun. Reverend King braucht Geld. Du weißt genauso gut wie ich, dass wir nicht mit gereckter Faust in den Süden ziehen und uns von irgend so einem Cracker-Sheriff schikanieren lassen. Und ganz sicher hocken wir uns in keinen Südstaatenknast, was tun wir also sonst?«

Die Frage galt dem Wind, dem dunklen Fluss und Godfrey selbst; die Antwort kam von mir. »Wir könnten doch ein paar Sänger und Schauspieler zusammentrommeln.« In früheren Jahren hatten Hollywood-Musicals bewiesen, dass junge, talentierte Nobodys ohne Budget unglaublich erfolgreiche Shows aus dem Boden stampfen konnten, und ich hatte auch im reifen Alter von über dreißig noch solche jugendlichen Flausen im Kopf.

»Wir könnten ein Programm auf die Beine stellen und es den Sommer über laufen lassen.« Godfrey grinste, er sah unseren Erfolg schon kommen, er hatte also genau solche Flausen im Kopf wie ich.

Außerdem hatte er einen Freund, Hugh Hurd, einen Schauspieler, der Gott und die Welt kannte und noch dazu fabelhaft organisieren konnte. Mit dem würde er reden. Ich wiederum kannte genügend Sängerinnen und Sänger, die seit dem Ende von *Porgy and Bess* kein Engagement mehr gehabt hatten, die würde ich ansprechen.

Irgendwann fiel uns ein, dass wir, wenn wir Geld für die SCLC eintreiben wollten, die Leute dort vielleicht um ihr Einverständnis bitten sollten, und da ich die Christin sei, meinte Godfrey, solle am besten ich den Kontakt herstellen.

Eine Stunde später war unser Plan gefasst. Ich würde ein Musical schreiben, Godfrey eine witzige Stand-up-Nummer beisteuern, und wir beide gemeinsam wären die Produzenten. Hugh Hurd würde, sein Einverständnis vorausgesetzt, die Regie führen. Wir würden die Künstler und uns selbst nach Gewerkschaftstarifen bezahlen, alle darüber hinausgehenden Einnahmen bekäme die SCLC. Noch nicht klar war, wo das Musical laufen sollte, wer spielen würde, wie viel der Eintritt kosten oder ob die fromme Organisation unsere Initiative überhaupt gutheißen würde – es gab also eine Menge zu tun, und wir mussten uns ranhalten.

Das SCLC-Büro lag an der 125sten Straße Ecke Eighth Avenue, mitten in Harlem. Ich hatte telefonisch einen Gesprächstermin mit Bayard Rustin vereinbart. Auf dem Weg über die schmutzige Treppe in den zweiten Stock übte ich die Ansprache, die ich schon mit John Killens geprobt hatte. »Mr Rustin, zuallererst möchte ich betonen, dass mein Kollege Godfrey Cambridge und ich nicht nur die Aktivitäten von Reverend Martin Luther King und der SCLC begrüßen und wertschätzen, sondern auch Ihr persönliches Engagement im Bereich ethnische Beziehungen und Menschenrechte bewundern.« Von John wusste ich, dass Bayard Rustin in den Vierzigerjahren Protestmärsche in Amerika organisiert, sich für bessere Lebensumstände der Unberührbaren in Indien eingesetzt hatte und bei der bedeutenden Pazifistenvereinigung War Resisters League Mitglied war. »Um unsere Wertschätzung zu bekunden und Ihre Arbeit zu unterstützen, möchten wir hier in New York ein Musical auf die Bühne bringen, eine Show, mit der die Bedeutung des Kampfes unterstrichen und gleichzeitig für die Southern Christian Leadership Conference Geld gesammelt wird.« Dieses Angebot konnte er unmöglich ausschlagen.

Oben auf dem Treppenabsatz saß an einem windschiefen Schreibtisch eine Empfangsdame und eröffnete mir, Mr Rustin habe zu einer dringenden Mission außer Haus müssen, stattdessen würde mich jedoch Stanley Levinson empfangen. Mir blieb fast das Herz stehen. Ob ich meine Rede überhaupt verwenden konnte? Levinson klang jüdisch, andererseits hatten auch John Levy und Billy Eckstein jüdische Namen und waren trotzdem Schwarze.

Die Dame griff zum Telefon und wies anschließend auf eine Tür. »Mr Levinson erwartet sie.«

Er war klein, untersetzt, gut gekleidet und weiß. Ich war gekommen, um mit einem Schwarzen zu besprechen, wie Godfrey und ich, ebenfalls Schwarz, uns selbst und anderen

Schwarzen helfen konnten. Was sollte ich einem Weißen schon erzählen?

Stan Levinson wartete, das kantige Gesicht ausdruckslos, der Blick ungerührt.

»Ich bin Sängerin«, setzte ich an, »also, ich war Sängerin, jetzt bin ich Schriftstellerin, das heißt, ich möchte es werden ...« Meine Selbstsicherheit war dahin, und ich hasste mich dafür. Wie sollte ich mich gegen ein ganzes Land voller Rassisten behaupten, wenn mich schon der Anblick eines einzelnen, einsamen Weißen in Verwirrung stürzte?

»Gut, und wie kann die SCLC Ihnen behilflich sein?« Er merkte, wie ich schwamm. Vor lauter Verzweiflung ließ ich meine vorbereitete Rede vom Stapel. »Zuallererst möchte ich betonen, dass mein Kollege Godfrey Cambridge und ich nicht nur ...«

»Ah, Cambridge, der Comedian, ja, den habe ich schon mal gehört.« Levinson lehnte sich zurück.

»... begrüßen und wertschätzen ...« Den Teil zu Bayard Rustin ließ ich weg und endete auf »gleichzeitig für die Southern Christian Leadership Conference Geld gesammelt wird«.

Levinson beugte sich vor. »Und wo wird das Musical aufgeführt?«

Mist, schon wieder ertappt. Wenn doch bloß Bayard Rustin da gewesen wäre, der hätte sich sicher minutenlang bedankt, dass ich ihn und seine Verdienste gewürdigt hatte, und ich hätte verschnaufen können.

»Ein Theater haben wir noch nicht, aber wir werden eins finden. Darauf können Sie Gift nehmen.« Vor lauter Unsicherheit wurde ich angriffslustig.

»Da hole ich am besten mal jemanden dazu. Er schreibt

auch und kann Ihnen möglicherweise weiterhelfen.« Er nahm den Hörer ab. »Schicken Sie doch bitte Jack Murray zu uns herein.« Dann legte er auf und fragte mäßig interessiert: »Und wie kommen Sie auf die SCLC?«

»Ich war gestern in der Kirche und habe Dr. King gehört.«

»Ah ja, das war eine tolle Veranstaltung. Leider blieben die Einnahmen etwas hinter unseren Erwartungen zurück.«

Die Tür ging auf, und ein kleiner Mann in brauner Hose, offenem Hemd und Sportjacke kam eilig herein. »Jack Murray« hatte Schwarz geklungen, aber er war genauso weiß wie Stanley Levinson.

»Ja, Stanley, was gibt's?«

Levinson stand auf und gestikulierte in meine Richtung. »Das ist Miss Angelou, Maya Angelou. Sie hatte einen Termin bei Bayard, aber der musste weg. Sie hat eine Idee. Maya, das ist Jack, er arbeitet auch bei der SCLC.«

Ich stand auf, streckte Murray die Hand hin und beobachtete, wie ein Kleinjungenlächeln über sein nicht mehr ganz so junges Gesicht huschte.

»Schön, Sie kennenzulernen, Miss Angelou. Worum geht es bei Ihrer Idee?«

Ich erklärte, dass wir ein Stück aufführen wollten, eine Art Revue, mit allem, was an guten Musicaldarstellern verfügbar war, und dass wir die Handlung rund um den Freiheitskampf entwickeln wollten.

Zum ersten Mal verzog Stanley Levinson die Miene. »Da sind wir bei Jack ja an der richtigen Adresse. Ist Ihnen *Pins and Needles* ein Begriff?« War es mir nicht, folglich erläuterte er, dass Jack in den Dreißigerjahren *Pins and Needles* mit auf die Beine gestellt hatte, ein Stück, das es bis an den Broadway schaffte, und zwar zum Thema Probleme der Arbeiterklasse.

»Haben Sie schon ein Theater?« Wieder musste ich bekennen, dass mein Kollege und ich so weit noch nicht waren.

»Wie groß ist die Besetzung? Wie lange brauchen Sie für die Proben?« Sein Ton war freundlich, aber wenn ich jetzt zugab, dass unsere Pläne nicht weiter gediehen waren als bis zu einem emotionalen Gespräch am Ufer des Hudson, hielten mich die beiden Weißen sicher endgültig für einen Kindskopf.

»Eine Reihe von Schauspielern und Sängerinnen und Sängern steht schon in den Startlöchern. Mein Freund kümmert sich im Moment um die Kontakte.« Ich schwadronierte drauflos, wie wichtig es sei, dass wir das Ensemble klein hielten und die Qualität hoch, damit ein erklecklicher Betrag für die Southern Christian Leadership Conference abfiele.

Sobald Jack Murray ein Wort dazwischenbrachte, fragte er erneut: »Wie lange brauchen Sie für die Proben?« Ich sagte, was mir als Erstes durch den Kopf schoss: »Zwei Wochen.«

Levinson hustete. »Das ist ein recht kurzer Probenzeitraum, oder?«

Ich blickte ihn an, und er kam mir so unverrückbar vor wie ein ganzes Bankgebäude. Vielleicht hatte er ja recht, zwei Wochen waren womöglich nicht genug, aber hier stand mein Ego auf dem Spiel.

»Wir arbeiten mit Schwarzen Künstlern. Mit Profis.« Ich war entschlossen, das ärgerliche Verhör zu beenden und die beiden weißen Männer auf ihre weißen Plätze zu verweisen.

Levinson räusperte sich schmunzelnd. »Miss Angelou, Sie wollen uns doch nicht erzählen, Schwarze Künstler bräuchten weniger lang als weiße, weil sie von Natur aus mehr Talent hätten?«

Genau das hatte ich gesagt, und genau so hatte ich es gemeint, aber aus dem Mund eines Weißen hörte es sich völlig schräg an. Vor lauter Arroganz gab ich jedoch nicht klein bei, sondern manövrierte mich weiter in eine Ecke, aus der es kein Entrinnen mehr gab.

»Historisch gesehen mussten Schwarze Künstler immer zehnmal so gut sein wie alle anderen …«

Leise drang Jack Murrays Stimme durch meine Tirade zu mir. »Miss Angelou, ich versichere Ihnen, Sie brauchen die Bekehrten nicht mehr zu bekehren. Der Ausgebeutete, der Versklavte, die Minderheit musste historisch gesehen härter arbeiten und qualifizierter sein, um überhaupt einen Fuß in die Tür zu bekommen. Stanley und ich wissen das. Deshalb sind wir ja vollzeit unentgeltlich für die SCLC tätig. Eben deshalb.«

Ich war dankbar für seine angemessenen Worte und den beruhigenden Tonfall. Im Lauf der nächsten anderthalb Jahre sollte ich noch oft in Jack Murrays Schuld stehen, denn er warf mir, wenn ich wieder einmal im Meer der Verwirrung oder der Verzweiflung trieb, zuverlässig einen Rettungsring zu.

»Kennen Sie das Village Gate?« Jeder Performer der Vereinigten Staaten kannte den Nightclub in Greenwich Village, in dem man an ein und demselben Abend Lenny Bruce, Nina Simone und Odetta erleben konnte.

»Es gehört Art D'Lugoff«, fuhr Murray fort, »und der ist ziemlich in Ordnung. Er hat meistens im Sommer ein paar Termine nicht verbucht. Wenn Ihre Pläne ein bisschen weiter gediehen sind, könnten wir uns vielleicht mal mit ihm zusammensetzen. Bis wann sind Sie denn ungefähr so weit?«

»Uns hat nur noch die Genehmigung durch Ihre Organisation gefehlt. Wir sind in ein paar Tagen fertig. Wann kann ich Mr Rustin sprechen?«

Irgendetwas stimmte nicht dabei, dass ich zwei Weiße um Erlaubnis bitten sollte, mich für meine eigene Sache zu engagieren.

Levinson warf mir einen Blick zu und griff wortlos zum Hörer. »Ist Mr Rustin schon wieder da? Gut. Geben Sie ihn mir bitte.«

Ich wartete. »Bayard, ich habe hier eine junge Frau, die ein Musical inszenieren wird, als Fundraiser für dic Organisation ... Genau, sie hatte einen Termin. Sie kommt jetzt zu dir rüber.«

Ich verabschiedete mich mit Handschlag von den beiden Männern und ging hinaus. Stanley Levinson hatte nicht gesagt »ein Musical inszenieren will«, sondern »inszenieren wird«. Eine indirekte Genehmigung, aber mein Ziel war erreicht.

Bayard Rustin stand auf, streckte mir die Hand entgegen und begrüßte mich freundlich.

»Miss Angelou? Es tut mir leid, dass ich vorhin nicht da war. Stanley sagt, Sie hätten ein Musical. Setzen Sie sich doch. Kaffee? Haben Sie ein Budget für Ihre Produktion? Mittel flüssig? Ein Theater? Welche Botschaft hat das Stück? Wir sind hier bei der SCLC dankbar für jeden Effort, doch ist die Aussage des Stücks unter Umständen entscheidender als das Geld, das wir damit einnehmen. Das verstehen Sie sicher?« Er sprach mit der Schärfe, der Präzision und dem abgehackten Englisch eines britischen Army-Generals. Abgesehen davon war er groß, drahtig, dunkelbraun und sah gut aus.

Ich präsentierte noch einmal unsere Idee, vor Bayard etwas mehr im Detail als vor Stanley oder Jack. Zwar hätten weder Godfrey noch ich bisher Erfahrung mit dem Produzieren eines Musicals, aber wir kannten die entsprechenden Leute, und wenn die SCLC uns grünes Licht gab, hätten wir bald eines auf die Beine gestellt. Jack Murray habe sich erboten, bei Art D'Lugoff ein gutes Wort einzulegen, und falls das klappe, könnten wir das Village Gate als Veranstaltungsort nutzen.

Bayard nickte und sagte, er müsse zunächst das Skript sehen, und falls das akzeptabel sei, würde die SCLC ihr Einverständnis geben und uns sogar ihre Mailingliste zur Verfügung stellen.

Bevor ich mich überschwänglich bedanken konnte, klingelte das Telefon, und nach ein paar Worten in den Hörer stand Bayard auf und streckte mir die Hand hin.

»Miss Angelou, ein wichtiger Anruf aus Atlanta; bitte entschuldigen Sie mich. Lassen Sie mir so schnell wie möglich das Skript zukommen. Besten Dank und alles Gute.«

Noch mitten im Handschlag setzte er sich wieder und widmete sich ganz seinem Telefonat.

Ich stand wieder draußen. Und konnte es kaum erwarten, mit Godfrey zu sprechen. Wir hatten die Erlaubnis, vielleicht sogar einen Veranstaltungsort, wir waren motiviert und hatten das Zeug dazu. Jetzt brauchten wir nur noch eine Besetzung, Musiker und ein Skript. An der Ecke zur 125sten Straße durchfuhr mich die Erkenntnis. Wie zum Teufel schrieb man ein Skript?

Godfrey brachte Hugh mit in den Diner auf dem Broadway, in dem wir uns verabredet hatten. Hugh erwies sich Godfreys Vertrauen als würdig; er schien ein effektiver Arbeiter. Seine Haut hatte die Farbe einer Kokosnuss und er wirkte ähnlich robust.

Für sein Alter hatte er ein erstaunlich sicheres Auftreten, und Godfrey erklärte mir später, dass Hughs – karibische – Eltern unter anderem Liquor Stores besaßen und Hugh von frühester Jugend an den Umgang mit Alkohol, raffgierigen Verkäufern, unzuverlässigen Mitarbeitern und betrunkener Kundschaft gewohnt war.

»Selbstverständlich« unterstütze er Martin Luther King. Jeder Schwarze, der das nicht tue, gehöre in den Straßengraben mit einer Fuhre Mist über die Rübe. Selbstverständlich würde er Regie führen, allerdings brauche er absolut freie Hand. Selbstverständlich würde er zum Tarif arbeiten, und wenn alles gut lief, sein Honorar vielleicht ohnehin der SCLC spenden, wo zum Teufel sei denn jetzt bitte das Skript?

Eine Woche später wurde es konkret. Godfrey hatte Schauspieler organisiert, ich telefonierte Sänger und Tänzer zusammen, Hugh beschaffte die Musiker, bloß das Skript fehlte immer noch. Bis spät in die Nacht hatte ich jeden Tag dagesessen und hatte versucht, mir Plots aus den Fingern zu saugen. Wir brauchten eine Story mit der Komplexität des *Hamlet* und der Relevanz von *A Raisin in the Sun*. Wohlfeile Ideen kamen zuhauf und mussten gnadenlos aussortiert werden. Meine Figuren waren so flach wie aus einem schlechten Cowboyfilm und so treuherzig wie aus einem Schwank in der Sonntagsschule.

Godfrey, Hugh und ich trafen uns mit Jack Murray im Village Gate. Art D'Lugoff, der für mich etwas von einem zahmen kalifornischen Bären hatte, kündigte an, wir könnten seine Bühne sonntags und montag- sowie dienstagabends haben. Falls wir keinen eigenen Beleuchter hätten, müssten wir den seinen bezahlen, aber den Raum würde D'Lugoff kostenlos zur Verfügung stellen. Übrigens, worum es in dem Stück gehe, und ob er sich das Skript anschauen könne?

Guy hatte einen Teilzeitjob in einer nahegelegenen Bäckerei angenommen, und während er jetzt in aller Herrgottsfrühe immer duschte und sich fertigmachte, saß ich an der Schreibmaschine und konstruierte einen unglaubwürdigen Plot nach dem anderen, mit so wirklichkeitsfernen Figuren, dass ich selber gähnen musste.

Eines Morgens guckte mir Guy über die Schulter auf die leere Schreibmaschinenseite.

»Mom, weißt du, vielleicht bemühst du dich zu krampfhaft.«

Ich drehte mich um und schnauzte ihn an. »Aber es ist wichtig! Das Stück ist für Martin Luther King, für die SCLC, für Schwarze überall, da kann ich mich gar nicht zu sehr bemühen.«

Verletzt von meiner heftigen Reaktion wich er zurück. »Mann, ich sag doch bloß, was du immer zu mir sagst: ›Man kann nichts erzwingen.‹ Tschüss, ich geh jetzt zur Arbeit.«

Ich hatte ihm, seit er sieben war, keine mehr geklebt, aber jetzt hätte ich ihn am liebsten windelweich geprügelt.

John Killens hatte wie erwartet Mitgefühl und wie befürchtet nicht die Absicht zu helfen. »Ihr habt eine Bühne und kein Geld, eine Sache und kein Skript – das ist doch wie gemacht für dich. Da beiß dir mal schön die Zähne aus.«

Die Zeit und die Dringlichkeit hatten mich in der Zange. Künstler, die wir zusammengetrommelt hatten, riefen tagtäglich bei Hugh und Godfrey an; die beiden wiederum lagen mir in den Ohren, wann wir mit den Auditions beginnen könnten. Ich hatte keine Arbeit, also war Guy mit seinen fünfzehn Jahren der einzige Brötchenverdiener. Er kam für die Lebensmittel auf, und John und Grace liehen mir Geld für die Miete, damit ich nicht meine überschaubaren Ersparnisse ankratzen musste. Ich brauchte mehr als dringend das Honorar der American Guild of Variety Artists, das hereinkommen würde, sobald die Vorstellungen liefen.

Als Godfrey eines Tages bei mir hereinschneite, feierte die Verzweiflung gerade Triumphe. Er hatte um die Ecke einen Fahrgast abgeladen und beschlossen, auf gut Glück bei uns zu klingeln.

Als ich die Tür aufmachte und ihn da stehen sah, brach ich in Tränen aus. Er trat in die Diele und nahm mich in die Arme.

»Also, es haben ja schon Frauen gekeift und gezetert, wenn sie mich sahen, und ein paar freuen sich auch, wenn ich sie so überfalle, aber dass eine in Tränen ausbricht, ist mir noch nie passiert.« Er tätschelte mir die Schulter. »Das ist eine Premiere, Baby, danke für die Blumen. Du bist echt ein Ausnahmeweib. Heul weiter, komm schon, heul dir die Augen aus. Ich find das cool.«

Ich musste lachen.

»Nein, nein, heulen sollst du. Das kommt in mein Tagebuch. Manche Frauen heulen, wenn ein Mann sie verlässt, aber du heulst ...«

Meine Tränen hatten keine Chance mehr. Ich führte ihn ins Wohnzimmer und machte in der Küche Kaffee; wusch mir das Gesicht und atmete ein paar Mal durch. Die Tränen hatten mich selber genauso überrascht wie Godfrey.

»Godfrey, ich kann das Stück nicht schreiben. Ich weiß überhaupt nicht, wo ich anfangen soll.«

»Ja, Mann, mit dem ersten Akt und der ersten Szene natürlich, so wie Shakespeare auch.«

Meine Kehle tat weh, und schon wieder schossen mir die Tränen in die Augen.

»Ich krieg das Scheißding nicht gebacken! Ich habe was zugesagt, was ich nicht halten kann.«

»Na, dann lässt du's eben bleiben. Es stirbt keiner, wenn du das Scheißteil nicht schreibst. Ist vielleicht sogar besser, wenn du kein Wort aufs Papier bringst. Viele Menschen sind dir garantiert dankbar, wenn sie sich nicht schon wieder durch ein schlechtes Stück quälen müssen. Ich für meinen Teil wäre froh, wenn eine ganze Reihe von Bühnenautoren genau das gesagt hätte, was du gerade gesagt hast: ›Ich krieg das Scheißding nicht gebacken!‹« Er lachte über seinen eigenen Witz.

»Aber was machen wir dann? Die SCLC wartet, Art D'Lugoff wartet, Hugh und die Künstler stehen auf der Matte. Und ich bin das Nadelöhr.«

Er trank seinen Kaffee und überlegte. »Die Leute sollen einfach ihre eigenen Nummern machen. Die meisten waren so lange arbeitslos, die legen doch los wie die Maid beim Maitanz. Du musst gar kein ganzes Stück schreiben. Wenn du ein paar Sketche hast, gib sie ihnen. Wir machen eine Art Cabaret und fertig.«

Als mir klar wurde, dass Godfreys Idee durchaus realistisch war, fiel eine Riesenlast von mir ab, zum ersten Mal seit Wochen entspannte sich mein Körper und mein Verstand kam wieder in die Gänge.

»Wir könnten sie um besonders Schwarze Songs, Tänze und Pointen bitten.«

»Die alten Apollo-Schwänke, so was wie Redd Foxx und Slappy White, nach dem Motto ›Gestatten, Fuxx‹, und der andere ›Angenehm, White‹, und dann Fuxx: ›Du hast entweder ne Meise oder du bist farbenblind.‹«

Die Ideen sprudelten nur so. Kein Grund mehr zur Sorge,

wir hätten unsere Show, wir würden Geld einnehmen, und mein sowieso nicht vorhandener Ruf würde nicht ruiniert.

Godfrey sah auf die Uhr. »Ich muss los. So ein Trottel ohne einen Dime in der Tasche wartet drauf, dass ich ihn in die Bronx kutschiere.« Er stand auf. »Der Stopp hier war in Ordnung, ich konnte einer Jungfrau in Nöten Beistand leisten. Vielleicht löhnt mich mein nächster Stich dafür ja in kanadischen Dimes.«

An der Haustür fiel mein Blick auf seine Rostbeule von Taxi, dick und fett im Parkverbot.

»Sei froh, dass da kein Strafzettel hängt.«

»Dann hätte ich heute immerhin etwas geschenkt gekriegt. Du bist wieder auf dem Damm, und wir haben eine Show, Girl, ein Cabaret.« Die Taxitür war schon offen.

»Wir nennen es ›Cabaret for Freedom‹, okay?«

»Klar, das klingt amtlich. U und E zugleich, genau unsere Kragenweite. Bis dann dann.«

Es war wie im Film. Wir, die begabten Nobodys, würden allein kraft unseres guten Herzens – und dem unserer Freunde – eine Show auf die Beine stellen, um die uns die Profiproduzenten beneiden würden. Unser Erfolg würde die Engstirnigen zur Umkehr bewegen und uns Ruhm verleihen. Wir würden die Schwarzen Amerikas aus ihren Fesseln befreien oder vielleicht gleich die ganze Welt retten.

Bei der Generalprobe saßen Guy, Chuck und ich unauffällig im Dunkel des Village Gate, während Sänger und Tänzer auf der Bühne herumwuselten und sich mit den Brettern und dem Mikrofon vertraut machten. Godfrey stand unter den Scheinwerfern direkt an der Bühne und Hugh saß ganz hinten im Publikum, die Aura des wichtigen Regisseurs um sich herum.

Jay »Flash« Riley fing mit seinem Comedy Act an. Er grimassierte und hampelte und klapperte im Rhythmus dazu mit den Augenlidern; seine Pointen kamen überraschend und witzig, und die beiden Jungs neben mir brüllten vor Begeisterung. Etwas später sang Leontyne Watts einem geliebten, verlorenen Mann eine gefühlvolle, sinnliche Ballade hinterher, und ich konnte mich mit ihr identifizieren.

Auch wenn ich aktuell eigentlich nicht geliebt und keinen Verlust erlitten hatte, so war ich doch einsam, und mir fehlte sogar meine prosaische Affäre aus Los Angeles. Godfrey und ich hatten uns in einer Freundschaft eingerichtet, in der kein Platz für Romantik war. John Killens war felsenfest verheiratet; John Clarke hatte eine andere Flamme und war ohnehin für meinen Geschmack ein zu harter Knochen; Sylvester Leeks hatte mich öfter in den Arm genommen, aber nie nach meiner Telefonnummer gefragt. Im Zweifelsfall hätte ich selber ein paar bittere Songs singen können, so lange war ich schon mit den leeren Armen und Felsbrocken im Bett aus dem Blues unterwegs. Vor der völligen Abstinenz hatte mich nur eine zufällige Wiederbegegnung mit einem Musiker gerettet, der sich aus meiner Tourneezeit an mich erinnerte. Er wohnte auf der Upper West Side, und ich kam einmal in der Woche in seinem Studio-Apartment vorbei. Da er bis spät in die Nacht Gigs hatte, schlief er bis gut zwei Uhr nachmittags. Er hatte gemeint, ich solle doch gleich beim Aufwachen bei ihm sein, dann müsse er nicht das Sofa extra wieder runterklappen und zweimal am Tag duschen. Er war gut im Bett, also tat ich ihm den Gefallen. Nicht nur waren wir nicht verliebt, sondern uns gerade mal ansatzweise sympathisch, unsere wöchentlichen wilden Encounter schrammten sogar knapp an der Körperverletzung vorbei.

5

Bei der Premiere war das nackte, schmucklose Village Gate bis auf den letzten Platz gefüllt. Die Harlem Writers Guild war mit Kind und Kegel und Freundesfreunden vertreten und setzte sich, nach einem Toitoitoi an mich, auf Plätze ganz vorn an der Bühne. Ich sah schon vor mir, wie sie, sobald das Licht im Zuschauerraum gedimmt war, sich im Dunkeln eifrig kritische Notizen machten. John und Grace hatten ganze Tische mit ihren berühmten Freunden besetzt: Sidney und Juanita Poitier mit Danny Barajanos, Lorraine Hansberry, Bob Nemiroff, Ossie Davis und Ruby Dee, ein Redakteur von der Schwarzen New Yorker Wochenzeitung Amsterdam News, ein Anwalt aus Brooklyn und ein paar Politiker aus Harlem.

Backstage waren die Darsteller versammelt, nervös angesichts all der Berühmtheiten und angefixt vom üblichen Premierenfieber. Bayard Rustin hielt in seiner knappen Art eine Ansprache, wies noch einmal auf die Bedeutung des Projekts hin und bedankte sich bei allen für ihre Großzügigkeit und ihren künstlerischen Beitrag. Godfrey witzelte herum, von wegen der Gelegenheit, zu arbeiten, Geld zu verdienen und Gutes zu tun, und all das auf einen Streich. Ich zitierte Martin Luther Kings »Die in den Staub gedrückte Wahrheit wird wiederauferstehen«, und dann bat uns Hugh Hurd zu gehen, damit er seinen Leuten einen allerletzten Peptalk geben konnte.

Die Show begann. Animiert vom Geist der Stunde übernahmen die Performer die Bühne – und glänzten. Mit dem vertrauten eigenen Material rissen die Komiker die Zuschauer zu Lachsalven hin, und die Sängerinnen und Sänger sangen zur Freude des Publikums die altbekannten Balladen. Die Revue, denn das war die Show ja nun, spulte sich rasant ab, bis eine Szene aus Langston Hughes' *The Emperor of Haiti* den ersten ernsten Ton anschlug. Hugh Hurd in der Titelrolle erinnerte uns daran, dass wir als Schwarze zwar über Würde und eine Liebe zum Leben verfügten, beides aber ständig verteidigen mussten.

Anschließend schlurfte Orson Bean, der einzige Weiße im Ensemble, zum Mikrofon und setzte zu einer scheinbar ausufernden Eloge an. Binnen Minuten hatte das Publikum begriffen und lachte genüsslich. Leontyne Watts sang a cappella »Sometimes I Feel Like a Motherless Child«, und jeder verstand, worum es ging: Die gesellschaftliche Unterdrückung hatte die Schwarzen Amerikaner zu Waisen gemacht und zwang uns, als Außenseiter in dem Land zu leben, das wir selbst mit aufgebaut hatten.

Anschließend stellte sich die gesamte Besetzung in einer Reihe auf und sang »Lift every voice and sing ...«

Die Zuschauer erhoben sich, um ihren Respekt und ihre Unterstützung zu bekunden. Wer den Text kannte, sang mit, sodass die »Schwarze Nationalhymne«, wie das Lied oft genannt wird, immer voller und kräftiger erscholl.

Nach dem dritten Vorhang drückte mich Godfrey an sich und flüsterte: »Wir haben einen Hit. Einen Hit, verdammt, einen Hit!«

»Er steht, da drüben«, rief Hugh Hurd.

»Hölle, Mann, alles, was Füße hat, steht!«, sagte Godfrey.

»Ja, weiß ich doch«, sagte Hugh. »Ich meine Sidney. Sidney Poitier steht auf dem Tisch, da drüben.« Ein paar von uns liefen schnell in die Kulisse, aber im Gewühl der Zuschauer, die Richtung Bühne drängten, war uns die Sicht versperrt.

Am nächsten Tag trafen sich Levison, Godfrey, Hugh, Jack Murray und ich nachmittags bei Art D'Lugoff im Büro. Aufrecht saßen wir auf den ramponierten Stühlen, stolz auf den Erfolg unseres »Cabaret for Freedom«.

Art meinte, nicht nur könnten wir seinen Nightclub fünf Wochen lang kostenlos haben, er würde uns auch seinen Adressverteiler zur Verfügung stellen. Stanley nahm das Angebot dankend an, fügte allerdings hinzu, im SCLC-Büro könne leider keiner damit arbeiten. Die wenigen bezahlten Mitarbeiter seien mit organisatorischen Aufgaben, Direktmailings und der Werbung für Gastauftritte von Pastoren aus den Südstaaten voll ausgelastet. Das sei ausgesprochen misslich, so wieder Art, denn auf dem Verteiler des Village Gate stünden Leute auf Long Island und oben in New Rochelle, die nicht automatisch von unserer Revue erfahren würden, sie aber durchaus unterstützen und vielleicht sogar an die SCLC spenden würden, sofern sie davon erfuhren. Godfrey, Hugh und ich warfen uns Blicke zu. Drei weiße Männer waren drauf und dran, sich für unsere Sache ins Zeug zu legen, und ich war gerade mal bereit, ein bisschen zu singen und zu tanzen, besser gesagt, andere zum Singen und Tanzen zu ermuntern. Die Situation kam mir allzu bekannt vor. Mit Musik hatten wir Schwarzen die Qualen der Sklaverei gelindert, Gott gehuldigt oder die Süße der Liebe und die Pein der Lieblosigkeit besungen, aber keine Ethnie der Welt konnte die Freiheit allein herbeisingen und -tanzen.

»Das übernehme ich.« Ich sagte den Satz mit Nachdruck.

Stanley rutschte ein verblüffter Unterton heraus. »Unentgeltlich? Wir können ja leider kein Honorar zahlen.«

Darauf Hugh: »Ich helfe mit, so gut ich kann.« Er hatte begriffen, dass wir nicht die drei Weißen als einzige Beitragende so stehen lassen konnten.

Godfrey lächelte. »Und ich natürlich auch.«

»Ihr müsst einen Text für das Mailing entwerfen, den könnt ihr dann auf Matrize schreiben, und im Büro haben wir einen Hektografen stehen«, sagte Jack.

Stanley ergänzte: »Papier und Briefumschläge können wir beisteuern, aber die Umschläge beschriften müsst ihr per Hand. Das Porto könnt ihr vielleicht von den Einnahmen bisher bezahlen, denn leider können wir den Freistempler für euer Projekt nicht zur Verfügung stellen. Aber alles andere: gern.«

Ich hatte nicht die geringste Ahnung, wie man einen Hektografen bediente, noch wusste ich, was eine Matrize oder ein Freistempler sein sollten. Das Einzige, was ich verstanden hatte und was ich mir auch zutraute, war das Beschriften von Briefumschlägen per Hand. Wieder einmal hatte ich, wie so fürchterlich oft, den Mund etwas voll genommen.

Art verabschiedete sich von uns und gab mir eine Adresse in Midtown, wo ich am nächsten Tag den Verteiler abholen sollte.

Draußen in der Nachmittagssonne bedankten sich Stanley und Jack noch einmal bei uns allen und riefen mir ein »Bis morgen!« zu. Dann winkten sie einem Taxi.

Godfrey, Hugh und ich gingen in eine Bar gegenüber. »Gut gemacht, Girl«, sagte Hugh. »Ich war stolz auf dich, und ich habe das ernst gemeint. Ich komm vorbei, helf dir, wo ich kann.«

»Seh ich genauso.« Godfrey bezahlte unsere Getränke. »Bloß eins muss klar sein: Umschläge adressieren tu ich dir nicht. Bei meiner Sauklaue schickt die Post die sonst an die Library of Congress, zum Einrahmen und für die Nachwelt. Aber ich fahr dich jederzeit, wohin du willst, ich helf dir eintüten und ich komm auch gern zu dir zum Essen.«

Ich erzählte den beiden, dass ich noch nie einen Hektografen bedient hatte. Hugh wollte wissen, ob ich Matrize schreiben könne. Als ich gestand, dass sich mein Zweifingergetippe bisher auf den einen oder anderen Brief beschränkt hatte, blickten sie mich mit gespieltem Entsetzen an.

»Du hast ja Nerven. Bietet an, die Chose zu ›übernehmen‹, und hat keinen blassen Schimmer.« In Hughs Ton schwang mehr Bewunderung als Ärger mit.

»Sie weiß bloß eins: Sie macht das. Und wenn die chinesische Mauer im Weg steht. Sie macht das. Ich schau dir in die Augen, Kleines.« Godfrey rief dem Bartender ein »Mach's noch mal, Sam« zu. »Für meine Buddys und mich.«

Ich schrieb eine schlichte Ankündigung fürs »Cabaret for Freedom« und listete Schauspieler, Produzenten, Regisseur auf. Der Hektograf war viel einfacher zu bedienen, als ich gedacht hatte. Am ersten Tag nahm ich Guy mit ins Büro; er konnte mir erklären, wie das Ding funktionierte. Die Matrizen waren komplizierter, aber nach einer Weile merkte ich, dass ich mir beim Tippen nur Zeit lassen musste, wenn auch zugegebenermaßen sehr viel Zeit. Bald brachte Godfrey jeweils morgens und nachmittags Hunderte von Briefumschlägen zur Post.

Das Village Gate war regelmäßig bis auf den letzten Platz gefüllt. Die Schauspieler waren happy, und manche zückten, kaum waren sie bezahlt, ein paar Scheine für die SCLC.

»Hatte letzte Woche einen Gig. King braucht den Fünfer dringender als ich.«

»Ein Schein sagt mehr als tausend Worte. Ist nicht viel, aber ...«

Eins fügte sich zum anderen – die Zeit war reif, die Chance gekommen und die Hingabe da. Schwarzen Schauspielern, ignoriert oder in trostlose Onkel-Tom-Rollen gezwängt, bot sich die Chance, das lächerliche Image zu widerlegen und sich gleichzeitig für ein Ende der Diskriminierung einzusetzen.

Nach dem »Cabaret for Freedom« würden sie samt und sonders von plötzlich sensibilisierten und respektvollen Produzenten unter Vertrag genommen. Und nachdem Martin Luther King Freiheit für uns alle erwirkt hätte, würden sie angemessene Gagen verdienen und die ihrem Talent gebührende Aufmerksamkeit in den Medien erhalten.

»Her mit dem Scheck, der geht sofort weiter an die SCLC. Ich bin die Woche schon bedient.«

Der Sommer 1960 erwachte, und das ganze Land lag in den Geburtswehen. Etwas Großartiges wuchs da heran, und wir alle würden gemeinsam dem Wunschkind gute Eltern sein. Das Kind trug den Namen Freiheit.

Dann, viel zu schnell, gingen der Sommer und die Revue wieder zu Ende. Die Künstler nahmen ihre Liftboy- oder Kellnerinnenjobs wieder auf, ein paar stellten sich zurück in die Schlange auf dem Arbeits- oder Sozialamt. Kein einziger wurde für eine Hauptrolle an einem nennenswerten Theater, eine Nebenrolle in einer kleineren Kompagnie oder auch nur eine Chorusline-Rolle in einer Off-Off-Broadway-Produktion engagiert. Godfrey setzte sich weiter in seine Taxi-Schaluppe, Hugh fuhr weiter Schichten in den familieneigenen Liquor Stores, und ich war wieder einmal pleite. Zwar hatte ich gelernt, wie man Diverses an Bürotechnik bedient und wie man einen Haufen aufsässiger Künstler zusammenhält, aber ein ganzer Sommer war dahin, ich hatte keine Arbeit, und Guy brauchte Klamotten für die Schule.

Während die Revue lief, hatte Guy die Einkünfte aus seinem Halbtagsjob selber ausgeben dürfen; er und Chuck Killens hatten ein Vermögen auf Coney Island gelassen, sie hatten sich in die Geheimnisse des Flipperns vertieft und die Abwesenheit von Autoritäten dazu benutzt, jedwedem Kindheitstraum an Hotdogs und Zuckerwatte zu frönen.

Auch wenn Godfrey mich abholte, wann immer es ging, mich nach Harlem oder zurück nach Brooklyn fuhr, nagten die Ausgaben für andere Fahrten und die Lunches bei Frank's auf der 125sten an meinem Konto. Und wieder einmal stand die Miete an.

Ich bekam einen Anruf von Grossman, einem Nightclubbesitzer aus Chicago. Ob ich Interesse hätte, in seinem neuen Club zu singen, dem Gate of Horn? Nur mit größter Mühe ließ ich mir die Erleichterung nicht anmerken. Zwei Wochen für eine Gage, mit der zwei Monate Miete und Guys neue Klamotten abgedeckt wären.

Grace und John boten an, dass er so lange bei ihnen wohnen könnte, aber das wies Guy weit von sich. Er habe ein Zuhause, er sei ein Mann, jedenfalls so gut wie, er könne schon selber auf sich aufpassen. Ich solle mir keine Sorgen um ihn machen, sondern einfach meine zwei Wochen arbeiten gehen und heil wieder zurückkommen.

Ich rief bei einer Nummer aus der Schwarzen Brooklyner Zeitung an. Eine Mrs Tolman ging ran. Ich bräuchte jemanden, erklärte ich, der drei Stunden am Tag nachmittags kommt, um meinem fünfzehnjährigen Sohn ein Abendessen zu kochen, die Küche aufzuräumen und sein Zimmer in Ordnung zu halten.

Ihre ungnädige Reaktion milderte ich ein wenig, indem ich erklärte, ich sei alleinerziehende Mutter eines Jungen und müsse zwei Wochen auswärts arbeiten gehen. Sie möge doch gern vorbeikommen, dann könne sie sehen, wie respektvoll mein Sohn sich verhalte. Wohlerzogen wollte ich ihn nicht direkt nennen, denn mit etwas Glück gebrauchte sie dieses Wort nach den zwei Wochen selbst.

Ich fand schon immer, dass Schwarze Frauen, bei aller Härte, die sie erlebt haben, ein unheimlich weiches Herz haben. Die richtige Bitte, im richtigen Ton vorgebracht, mit der richtigen Implikation, konnte die hungrigste Schwarze Frau dazu bringen, ihr letztes Maisbrot zu teilen.

Als ich Mrs Tolman gestand, dass ich, falls ich den Job in Chicago nicht annahm, die Miete nicht bezahlen oder meinem Sohn keine Schuhe würde kaufen können, erwiderte sie: »Ich nehm den Job, Kindchen. Und ich verlass mich drauf, dass der Junge das Herz auf dem rechten Fleck hat.«

Guy von der Notwendigkeit einer Haushälterin zu überzeugen, erforderte mindestens genauso viel Fingerspitzengefühl. Als ich ihm die Sache mit Mrs Tolman eröffnet hatte, hörte ich mich minutenlang durch seine Erklärungen, wie gut er auf sich aufpassen könne, dass sie nur stören würde, wie gut er kochen könne, dass er von ihrem Fraß keinen Bissen anrühren würde, und wofür ich ihn überhaupt hielte? Für ein Kleinkind? »Echt, Mutter, du langweilst.«

»Guy, Mrs Tolman kommt wegen der Gegend hier. Mir sind in letzter Zeit so ein paar Sachen aufgefallen.«

Unwillkürlich wurde er neugierig.

»Ein paar Häuser weiter wohnen anscheinend professionelle Einbrecher. Da gehen mir zu viele neue Möbel rein und raus. Wenn die merken, dass hier kein Erwachsener ist, räumen die uns womöglich die Bude aus, wenn du grade nicht da bist.«

Verbrechen vor der Haustür, das war ja spannend.

»Echt jetzt? Wer denn? Welches Haus?«

»Ich möchte niemanden hinhängen, solange ich mir nicht hundertprozentig sicher bin. Aber ich sehe so was. Mrs Tolman kommt gegen drei, und um sechs ist sie wieder weg. Und wenn sie schon da ist, kann sie ja auch gleich kochen und die Wäsche machen. Aber das ist natürlich alles zum Schein, Hauptsache, die Einbrecher glauben, dass immer jemand im Haus ist.«

Er ließ mir die an den Haaren herbeigezogene Story durchgehen.

John hatte Verständnis, dass Guy seine Unabhängigkeit herauskehrte, und beruhigte mich, das sei ganz normal. Ich solle ruhig nach Chicago gehen, als Sängerin meine Brötchen verdienen und dann wieder heimkehren nach New York, wo ich hingehörte. Er würde schon ein Auge auf meinen Sohn haben.

Das bescheidene Gate of Horn auf der Near North Side von Chicago lag nur ein paar Blocks vom opulenten Mr Kelly's entfernt. Was der berühmte Club ihm an Eleganz voraushatte, machte das Gate mit Herzlichkeit wett. Als ich ankam, waren gerade die Clancy Brothers bei der Saalprobe; Mike stand am Mikro und machte Soundcheck.

»Ist das laut genug? Zu laut? Könnt ihr uns hören oder blasen wir den Leuten auf der Straße noch die Ohren weg?«

Sein irischer Akzent war so deftig wie Kartoffelbrei und so raffiniert wie Spitze aus Cork.

Als der Sound stimmte, sangen die Brothers mit Tommy

Makem noch zu ihrem eigenen Vergnügen, und mit einer Verve, die zu den revolutionären Texten passte.

»The shamrock is forbid by law
To grow on Irish ground.«

Soso, ihr wollt sogar dem grünen Klee verbieten, in Irland zu wachsen, wie lächerlich ist das denn! Genauso empörend wie lächerlich allerdings, und wenn man für den *Shamrock* die *Schwarzen* einsetzte und für Irland Amerika, dann hätte es in dem Song auch um die Lage in den Vereinigten Staaten gehen können.

Ich lag den Clancey Brothers längst zu Füßen, als wir uns dann hinter der Bühne kennenlernten.

Zur Premiere erschienen Amanda Ambrose, Oscar Brown Jr. und Odetta höchstpersönlich. Wir setzten uns zusammen an einen Tisch und feuerten die Iren begeistert an.

Die zwei Wochen rasten vorbei, durchsetzt mit regelmäßigen Anrufen bei Guy, bei dem logischerweise immer »alles easy« war, und bei John Killens, dessen Version hieß, alles laufe wie geschmiert. Oscar Brown und ich verbrachten lange Nachmittage damit, uns gegenseitig Geschichten zu erzählen. Er schrieb an einem Stück für den Broadway, *Kicks & Co.*, und ich prahlte damit, dass ich gerade erfolgreich »Cabaret for Freedom« mit produziert und teilweise geschrieben hatte.

Wir gratulierten uns gegenseitig zu unserem Talent und brachten einander auf die Barrikaden mit unserer Wut. Wir waren zu Großem bestimmt. Größe und Macht unserer Gegner überstiegen niemals unsere Fähigkeiten. Wenn wir nur zugaben, dass es sich bei der Sklaverei und ihrem Kind, der legalen Diskriminierung, um Kriegserklärungen handelte, dann waren Oscar und ich und all unsere Freunde Generäle in der Armee, und wenn die Schlacht schließlich gewonnen wäre, wären wir unter den Offizieren, die die weiße Flagge der Kapitulation huldvoll entgegennähmen. Amandas Mann Buzz, ebenfalls im Protestfieber, schneiderte mir Kleider nach afrikanischen Designs. Odetta, die frisch verheiratet war und vor Liebe nur so glühte, gab mir vor ihrer Abreise nach Kanada noch einen Nachmittag lang Ratschläge mit auf den Weg. »Sag's, wie es ist, Maya, die Wahrheit muss auf den Tisch; bleib auf der Bühne. Und ich meine nicht die Nightclubbühne oder die Bretter im Theater, sondern die Bühne des Lebens.« Und mein Gott, was war sie für eine Schönheit.

»Und merk dir eins, *hon*, lass dich nie umkrempeln. Von keinem, von keiner Menschenseele.«

Der letzte Abend war eine einzige Feier gewesen. Die Fans der Clancey Brothers hatten sich für meine Songs erwärmt, und die Schwarzen, die meinetwegen da waren, hatten verwundert festgestellt, dass sie die Wut der irischen Band nicht nur genossen, sondern auch nachvollziehen konnten. Wir hatten uns gegenseitig zugeprostet – auf den Widerstand!

Am nächsten Morgen stand ich mit Oscar an der Hotelrezeption an, um meine Rechnung zu bezahlen.

Ein Schwarzer in Uniform trat an mich heran.

»Miss Angelou? Sie haben einen Anruf aus New York.«

Oscar wollte mir den Platz in der Schlange freihalten, während ich zum Telefon ging.

»Maya?« John Killens Stimme spießte mich auf wie einen Schmetterling. »Es gibt ein Problem.«

»Problem?« Irgendwo in den Kniekehlen hatte ich eine

Stelle, die grundsätzlich auf ein Problem wartete. »Ist was mit Guy?« Das Schlimmste, mir näher als der Hexe die Katze, das, was mir grundsätzlich die Lebensenergie raubte, war, dass meinem einzigen Sohn etwas zustieß. Er würde gekidnappt, mir weggeschnappt von einem einsamen Menschen, der angesichts seiner Makellosigkeit nicht widerstehen konnte. Guy würde von einem Bus auf Abwegen erwischt, von einem außer Kontrolle geratenen Auto in die Luft geschleudert. Er würde auf einer hohen Mauer balancieren, einem Mädchen, das Desinteresse heuchelte, seine Schönheit und Geschicklichkeit vorführen, und dann würde sein Fuß abrutschen, sein Körper ins Taumeln kommen, er würde zwanzig Meter in die Tiefe stürzen, und jemand würde meine Telefonnummer aus seiner Jackentasche klauben. Ich wäre ahnungslos mit irgendetwas beschäftigt, und ein fremder Mensch würde mich ans Telefon holen.

»Hallo?«

Eine Stimme würde sagen: »Es gibt ein Problem.«

Weiter war ich in meinem Alptraum nie gekommen. Ich wusste nicht, wie ernst der Unfall war oder wie ich reagieren würde. Und nun plärrte mir aus diesem Hörer die Realität entgegen.

»Guy geht es gut.« Rief John aus New York an oder eher vom Mond? »Er ist hier bei uns. Ich wollte dir bloß sagen, dass du am besten nicht erst zu dir fährst, sondern direkt zu uns.« Ach so, das Haus war abgebrannt. »Hat es gebrannt? Ist noch was übrig?« Ich hatte keine Versicherung.

»Keine Angst, es hat nicht gebrannt. Komm einfach her, sobald du gelandet bist, dann erzähl ich dir alles. Es ist halb so wild.« Er legte auf.

Oscar Brown stand wieder neben mir, einen ernsten

Blick in den grünen Augen. Er legte mir die Hand auf die Schulter.

»Alles okay?«

»Das war John Killens. Es ist was passiert.«

»Mit Guy alles okay? Was war denn los?«

»Mit Guy ist alles okay, aber John hat mir nichts erzählt.«

»Na, der hat ja Nerven. Ruft an, es wär was passiert, und dann sagt er nichts.« Er holte meine Koffer.

»Zahl du deine Rechnung, ich fahr schon mal das Auto vors Hotel.«

Die Strecke zum Flughafen wurde zu einem fahrtechnischen Kabinettstück und einer Lektion in heuchlerischer Konversation. Oscar machte Smalltalk nach hierhin und dorthin, fuhr mit einer Hand, quietschte mit dem Auto um Kurven und überholte in einem Tempo, dass wir fast abhoben. Sein Redestrom wurde unterbrochen von einem ständigen »Guy ist okay, vergiss das nicht«. Er drehte den Kopf und fixierte mich wie ein Hypnotiseur. Wenn zu ihm durchdrang, dass er am Steuer saß, warf er kurz einen Blick auf die Straße – sehr kurz.

Am Flughafen nahm er mich fest in die Arme und flüsterte: »Alles wird gut, kleine Mutter. Ruf mich an, ich sitze daheim und warte.«

Mir graute vor dem Flug. Ich hatte eine Heidenangst, dass ich einfach nur losheulen würde, Angst, dass der Flieger abstürzen und ich mich nicht mehr um Guy und das unbekannte Problem kümmern könnte.

»Na, wenn das mal nicht Maya ist, das siebte Weltwunder!« Der Akzent war unverkennbar. Ich stand halb auf und drehte mich um. Hinter mir saß Mike Clancy und grinste über sein Whiskeyglas hinweg, neben ihm Pat und auf der anderen Seite des Ganges saßen Liam und Tommy.

»Hast du dir so gedacht, dass du uns loswirst, was? Schwer getäuscht, Schätzchen. Wir haben uns geschworen, dir bis ans Ende der Welt zu folgen. Wie wär's mit einem Schluck, um den Vertrag zu besiegeln?«

Ich würde etwas bestellen, sobald die Stewardess komme, sagte ich.

Doch so lange brauchte ich nicht zu warten. Mike war für alle Eventualitäten gerüstet, geizige Stewardessen oder einen Flieger unter der Fuchtel von Abstinenzlern mit eingeschlossen. Er griff unter den Sitz und holte eine Flasche Whiskey hervor, Pat zog aus der Tasche in der Sitzlehne vor ihm ein Glas.

»Wenn du auf Kinkerlitzchen wie Eis und Wasser bestehst, musst du auf die Serviertochter warten. Wenn nicht, gieß ich jetzt ein, bis du stopp sagst.«

Das Warten schenkte ich mir.

Der Flug wurde zu einer ausgelassenen Angelegenheit. Eine Reihe von Passagieren empörte sich, dass vier weiße Männer und eine Schwarze Frau zusammen tranken und lachten, und deren schlechte Laune ließ uns erst recht albern werden. Ich bat Liam, einen gälischen Song zu übersetzen, den er ein paar Mal a cappella gebracht hatte, worauf er meinte, dazu müsse er ihn aber erst singen.

Sein lupenreiner Tenor erhob sich über die ohnehin schon erzürnte Menge. Die eindringliche Schönheit der Melodie muss die Gemüter aber etwas beruhigt haben, denn keiner verlangte, dass Liam die Klappe hielt.

Mike bemühte sich vergeblich, zwei steingraue Männer hinter ihm in ein Gespräch zu verwickeln, doch die behielten ihre granitene Distanz eisern bei.

Bei der Landung in New York schmetterten wir den Refrain von »*The Wearing of the Green*« aus voller Kehle.

Die Clancys boten mir an, sich mit mir ein Taxi nach Manhattan zu teilen, aber ich erwiderte, ich müsse nach Brooklyn.

Brooklyn und Guy. Mit einem Schlag wurde ich nüchtern. Die Gesellschaft und der Whiskey hatten Guy und das Problem vollkommen verscheucht.

Ich bedankte mich und setzte mich mit meinem Gepäck und einem Sack nagelneuer Schuldgefühle in ein Taxi.

Was war ich doch für eine schlechte Mutter. Betrank mich und gackerte mit einer Gruppe von wildfremden Männern herum, Weißen noch dazu, und derweil war mein Sohn in irgendwelchen Nöten.

Als das Taxi vor dem Haus der Killens hielt, war mir genauso bang wie elend.

Grace umarmte mich mit einem freundlichen Lächeln. »Willkommen daheim, Maya.« Ihrer Miene nach zu schließen konnte es nicht allzu schlimm sein. Mom Willie rief aus dem Esszimmer: »Ist sie das?«, und als ich antwortete, kam sie zu uns auf den Vorplatz. Sie schüttelte feierlich den Kopf, nach dem Motto »Jungs sind nun mal so, da kann man gar nichts machen«. Auch das erst mal ein gutes Zeichen. Als ich wissen wollte, wo Guy sei, meinte Grace, oben in Chucks Zimmer, aber zuvor wolle mich John sprechen.

Mom Willie schenkte mir einen Kaffee ein; John erzählte einstweilen, was passiert war. Eine Gruppe von Jungs hatte Guy bedroht, John hatte davon erfahren und beschlossen, Guy sei bei den Killens erst mal sicherer, bis ich wieder da wäre.

Ich hätte beinahe laut gelacht. Eine Unstimmigkeit unter Jugendlichen, weiter nichts.

»Die Jungs gehören zu einer Gang namens The Savages«,

fuhr John fort. »Sie haben neulich einen umgebracht, und dann sind sie beim Bestatter eingebrochen und haben fünfunddreißig Mal auf die Leiche eingestochen.«

O Gott.

»Sie terrorisieren das ganze Viertel, sogar die Polizei hat Angst vor diesen Typen. Als ich gehört habe, dass Guy sich mit ihnen anlegen will, bin ich sofort rüber und habe ihn geholt. Er wollte erst nicht, hatte eure sämtlichen Küchenmesser in den Vorhang an eurer Tür gesteckt und meinte, er wartet nur darauf, dass sie wiederkommen. ›Junge, du schiebst jetzt deinen Hintern in das Auto da‹, sag ich zu ihm, und anschließend zu eurer Nachbarin von unten, sie soll der Gang sagen, falls sie kommt, sein Onkel hat ihn abgeholt.«

Mom Willie fand als Erste ihre Sprache wieder. »Tja, Schätzchen, in dieser Welt Jungs großzuziehen, ist kein Pappenstiel. Ich weiß, wovon ich rede. Wenn sie klein sind, betest du zum Himmel, dass du sie satt kriegst und in die Schule schicken kannst. Dann werden sie größer und du betest zum Himmel, dass nicht irgendeine weiße Spinnerin was von Vergewaltigung schreit und sie gelyncht werden. Und wenn sie dann volljährig sind, werden sie eingezogen und du betest zum Himmel, dass sie nicht in einem Krieg der Weißen jämmerlich krepieren. Nee, nee, einen Schwarzen Jungen großzuziehen, bringt dir schon ein paar graue Haare.«

John hatte respektvoll gewartet, bis seine Mutter ausgeredet hatte. »Ich hole mal Guy.« Er rief durchs Treppenhaus nach oben: »Guy, komm runter, deine Mutter ist da.«

Die schweren Schritte polterten die Treppe hinunter, und ich wollte aufstehen, aber mein Köper gehorchte mir nicht. Als Guy in die Küche gestürmt kam, schossen mir die Tränen in die Augen.

»Hi Mom! Wie war die Reise?« Er gab mir einen Kuss auf die Wange. »Mensch, schön, dass du wieder da bist.« Als er meinen Gesichtsausdruck sah, verging ihm die Fröhlichkeit. »Oha, anscheinend hat dir Mr Killens von der kleinen Sache erzählt. Aber das war echt nichts Ernstes.« Er tätschelte mir die Schulter, als wäre er der Erwachsene und ich das Kind.

»Guy, was war los? Wie bist du an so eine Gang geraten? Was ...«

»Das erzähl ich dir schon noch. Unter vier Augen bitte.« Er kehrte wieder den Würdevollen heraus, und dagegen kam ich nicht an. Ich musste mich wohl oder übel gedulden.

John zeigte Verständnis und meinte, er würde uns jetzt heimfahren, aber Guy schüttelte den Kopf. »Danke, Mr Killens, wir gehen zu Fuß.« Und zu mir: »Wo ist dein Gepäck, Mom?«

Ich nickte Richtung Eingang, und Guy zog los.

»Mein Gott, er will so unbedingt erwachsen sein. Es hätte seine komische Seite, wenn es nicht so ernst wäre«, sagte Grace.

»Diese Gesellschaft setzt alles daran, einem Schwarzen Jungen das Erwachsenwerden unmöglich zu machen. Er muss seinen eigenen Weg finden, Maya«, war Johns Kommentar.

Ich gesellte mich zu Guy an die Tür, und wir verabschiedeten uns von den Killens.

Wir liefen durch die dunklen Straßen, und während mich Guy über Oscar Brown und andere Chicagoer Freunde ausfragte, erschienen mir Phantome von messerschwingenden Jungs, die zwischen Bäumen hervorsprangen, hinter Autos versteckt lagen und in düsteren Hauseingängen lungerten.

Ich bat Guy, mir von dem Vorfall zu erzählen, und fügte hinzu, Brooklyn sei nun mal gefährlicher als Manhattan. »Warten wir lieber, bis wir zu Hause sind. Aber eins sag ich dir, Mutter.« Das klang wild entschlossen. »Denk bloß nicht an Umzug. Ich wohne hier und ich muss mich auf diesen Straßen bewegen. Wenn wir umziehen würden, könnte genau dasselbe passieren, und dann müssten wir wieder umziehen. Ich laufe nicht weg, sonst muss man immer weiterlaufen.«

Den Rest des Wegs schwiegen wir beide.

Zu Hause machte er mir Kaffee, und ich wartete einfach, bis er so weit war.

Wir saßen uns im Wohnzimmer gegenüber; ich bemühte mich um eine gelassene Miene und hielt mich an meiner Kaffeetasse fest.

Alles hatte mit der Haushälterin angefangen. In der Vorwoche hatte Mrs Tolman eines Tages ihre Enkelin mitgebracht. Susie war fünfzehn, süß und mit allen Wassern gewaschen. Sie und Guy unterhielten sich, während Mrs Tolman kochte und putzte. Am nächsten Tag kam Susie wieder mit ihrer Großmutter mit. Die Teenager unterhielten sich wieder, und diesmal hörten sie auch Musik. Am dritten Tag kam Susie allein. Wieder hörten sie Musik, und diesmal tanzten sie auch miteinander, im Wohnzimmer. Susie meinte, sie würde Guy mögen, richtig mögen sogar. Guy erwiderte, er habe schon eine Freundin, aber schön, dass Susie so offen sei. Susie wurde böse, aber Guy erklärte, er und seine Freundin würden einfach nicht fremdgehen. Daraufhin beschimpfte Susie Guy als arrogant und eingebildet. Sie stritten sich und Guy setzte sie vor die Tür.

Ob das hieß, er habe sie gebeten zu gehen? Nein, er habe die Tür aufgemacht und dem Mädchen *befohlen* zu gehen.

Als es heute dann klingelte, habe er aufgemacht, und ein Typ stand vor der Tür, ungefähr achtzehn. Er heiße Jerry, meinte er, und sei Susies Freund. Außerdem sei er der Boss der Savages und habe gerade gehört, dass Guy Susie eine geklebt hätte. Das sei eine Lüge, sagte Guy und ballte die Faust. »Wenn ich damit zuschlage, fragt keiner mehr, ob ich das war.« Er erklärte Jerry, Susie und er hätten eine kleine Auseinandersetzung gehabt, und sie sei einfach auf ihn sauer gewesen, Jerry würde doch den alten Spruch kennen, von wegen, die Rache der geschmähten Frau. Jerry kannte den Spruch nicht, meinte aber, er komme am Nachmittag mit seinen Freunden noch mal vorbei, dann könne Guy ihm ja ein bisschen Nachhilfe geben.

Kaum war Jerry verschwunden, rief Guy bei Chuck Killens an, erzählte ihm von der Drohung und bat ihn, rüberzukommen und seinen Baseballschläger mitzubringen. Dann holte er alle meine Küchenmesser und verteilte sie strategisch in der Spitzengardine vor unserer Haustür. Wenn Chuck den Baseballschläger schwang und er mit einem langen Messer und dem Fleischerbeil parierte, könnten sie sich mindestens acht Savages vom Leib halten.

Auf meine Frage, ob er von der Gang schon mal gehört habe, sagte er: »Die Savages kennt doch jeder, ein paar von denen gehen sogar in meine Schule.«

»Wie groß ist die Gang?«

»Ach, bloß fünfzehn aktive Mitglieder, aber wenn sie Zoff haben, kriegen sie um die dreißig zusammen.«

Und diese Armee von jungen Verrückten bedrohte meinen Sohn. Er sah mir die Besorgnis an.

»Ich werd mit denen fertig, Mom. Das ist und bleibt unser Viertel, und ich laufe hier rum, wo ich will. Ich lass mich nicht vertreiben, von keinem. Ich bin ein Mann.«

Er gab mir einen Gutenachtkuss, nahm meine Kaffeetasse mit, und ich hörte ihn nebenan in der Küche rumoren. Sekunden später ging seine Zimmertür zu; ich blieb wie festgeklebt auf meinem Sessel sitzen. Nach einer guten Stunde wurden die Bilder der blutigen, verstümmelten Leiche meines Kindes allmählich blasser. Ich ging in die Küche, machte den Eiskübel voll, nahm mir einen Krug Wasser und die Flasche Scotch, trug meine Sammlung wieder ins Wohnzimmer und setzte mich.

Als Erstes musste ich verstehen, wie die Savages tickten. Es waren Schwarze junge Männer, die sich andere Schwarze junge Männer zur Zielscheibe genommen hatten. Man hatte ihnen erfolgreich eingeredet, dass sie wertlos waren und jeder, der so aussah wie sie, ebenso. Jeden Morgen ging die Sonne über einem hoffnungslosen Tag auf und jeden Abend nach einem erfolglosen Tag wieder unter. Die Weißen, die die Welt beherrschten, die sich die Luft, die Lebensmittel, die Jobs, die Schulen und die Spielregeln unter den Nagel gerissen hatten, wollten das Lebensnotwendige nicht mit ihnen teilen – und irgendwo tief im Unterbewusstsein glaubten sie, die Weißen seien im Recht. Sie, die Schwarzen Jugendlichen, die jungen Herrscher über Nichts, waren als wertlos geboren und müssten sich ihr Leben lang wie blinde Maulwürfe im Dunkeln durch die Erde wühlen und fern von allem Licht an Wurzelwerk nagen.

Ich verstand die Savages. Ich verstand sie und hasste das System, das sie hervorgebracht hatte, aber mein Verständnis gab ihnen noch lange keinen Freibrief, ihren Frust und ihre Wut an meinem Sohn auszulassen. Guy würde einen Umzug in eine sicherere Gegend nicht gutheißen. Und wenn ich gegen seinen Willen darauf beharrte, standen seine Freundschaft und damit seine Liebe auf dem Spiel. Das würde ich nie riskieren, dennoch musste etwas geschehen, um diese gesetzlose Brut entfremdeter Teenager in Schach zu halten.

Als das erste Tageslicht durch die Vorhänge schimmerte, rief ich meinen Liebhaber an, den Musiker in Manhattan. Ich erzählte ihm kurz, was vorgefallen war und was ich brauchte. Obwohl ich ihn geweckt hatte, hörte er mir zu und meinte, er wäre in einer knappen Stunde bei mir.

Er blieb in der Diele stehen, ohne meine Einladung, auf einen Kaffee hereinzukommen, anzunehmen. Stattdessen überreichte er mir grinsend ein kleines Kästchen und wünschte mir Glück. Guy stand auf, duschte, trank ein Glas Milch und rannte ohne Frühstück hinaus; er wollte sich für eine morgendliche Runde Basketball warmlaufen. Dass die Savages hinter ihm her waren, hatte er offenbar völlig vergessen. Um mich zu beruhigen, sagte ich mir, dass Typen wie die Savages hauptsächlich nachts ihr Unwesen trieben und die Straßen in den frühen Morgenstunden bestimmt am sichersten waren.

Um neun rief ich Mrs Tolman an; ich wolle vorbeikommen und ihr das Geld geben. In Ordnung, sie warte.

Ich nahm die Pistole aus ihrer Schatulle und steckte sie in meine Handtasche. Die drei Blocks zwischen unseren Häusern waren mit Leuten bevölkert, die zur Arbeit fuhren, Männern, die ihr Auto wuschen, und Kindern, die geradezu unglaublich normal herumrannten und kreischten. Ich hatte das Gefühl, den Verstand verloren zu haben und in einer anderen Dimension zu leben, völlig losgelöst von der Welt um mich herum. Ich war unsichtbar.

Mrs Tolman stellte mich ihrer vollbusigen Tochter vor,

die gerade ein Baby stillte. Meine Frage, ob sie auch Susies Mutter sei, wurde bejaht.

Ich gab Mrs Tolman ihr Geld, blätterte ihr sorgfältig die Scheine hin und schickte dabei beruhigende Botschaften an meine Kehle, damit meine Stimme einigermaßen natürlich klang.

»Mrs Tolman, ist Susie da?«

»Ja, natürlich. Die sind grade aufgestanden, ich habe sie vorhin schon lachen gehört.«

Gern würde sie sie holen, aber klar.

Susie stand in der Tür zur Küche. Sie hatte noch einen regelrechten Schlafzimmerblick und war wirklich hübsch. Wenn ich das Glück gehabt hätte, ein zweites Kind in die Welt zu setzen, hätte sie meine Tochter sein können.

»Susie, ich habe von dir gehört, und es freut mich, dich kennenzulernen.«

Ihr Interesse hielt sich in Grenzen. »Yeah, freut mich auch.« Sie wollte sich schon wieder umdrehen, aber ich kam ihr zuvor.

»Susie, dein Freund ist doch Jerry?« Ansatzweises Aufwachen. »Yeah, Jerry ist mein Freund.«

Mrs Tolman gluckste. »Kann man so sagen.«

»Wo wohnt er denn? Jerry?«

»Ne Straße weiter, im nächsten Block.« Wieder eine Schnute, Desinteresse.

Ich brachte Ordnung in ihre Gedanken, indem ich schnell nachlegte. »Ich habe etwas für ihn. Können wir zusammen zu ihm?«

Zum ersten Mal ein Grinsen. »Er ist nicht da. Er ist oben bei mir.«

Ihre Mutter lachte. »Der wohnt da, könnte man sagen.«

»Ob er mal runterkommen könnte? Ich würde gern mit ihm reden.«

»Okay.« Sie sah wirklich süß aus, mit ihrem kurzen Baby-Doll-Nachthemdchen und der aufgeplusterten Frisur.

Ich setzte mich mit einem dümmlichen Lächeln und sah der stillenden Mutter und der alten Frau zu, die ihr Geld auf dem Schoß glattbügelte.

»Hier. Das ist Jerry.« Ein junger Mann stand neben Susie in der Tür, ein viel zu kleines Muscle-Shirt von den braunen Schultern fast gesprengt, die Hose nicht zugeknöpft, barfuß. Sekundenschnell hatte ich seine Gestalt gescannt, aber das Gesicht hielt mich über meine Mission hinaus fest. Seine Augen waren zu jung für Hass, sie leuchteten vielversprechend, und als er lächelte, strahlten mir seine Zähne entgegen. Ich musste mich direkt losreißen von seinem Zauber.

»Jerry. Ich bin Miss Angelou, Guys Mutter.« Die Lippen schlossen sich, das Lächeln erstarb.

»Mir ist klar, dass du der Anführer der Savages bist und mit meinem Sohn eine Abmachung hast. Mir ist außerdem klar, dass die Polizei vor euch Angst hat. Ich bin gekommen, um jetzt dir etwas klarzumachen. Wenn mein Sohn mit einem blauen Auge oder auch nur einem zerrissenen Shirt nach Hause kommt, rufe ich nicht die Polizei.«

Sein Blick folgte meiner Hand zu meiner Tasche. »Sondern ich komme hierher und erschieße zuerst Susies Oma, dann ihre Mutter, und dann blas ich dem goldigen Baby die Birne weg. Hast du mich verstanden? Wenn die Savages meinem Sohn auch nur ein Haar krümmen, komm ich anschließend zu dir und knall alles ab, was sich bewegt, inklusive Schaben und Ratten.«

Ich zeigte ihm die geliehene Pistole und steckte sie wieder weg.

Ein paar Sekunden lang rührte sich keiner, und da meine Pläne nicht weiter gediehen waren als bis zu dieser Rede, behielt ich die Hand in der Tasche und streichelte mein Faustpfand.

»Okay«, sagte Jerry, »verstanden. Aber für ne Mutter sind Sie n ganz schöner Motherfucker, leck mich fett. Komm, Susie.« Die beiden machten kehrt und zogen aneinandergeschmiegt von dannen.

Ich blieb noch ein paar Minuten sitzen und unterhielt mich mit Mrs Tolman über meine Reise und das Wetter.

Dann verabschiedeten wir uns, ohne ein weiteres Wort über meinen Sohn, ihre Enkelin oder meine schlanke Baretta zu verlieren, die fügsam auf dem Boden meiner Tasche ruhte.

Guy brachte die Nachmittagshitze ins Haus, dazu eine Ladung Sportklamotten für die Wäsche.

»Wir haben gewonnen. Ich habe zehn Punkte gemacht.« Geheucheltes Interesse von mir. »Du, ich werd richtig gut. Der Coach hat gesagt, ich gehör zu den Besten.« Er täuschte an und sprang hoch.

»Freut mich, mein Schatz. Ach, übrigens, hast du irgendwelche Savages in der Schule getroffen?«

Er ließ das Dribbeln mit einem imaginären Ball und blickte mich an, als hätte ich nach einer Begegnung mit Außerirdischen gefragt.

»Ja klar, heute früh auf dem Schulweg, und wir haben uns unterhalten.« Er nahm Kurs auf sein Zimmer, um seine männliche Privatsphäre zu schützen.

»Entschuldige, aber worüber habt ihr euch bitte unterhalten? Das würde ich schon gern wissen.«

»Mensch, Mom.« Es war ihm peinlich. »Ach, ich hab einfach was erfunden. Ich hab gesagt, meine kalifornische Gang hat immer bis aufs Messer gekämpft, aber nie auf ein bloßes Gerücht hin. Und ich hab gesagt, ich würde ihren Boss und noch einen auf neutralem Boden treffen, Messer oder Knarren, mir egal. Ich lauf nicht davon. Ich krieg das klar, Mom, hab ich dir doch gesagt.« Er grinste. »Was gibt's zum Essen?«

Ich musste lachen. Er war eindeutig mein Sohn, trat in meine Fußstapfen und bluffte, was das Zeug hielt.

Ich hatte den jungen Geiern, die über meinem Sohn kreisten, nur gedroht; Guy hatte buchstäblich einen Kampf Mann gegen Mann angeboten. Zum Glück hatte man uns geglaubt – vielleicht hatten wir nämlich beide doch nicht geblufft.

Revolución hatte meine Short Story angenommen. Dass sie nur in Kuba erscheinen würde, und vermutlich auf Spanisch, tat der Tatsache, dass ich nun zum erlauchten Kreis der publizierten Autoren gehörte, keinen Abbruch. Die Harlem Writers Guild feierte. Rosa Gray, ein Gründungsmitglied, das bei meinem Debüt in der Gruppe gerade in Trinidad gewesen war, hatte sich erboten, die Lesung der Woche und eine Party zu meinen Ehren bei ihr zu Hause auszurichten.

Rosa war groß, schön, dunkelbraun und feurig. Sie tanzte, debattierte, war ausgelassen und lachte mit beneidenswerter Aufrichtigkeit. Wir waren uns ähnlich in unserer Forschheit und hatten schnell enge Freundschaft geschlossen. Sie war in Trinidad geboren und hatte sich, obwohl sie mit sieben nach New York gekommen war, ihren weichen karibischen Akzent bewahrt.

6

Ich war in meinen besten Klamotten auf den Harlemer Straßen unterwegs, das Gesicht ziemlich gelungen geschminkt. Herumsitzende Männer und Passanten riefen mir Komplimente zu.

»Hey, Baby, nimm mich mit!«

»Hu-iii, Sugar, siehst du heute gut aus.«

»Lass mich dein Hündchen sein, bis Herrchen heimkommt.«

Ich ging lächelnd weiter. Die Komplimente ließen mich ein paar Zentimeter wachsen und schickten mir einen leichten Schwung in die Hüften, und die Anerkennung konnte ich gut gebrauchen.

Ich war auf dem Weg zur SCLC, zu einem Termin bei Bayard Rustin. Seit der Dernière des »Cabaret for Freedom« waren wir uns ein paar Mal auf Fundraiserpartys begegnet, aber ein Treffen unter vier Augen hatten wir seit meinem ersten Mal im Büro der SCLC nicht mehr gehabt, und ich wälzte tausend Gründe hin und her, warum er mich zu sich gebeten hatte.

Die Rezeptionistin verkündete, Mr Rustin warte schon. Er stand auf und streckte mir über seinen überquellenden Schreibtisch hinweg die Hand hin.

»Maya, danke, dass Sie gekommen sind. Setzen Sie sich. Ich rufe Stan und Jack.«

Ich setzte mich und spielte im Kopf alle Möglichkeiten durch. Unregelmäßigkeiten in der Abrechnung des »Cabaret for Freedom«. Ich sollte eine neue Revue produzieren. Ich sollte ein Stück über Martin Luther King und den gemeinsamen Kampf schreiben. Sie wussten nicht, dass ich nicht tippen konnte, und wollten mir eine Stelle als Sekretärin anbieten. Sie brauchten mehr Ehrenamtliche und ...

Stan und Jack kamen lächelnd herein (das hieß wohl, dass mit den Quittungen alles in Ordnung war, aber sicher war ich mir nicht).

Wir gaben uns alle die Hand, tauschten die üblichen Artigkeiten aus und setzten uns.

»Du fängst an, Stanley«, sagte Bayard.

Stan Levison befreite seinen Hals von nicht vorhandenem Schleim. »Ahm, Maya, du weißt, dass wir stolz darauf und froh darüber sind, wie du das mit dem Cabaret for Freedom hingekriegt hast.«

»Der Inhalt war Hammer, einfach nur Hammer. Und die Darsteller ...«, fiel Jack ihm ins Wort.

Mit einem Räuspern fuhr Stanley fort: »Wir glauben, dass du administratives Talent hast.«

Na also. Sie wollten mir einen Tippsenjob anbieten.

Jetzt wieder Bayard. »Es wird eine Veränderung in der Organisation geben, und wir werden jemanden brauchen, jemanden, der verantwortungsbewusst ist, verlässlich und der gut mit Menschen umgehen kann.« Er warf Jack einen Blick zu.

»Wir haben beobachtet«, übernahm Jack, »wie du mit dem Ensemble umgegangen bist. Du hast den Haufen zusammengehalten; und ich weiß, was das heißt, bei den Egos von Schauspielern. Du bist nie laut geworden, aber was du gesagt hast, wurde respektiert.«

Er nickte Stanley zu, der nur auf sein Stichwort gewartet hatte. »Du weißt, worum es bei unserer Sache geht. Du hast doch gesagt, du bist in den Südstaaten aufgewachsen, oder?«

Ich nickte. Stamps, Arkansas, mit seinem Staub, dem Hass und der Engstirnigkeit – mehr Südstaaten ging nicht.

»Bedauerlicherweise wird Bayard die SCLC verlassen.«

Ich blickte zu Bayard. Sein schmales, schönes Gesicht wirkte müde und sein Blick bekümmert.

Du liebe Zeit, er war krank. Er musste krank sein, sonst würde er doch nicht die Organisation verlassen, die ihm so sehr am Herzen lag und für die er sich so unermüdlich eingesetzt hatte. Vor lauter Kummer über mein erfundenes Drama brachte ich Bayards Ausscheiden und meine Einladung in sein Büro nicht in Verbindung.

»Ich werde mich eine Weile zurückziehen.« Die Distanziertheit in seinem Ton bestätigte meine Vermutung. »Und dann bei A. Philipp Randolph und seiner Brotherhood of Sleeping Car Porters mitarbeiten.« Seiner Miene nach zu urteilen war er schon halb dort.

»Das höre ich mit Bedauern«, sagte ich. »Kann ich irgendetwas für Sie tun?«

»Ja.« Bayard war wieder bei uns, wieder mit dem Gespräch im Büro verbunden. »Wir suchen jemanden, der meinen Posten übernehmen kann. Ich habe Sie als geeignet vorgeschlagen.«

Nur der Schock, der mich festhielt wie ein Schraubstock, verhinderte, dass ich aufsprang, aus dem Zimmer lief und runter auf die Straße. Bayard Rustins Posten übernehmen. Er hatte für die Quäker gearbeitet, Demonstrationen in Washington angeführt, war in den Vierzigern in Indien gewesen und hatte sich für die Unberührbaren eingesetzt – er war gebildet, berühmt, und ein Mann.

Ich brachte kein Wort heraus.

»Als Bayard deinen Namen ins Spiel brachte, waren wir

erst überrascht«, sagte Stanley. »Aber dann haben wir überlegt und sind zu einem einstimmigen Ergebnis gekommen. Wir möchten, dass du die Leitung des Büros übernimmst.«

Jack nickte mir mit einem zufriedenen Lächeln zu.

»Die Position, die wir Ihnen anbieten«, sagte Bayard, »ist Koordinatorin für die SCLC. Das ist natürlich ein weites Feld, und viele Aufgaben fallen darunter.«

»Ich kann aber nicht tippen«, rutschte mir dämlicherweise heraus.

Die Männer lachten, und ich hätte mich treten können, dass ich ihnen ihre Gönnerhaftigkeit auf dem Silbertablett serviert hatte.

»Fürs Tippen kriegst du eine Sekretärin«, sagte Jack und lachte wieder. »Und für dein Telefon auch.«

»Reden wir übers Geld«, sagte Stanley. »Du weißt, bei der SCLC sind die Mittel knapp und werden es immer sein, deshalb können wir nur ein Gehalt zahlen, mit dem die Lebenshaltungskosten gedeckt sind.«

Ich war hin- und hergerissen. Nichts war in meiner Vorstellung lohnenswerter als für Martin Luther King zu arbeiten, und ein Gehalt, das die Grundkosten abdeckte, konnte ich weiß Gott gebrauchen. Aber vielleicht führte mich jetzt meine Kühnheit in so luftige Höhen, dass mir das Atmen schwer fallen würde. Und noch ein ungutes Gefühl mischte sich in meine Freude: Was, wenn man mich dazu benutzte, Bayard aus dem Job zu drängen?

Ich riss mich zusammen und stand auf. »Meine Herren, ich danke Ihnen. Ihr Angebot ehrt mich, und ich möchte es mir überlegen. Ich melde mich morgen telefonisch.« Und draußen war ich. Nichts wie die Treppe runter und raus in die Geborgenheit der Harlemer Straßen.

John Killens, der fürs Überarbeiten eines Romans in einem Hotel downtown ein Zimmer gemietet hatte, war gleich bereit, sich mit mir dort zu treffen. Wir setzten uns im hoteleigenen Speiseraum zusammen.

»Wenn du Bedenken hast, ruf Bayard doch an. Frag ihn direkt, er ist schließlich erwachsen. Ich persönlich glaube nicht, dass er dich vorgeschlagen hätte, wenn er dich nicht gern in dem Job sehen würde.«

»Schon, aber was soll ›Koordinatorin‹ heißen? Schaffe ich das? Lieber lass ich's bleiben, als dass ich hinterher scheitere.«

»Red keinen Blödsinn, Maya. Natürlich gelingt einem nicht alles. Aber wenn du leben willst, überhaupt leben, dann kommst du ums Ausprobieren nicht herum. Und wenn du mal scheiterst, was soll's? Nicht jedes Schläfchen bringt Schlaf und nicht jeder Abschied ist für allezeit, hieß es früher. Wenn du scheiterst, klopfst du dir den Dreck ab und probierst es noch mal.«

Er hatte leicht reden, er hatte ja schon Erfolg. Ich war immer noch skeptisch.

»Jedenfalls ist Koordinatorin ein eleganter Ausdruck für Spendensammlerin. Du wirst Veranstaltungen planen, Aufrufe verschicken, Redner organisieren und selber sprechen, um Geld einzutreiben. Das ist keine Hexerei. Und da du ›garantiert nie wieder‹ als Sängerin auftreten wolltest, kannst du dir zu dem Job gratulieren.«

Bayard traf sich zwischen zwei Terminen mit mir. »Ich verlasse die Organisation, ob Sie den Posten annehmen oder nicht. Verstehen Sie mich nicht falsch, ich werde Martin immer unterstützen, notfalls bis zum bitteren Ende. Aber es ist Zeit für eine neue Aufgabe.«

Er stand neben meinem Barhocker in Frank's Restaurant auf der 125sten Straße. »Ich arbeite seit vielen Jahren mit Randolph zusammen, und er will eine neue Organisation für Gewerkschafter gründen. Ich verlasse also nicht den Krieg, sondern ziehe nur in eine andere Schlacht. Nehmen Sie den Job, Sie schaffen das.« Er klopfte mir auf die Schulter und ging wieder, sein Geheimnis im Gepäck, und ich war immer noch nicht hundertprozentig entschlossen.

Im Morgenradio hatten sie gesagt, dass sich in einem Diner in North Carolina ein paar Schwarze Jugendliche an die Bar gesetzt hatten und dass Martin wieder im Gefängnis saß. Die Telefone klingelten unaufhörlich, und im Büro ging es zu wie im Hummelschwarm. Hazel Grey, die wir als meine Assistentin eingestellt hatten, gab den Ehrenamtlichen gerade Anweisungen, als ich bei ihr vorbeikam. Sie blickte von ihrem Schreibtisch auf.

»Maya, die Sachen von der Druckerei sind da, und heute Vormittag kommen ein paar Jugendliche aus Long Island zum Briefeeintüten.«

»Gut.« Ich ging in mein Büro, Hazel mir nach. »Sie kommen von einer rein weißen Schule.«

»Wieso das denn? Wer hat sie eingeladen und wie alt sind sie?«

»Highschoolalter, Jungs und Mädchen. Ihr Vertrauenslehrer hat sie angemeldet, und er kommt mit.« Dass weiße Jugendliche sich nach Harlem trauten, war an sich schon bemerkenswert, aber dass ein erwachsener Weißer in verantwortlicher Position sich nicht nur breitschlagen ließ, sondern von sich aus so etwas vorschlug, wirkte geradezu berauschend. Womöglich machte die unverrückbare Welt ja doch noch einen Schritt nach vorn.

Ich rief die Schwarzen Ehrenamtlichen zu einer kurzen Besprechung zusammen.

»Ihr kriegt in ein, zwei Stunden Hilfe, damit mal das erledigt werden kann, wofür sonst nie Zeit ist.«

»Hallelujah«, sagte eine Oma aus einer benachbarten Kirchengemeinde.

»Dreißig junge Leute sind auf dem Weg zu uns«, fuhr ich fort, »und wir müssen festlegen, wobei sie uns helfen sollen. So eine Gelegenheit kommt vielleicht nie wieder. Also, schießt los, was gibt's zu tun?«

»Der Hektograf muss vom Fenster weggerückt werden. Die Tinte zerläuft immer in der Sonne.«

»Das hintere Büro muss mal ausgeräumt werden, da steht lauter Gerümpel rum.«

»Im Gang liegt ein Riesenstoß von Papieren zur Ablage.«

»Die Treppe muss mal geputzt werden. Macht keinen guten Eindruck, wenn man ins Büro von Martin Luther King nur über eine dreckige Treppe kommt.«

Der Vertrauenslehrer sah aus wie ein gealterter Burgess Meredith. Grau in Grau gekleidet wirkte er trist wie ein Winterhimmel; seine Lockerheit wirkte einstudiert und sein gewolltes Gewatschel rührend. Er war kleiner als die meisten seiner Schützlinge.

»Miss Angelou, unsere Schüler sind offiziell vom Unterricht befreit. Sie haben sich freiwillig für einen Tag Mitarbeit in der Organisation von Martin Luther King gemeldet, um die Schüler in North Carolina bei ihrem Sit-in zu unterstützen. Wir erledigen jede Aufgabe, die Sie uns geben.«

Inmitten des jugendlichen Gewusels stand er da wie ein farbloser Erpel in einem Wurf weißer Entlein.

Ich rief die Captains der Ehrenamtlichen herein und stellte alle einander vor. Über Mittag blieben Hazel und ich in meinem Büro und mokierten uns ein bisschen darüber, wie diese weißen Jugendlichen nun Treppen schrubbten, Böden fegten und all die Arbeiten für uns übernahmen, die bei ihnen zu Hause und in ihrem Viertel von Schwarzen erledigt wurden. Es war ein einmaliges Erlebnis, das stand fest, also wollten wir es voll auskosten.

Zum Abschied kamen die jungen Leute und ihr Vertrauenslehrer in mein Büro defiliert, um meinen Dank und den der gesamten SCLC entgegenzunehmen. Ich hielt eine kleine Ansprache über die Unteilbarkeit des Lebens und unser aller Verantwortung, die Welt lebenswert für alle zu machen. Als sie wieder fort waren, drehten wir die Nachrichten laut. Martin saß immer noch im Gefängnis, die Polizei hatte die Schwarzen aus dem Diner gezerrt, die Black Community von North Carolina schäumte vor Wut, aber bisher war nichts passiert. In unser Büro kehrte allmählich wieder Normalität ein, da rief Hazel bei mir an.

»Hey, Maya, ich hab noch was für dich. Bist du so weit?«

»Ja.«

»Morgen kommen zwei Gruppen von Weißen und eine Klasse aus einer integrierten Highschool vorbei. Ob wir für die was zu tun hätten?«

Ich war sprachlos.

Hazel lachte. »Ich hab doch gefragt, ob du so weit bist.«

Die Wochen vergingen, die Tage verflogen. Weiße und Schwarze veränderten sich. Martin Luther King reiste durchs ganze Land und durch diverse Gefängnisse, die überregionalen Medien auf Schritt und Tritt bei ihm. Malcolm X war im Fernsehen zu beobachten, wie er mitten in den Abendnachrichten weißen Fernsehreportern Kontra gab. In

Harlem wurde die in den Zwanzigerjahren von Marcus Garvey gegründete Universal Negro Improvement Association zu neuem Leben erweckt, und die Ethiopian Association war ebenfalls wieder aktiv.

Beeindruckt von Harry Belafonte und Sidney Poitier liehen weiße Filmstars der Sache ihren Namen, und ihre Aufrichtigkeit hielt selbst den skeptischsten Zweifeln stand. Auf einer Abendeinladung bei Belafonte erklärte Shelley Winters einmal, warum sie ihr Geld und ihre Zeit gern der SCLC zur Verfügung stellte.

»Es geht nicht darum, dass ich Reverend King oder alle Schwarzen oder Harry Belafonte verehren würde. Ich habe einfach eine Tochter. Sie gilt als weiß und ist jetzt noch klein, aber wenn sie später als Erwachsene feststellt, dass die meisten Menschen auf der Welt als Schwarz, braun oder gelb gelten und jahrhundertelang von Menschen unterdrückt wurden, die so aussehen wie sie, wird sie mich fragen, was ich dagegen getan hätte. Und dann möchte ich sagen können: ›Mein Möglichstes.‹« Den meisten liberalen Weißen gegenüber hegte ich nach wie vor eine Portion Misstrauen, aber Shelly Winters klang pragmatisch, und ich vertraute ihr sofort. Letzten Endes war sie einfach Mutter und hatte ihr Kind im Blick, genau wie ich.

Zu Hause redete Guy von der »Bewegung«. Zu meiner Freude hatten sich Chuck und er einer Jugendabteilung der Society Against Nuclear Energy angeschlossen, und ich erlaubte ihm, an einer Demonstration gegen atomare Kriegsführung teilzunehmen.

Um der abendlichen Rushhour in der U-Bahn zu entgehen, schaute ich immer noch in einer Bar in der Nähe der A-Train-Station an der 125sten Straße vorbei. Die Bar war so rau wie das Leben des Bartenders und seiner Klientel; Sanftheit hatte dort einen schweren Stand.

Während sich das Eis in meinem Glas allmählich auflöste, staunten streetsmarte Männer und worldsmarte Frauen über den Aufbruch im Land.

»Schaut euch diese *Negroes* in North Carolina an. Die lassen sich nicht mehr verarschen.«

»Die Blassnasen müssen jetzt mal liefern. Wir können diesen Blödsinn nicht mehr ab!«

»Mannmann, dieser Martin Luther King. Der ist doch nicht aus Fleisch und Blut!«

»Bescheuert ist der. Liebet eure Feinde? Das hat Jesus auch gemacht, und wir wissen ja, wohin das geführt hat.«

»Genau, gelyncht haben sie ihn.«

»Die Schwarzen sollten auf Malcolm X hören, der weiß, was Sache ist. Die Cracker sind alles blauäugige Teufel.«

»Ich kann dieses Gehetze echt nicht ab. Schwarze haben keine Zeit für Hass. Wir müssen doch miteinander reden.«

Ich kam von meiner Mittagspause wieder. Im Vorzimmer saß Millie Jordan vor einem Stapel Papiere, und Hazel hing am Telefon. Ich ging in mein Büro. Ein Mann, der mit dem Rücken zu mir an meinem Schreibtisch saß, wirbelte herum, stand auf und lächelte mich an. »Guten Tag, Miss Angelou. Sie sind ja mehr als pünktlich«, sagte Martin Luther King.

Die Überraschung war so komplett, dass ich einen Augenblick brauchte, bevor ich auf seine ausgestreckte Hand reagierte.

Seit zwei Monaten arbeitete ich jetzt für die SCLC, hatte zehntausende von Briefen und Einladungen mit der Unterschrift von Reverend King verschickt, hunderte von Statements in seinem Namen gemacht, aber aus der Nähe gesehen hatte ich ihn noch nie. Er war kleiner, als ich erwartet hatte, und unglaublich jung. Er hatte eine lockere Freundlichkeit an sich, die mich aus dem Konzept brachte. Ihn in meinem Büro allein vor mir zu sehen, war wie einen Löwen bei mir am Esstisch zu haben, der einen Teller Soulfood mampfte.

»Wir sind sehr dankbar, dass Sie hier oben so gute Arbeit leisten. Das gibt uns unten an der Schusslinie wirklich Rückendeckung.«

Endlich brachte ich heraus, wie sehr ich mich freute, ihn zu sehen.

»Kommen Sie, nehmen Sie Ihren Stuhl wieder in Besitz und erzählen Sie mir von sich.«

Dankbar machte ich es mir auf meinem Stuhl bequem; er setzte sich derweil auf die Armlehne der alten Couch gegenüber.

»Stanley hat erzählt, dass Sie aus dem Süden kommen. Woher denn genau?« Der Predigerton war aus seiner Stimme gewichen, er war jetzt einfach ein junger Mann, der einer jungen Frau eine Frage stellte. Ich warf ihm einen Blick zu und musste an den gutaussehenden, sexy Supersportler der Schule denken, der grundsätzlich der Freund der hellbraunen Cheerleaderin war.

»Aus Stamps, Arkansas«, antwortete ich. »Fünfundzwanzig Meilen von Texarkana.«

Er kannte Texarkana und Pine Bluff und natürlich Little Rock. Er erkundigte sich nach der Größe und Zusammensetzung der Bevölkerung von Stamps und ob ich aus einer Farmerfamilie käme. Ich verneinte und erklärte ansatzweise die Situation mit Momma und meinem verkrüppelten Onkel, bei denen ich aufgewachsen war. Er nickte, als hätte er die beiden persönlich gekannt. Als ich die Schotterstraßen, Holzhütten und das kleine Schulhaus auf dem Hügel beschrieb, lächelte er wissend. Und als die Rede auf meinen Bruder Bailey kam, fragte er, was der denn jetzt mache.

Das stoppte meinen Redefluss. King war freundlich und zugewandt, aber wenn ich ihm jetzt erklärte, dass mein Bruder im Gefängnis saß, war es mit der Zugewandtheit womöglich schnell vorbei. Womöglich verlor ich meinen Job, und noch schlimmer, am Ende seinen Respekt. Doch Gefahr der Sippenhaft hin oder her, ich fasste mir ein Herz und erzählte, dass Bailey in Sing Sing saß.

Er senkte den Kopf und blickte auf seine Hände.

»Nicht wegen Körperverletzung oder so etwas«, schickte ich nach. Ich liebte meinen Bruder, und selbst wenn er im Gefängnis saß, sollte Martin Luther King ihn nicht für einen gewöhnlichen Verbrecher halten. »Als Hehler. Er hat einfach gestohlene Ware verkauft.«

Er blickte auf. »Wie alt ist er?«

»Dreiunddreißig, und er hat etwas auf dem Kasten. Bailey ist kein schlechter Mensch, wirklich nicht.«

»Ich verstehe. Verzweiflungstaten aus Enttäuschung, das passiert bei unseren jungen Männern oft.« Das kam leise, traurig und mit Mitgefühl. »Deshalb müssen wir ja kämpfen und auch gewinnen. Wir müssen die Baileys dieser Welt retten. Und, Maya, lassen Sie bloß nicht nach in Ihrer Liebe zu ihm. Geben Sie ihn nie auf, verleugnen Sie ihn nie, und denken Sie daran: Er ist immer noch freier als die, die ihn hinter Gitter gebracht haben.«

Durch Leiden zur Erlösung war immer der Teil an Kings Argumentation gewesen, mit dem ich mich nur schwer anfreunden konnte. Ich hatte mitangesehen, wie Körper von der Not in die Knie gezwungen und Seelen daran kaputtgegangen waren, aber dass jemand durch Leiden vom Leiden erlöst würde, war mir noch nicht begegnet.

Es klopfte, und Stanley Levinson kam herein.

»Guten Tag, Maya, hallo, Martin. Wir wären dann so weit.«

Martin stand auf, und der intime Moment war vorbei. King verwandelte sich wieder in den kämpferischen Prediger, gewappnet fürs öffentliche Gefecht.

Er trat an meinen Schreibtisch. »Ich danke Ihnen. Und denken Sie daran: Wir sind nicht allein. Es leben eine ganze Reihe von guten Menschen in diesem Land – Weiße, die das Herz auf dem rechten Fleck haben und auch bereit sind, Farbe zu bekennen.« Sein Ton hatte wieder die einschmeichelnde Baptistenfärbung zum Wohle aller.

Wir verabschiedeten uns mit Handschlag, und insgeheim fragte ich mich, ob sein Statement in puncto gute Weiße Stanley zuliebe gefallen war.

An der Tür wandte er sich noch einmal um. »Doch dürfen wir in unserem Bestreben nicht nachlassen, denn für jeden gerechten weißen Amerikaner wartet schon ein Bull Connor mit seinen scharfen Hunden und der Waffe im Anschlag.«

Ich saß noch da und ließ das Erlebnis nachwirken, als Hazel und Millie grinsend hereinkamen.

»Diesmal haben wir dich kalt erwischt, was?«

Ich fragte, ob die beiden die Überraschung angezettelt hatten – hatten sie aber nicht. Als King gekommen sei, habe er darum gebeten, mit mir bekannt gemacht zu werden. Auf ihre Auskunft, ich käme bald vom Lunch zurück und sei fanatisch pünktlich, habe er die Idee mit dem Scherz gehabt, allein in meinem Büro zu warten.

Millie kicherte. »Er hat echt Humor. Davon hört man bloß nie, was?«

»Das macht ihn irgendwie menschlicher. Es rundet die Persönlichkeit ab, wenn ein ernsthafter Mensch auch lachen kann; ich mag das.«

Seit Godfrey und ich ihn sprechen gehört und es uns auf seinen Schwingen der Hoffnung in glorreiche Höhen getragen hatte, war Martin King mein Held und Anführer. Dass er nun bei der Geschichte über meinen Bruder auch noch persönliche Betroffenheit gezeigt hatte, legte mein Herz für immer in seine Hände und ließ mich die ständige kleine Sorge über Bord werfen, die meine Mutter mir als frühes Abschiedsgeschenk mitgegeben hatte: Schwarze können sich nicht verändern, weil Weiße sich nicht verändern wollen.

Im Lauf der nächsten Monate büßte die Warnung meiner Mutter immer mehr an Kraft ein. In Harlem herrschte ein neuer alter, dynamischer Geist. Schwarze und weiße Kinder drängten sich auf den Straßen, auf dem Weg zu Protestmärschen oder zu Bürgerrechtsorganisationen, wo sie kleine, aber wichtige Aufgaben erledigten. Schwarze Nationalisten hielten an Straßenecken Reden, in denen sie *freedom now* forderten, Freiheit jetzt, endlich. Black Muslims warfen der weißen Community Genozid vor und bestanden auf der sofortigen und totalen Trennung von den mörderischen blauäugigen Teufeln. Wells' Restaurant und das Red Rooster servierten das beste Soulfood und boten abends großartige Musik für Gesellschaften aus Schwarzen, Weißen und durchreisenden afrikanischen Diplomaten. Das Baby Grand, in dem jahrelang Nipsy Russell gespielt hatte, hatte inzwischen geschlossen, dafür war das Palm Café eine Oase für harte Trinker und ernsthafte Zocker. Die *Amsterdam*

News blieb wachsam und fuhr eine wöchentliche Attacke gegen die »Kräfte des Bösen«, und G. Norwood, einer der politischen und sozialen Leitartikler dort, hielt die Community auf dem Laufenden, wer was gegen wen und mit wie viel Erfolg unternahm.

Ein Geist des Aktivismus hatte die ganze Nation erfasst, und die älteren Gruppierungen wie die NAACP und die Urban League verloren gegenüber den progressiveren Organisationen an Boden. Junge Schwarze nannten Roy Wilkins einen Sellout-Uncle-Tom und Whitney Young einen gefährlichen Spion. Nur Martin und Malcolm wurde noch Respekt bezeugt, und selbst die mussten sich Kritik gefallen lassen.

Die Harlem Writers Guild hatte sich bei Sarah Wright getroffen, und der Abend neigte sich seinem Ende zu. Während wir uns noch verabschiedeten, klingelte das Telefon. Sarah bedeutete uns zu warten und ging ran. Als sie aufgelegt hatte, verkündete sie aufgeregt, die kubanische Delegation bei den Vereinten Nationen unter Leitung von Fidel Castro sei in ihrem Midtown-Hotel vor die Tür gesetzt worden. Man warf der Gruppe vor, lebende Hühner mit aufs Zimmer genommen zu haben, wo sie für Voodoo-Riten würden herhalten müssen. Die gesamte Delegation sei nun ins Harlemer Theresa-Hotel eingeladen worden.

Wir jubelten alle. Selbst die paar unter uns Autoren und Möchtegern-Autoren, die nicht bei Fair Play for Cuba organisiert waren, fanden Fidel Castros Chuzpe gegenüber den Vereinigten Staaten großartig.

Binnen kurzem standen wir draußen im Regen auf der Straße und stiegen in Taxis oder Privatautos oder nahmen

Kurs auf die U-Bahn. Wir würden den Kubanern in Harlem einen würdigen Empfang bereiten.

Zu unserem Erstaunen war an einem Montagabend um elf Uhr kein Durchkommen zum Hotel. Haupt- und Nebenstraßen waren von der Polizei abgeriegelt worden, und Tausende von Menschen strömten über Gehwege und Kreuzungen.

Ich hielt mich mit meinen Freunden am Rand der Menge und freute mich an den spanischen Songs, den »*Viva* Castro«-Rufen und den Congaklängen, die durch die feuchte Nachtluft drangen.

Olé und *hallelujah* zugleich hieß es für die Bewohner von Harlem.

Zwei Tage später war Chruschtschow bei Castro im Theresa zu Besuch. Die Polizei bewachte nach wie vor, alle weiß und nervös, die Kreuzung 125ste Straße und Seventh Avenue, die selbst in normalen Zeiten als belebteste und wahrscheinlich gefährlichste Kreuzung im Schwarzen Amerika galt.

Hazel, Millie und ich gingen vom Büro aus den einen Block rüber, schoben uns durch die jubelnde Menge, und dann waren wir live dabei, als Castro und Chruschtschow sich auf der 125sten Straße umarmten, während die Kubaner applaudierten und die Russen breit ihre Metallzähne zeigten. Auch Schwarze stimmten in den Applaus mit ein. Manche Weiße waren gar nicht so übel, die Russen waren doch in Ordnung, und Castro hatte sich nie als Weißer bezeichnet, also war er sowieso in Ordnung. Amerika konnte jedenfalls die Russen nicht ausstehen, und unter Schwarzen waren Sprüche populär wie »War doch kein kommunistisches Land, das meinen Opa versklavt hat. War doch kein Kommunist, der meinen Opa gelyncht hat oder meine Oma vergewaltigt.«

»Hey Chruschtschow, weiter so, alter Knabe!«

Guy schwänzte die Schule, um mit einer Clique von Kumpels nach Harlem zu kommen.

Nachdem die russische und die kubanische Delegation zum UN-Hauptquartier abgezogen waren, tauchten die Jungs bei uns im SCLC-Büro auf.

Millie rief mich an, mein Sohn sei hinten und würde Umschläge stempeln.

Überrumpelt und unsensibel stellte ich ihn vor seinen Freunden zur Rede.

»Was machst du denn hier? Du gehörst doch um die Zeit in die Schule.«

Er ließ das Papierzeug sinken und fragte in kaltem, verächtlichem Ton: »Möchtest du mich unter vier Augen sprechen, Mutter?«

Wieso musste ich grundsätzlich erst den Mund aufreißen und dann das Gehirn einschalten? Wortlos drehte ich mich um, und er kam mir nach.

Im Korridor blieben wir stehen und sahen uns an.

»Mutter, du wirst es nie kapieren. Für mich als Schwarzen Mann ist das Treffen zwischen Kuba und der Sowjetunion in Harlem das wichtigste Ereignis, das je hätte stattfinden können. Es bedeutet, dass ich, zu meiner Zeit, erlebe, wie sich mächtige Kräfte zusammentun, um dem Kapitalismus entgegenzutreten. Ich weiß nicht, wie es zu deiner Zeit war, aber im modernen Amerika war das etwas, das ich einfach miterleben musste. Hier wird meine Zukunft gestaltet.«

Ich blickte ihn an, und mir fehlten die Worte. Er hatte ein schon fast unheimliches Selbstbewusstsein. Ich hatte mich in meiner Jugend oft gefragt, wie ich wohl auf die Menschen in meiner unmittelbaren Umgebung wirkte, wäre aber nie auf die Idee gekommen, mich in Beziehung zur ganzen Welt zu sehen. Ich nickte, ließ ihn stehen und ging wieder in mein Büro.

Abbey, Rosa und ich kamen überein, dass es noch eine zusätzliche Organisation geben müsste: eine Gruppe talentierter Schwarzer Frauen, die all den anderen Gruppen zur Verfügung stand. Wir würden auf Abruf auftreten, Modeschauen veranstalten, Lyriklesungen abhalten, singen oder schreiben, und zwar für alle Organisationen, von der SCLC bis hin zur Urban League – wer immer ein Fundraising-Event auf die Beine stellen wollte.

7

Seit einem halben Jahr war ich nun Koordinatorin der SCLC. Ich wusste, wie ich verlässliche Philantropen am besten kontaktierte, kannte die Vornamen ihrer Sekretärinnen und hatte mir gemerkt, in welchen Restaurants die Spender gern zu Mittag aßen. Ich trug ein Aktenköfferchen unter dem Arm und ging in der U-Bahn mit strenger Miene Schriftstücke durch. Im Büro hieß ich Miss Angelou und schrieb bei Besprechungen mit Stan Levison und Jack Murray ganze Bände mit. Martin Luther King galt mir als heilig, und Fundraising war meine Berufung. Die Tage waren randvoll mit Telefonaten, Taxifahrten und in ernstem Ton gehaltenen Briefen, mit denen alle auf unserer Adressliste daran erinnert wurden, dass die Freiheit kostete und eine Spende in jedweder Höhe ein direkter Schlag gegen die Hochburg der Unterdrückung war, die ein hilfloses Volk in Fesseln hielt.

Nach einem Tag solch aufwühlender Taten machte ich mich wieder auf den Weg nach Hause in meine Wohnung. Irgendwann nach Sonnenuntergang und bevor ich in Brooklyn ankam, löste sich dann die glorreiche Magie in Luft auf. Wenn ich am Park Place ausstieg, war ich nicht mehr die intelligente junge weibliche Führungskraft, die sich für die Gerechtigkeit starkmachte, Mitglied bei Fair Play for Cuba und in der Harlem Writers Guild, sondern eine alleinstehende Frau mit der Miete an der Backe und einem fünfzehnjährigen Sohn, der fand, alles sei spannender als schon wieder ein langweiliger Abend zu Hause mit Mama. Insgeheim gab ich ihm ja recht.

Tony's Restaurant and Bar auf dem nahegelegenen Sterling Place wurde zu meiner Zuflucht. Es war weder so brav, dass ausschließlich Kirchgängerfamilien dort verkehrt hätten, noch so wild, dass eine unbegleitete Frau dort sofort Anschluss inklusive Gefahr für Leib und Leben gefunden hätte.

Beim ersten Mal setzte ich mich an die Bar, bestellte einen Drink, wedelte mit meinem größten Schein und ermunterte den Barkeeper, sich genügend für einen eigenen Drink abzuzweigen. (Vivian Baxter hatte mir, als ich mit siebzehn ganz auf mich gestellt war, beigebracht, dass eine Frau allein in einer Bar immer auf Schutz zählen konnte, sofern sie den Barkeeper gut behandelt hatte.)

Den zweiten Drink mixte er mir mit lockerer Hand, sodass der Gin über die Markierung schwappte, dann verriet er mir seinen Namen.

Teddy war ein kleiner, gepflegter Mann mit toastfarbenen trockenen Zügen. Er hatte große, langsame Augen, die die Bar auf und ab wanderten, während seine Hände blitzschnell mit Flaschen, Gläsern und Eis hantierten, und er unterhielt sich mit allen Gästen am Tresen, ohne je die Namen zu vergessen oder die Drinks zu verwechseln.

»Neu in der Gegend?« Er brachte Drinks ans Ende der Bar, kassierte das Geld, bediente die Kasse und fragte: »Wo kommen Sie denn her? Sind Sie in der Szene oder haben Sie nen Job?«

Sein nonchalanter Ton täuschte darüber hinweg, dass er sich gerade erkundigt hatte, ob ich Prostituierte sei. Wohlweislich reagierte ich weder ahnungslos noch beleidigt. Mein Name sei Maya, ich käme aus Kalifornien und hätte einen Job in Manhattan, und ich lebte mit meinem Sohn drei Straßen weiter.

Mit einem Drink in der Hand kam er vom anderen Ende der Bar wieder zu mir.

»Der geht auf mich, Maya. Fühlen Sie sich hier wie zu Hause. Kommen Sie jederzeit vorbei.«

Ich legte ihm ein gutes Trinkgeld hin, bedankte mich und beschloss, am nächsten Abend wiederzukommen.

Innerhalb eines Monats verband Teddy und mich ein freundliches Verhältnis mit routiniertem Geflachse, und die Stammgäste nickten mir kühl, aber ohne Feindseligkeit zu.

Allem Anschein zum Trotz gibt es bei Schwarzen aus den Südstaaten (und fast alle von uns fallen unter diese Rubrik, ob wir wollen oder nicht) einen sozialen Verhaltenskodex, der so strikt geregelt ist wie ein Menuett aus dem siebzehnten Jahrhundert oder ein afrikanisches Initiationsritual. Es gibt einen richtigen Moment, um den Mund aufzumachen, sorgfältig zu wählende Worte, einen Zeitpunkt, an dem man den Blick zu senken hat, und den Bruchteil einer Sekunde, in dem man einen Fremden an der Schulter oder am Arm oder sogar am Knie berühren kann, ohne irgendetwas anderes damit auszudrücken als respektvolle Freundlichkeit. Eine Frau allein in einer neuen Situation weiß, dass sie durchaus andere Frauen ansatzweise anlächeln kann, aber nie unbekannten Männern zunicken oder sie gar angrinsen darf (Grinsen ist höchstens unter guten Freunden erlaubt). Ein solches Verhalten bedeutet den Anwesenden, dass die neue Frau aufgeschlossen ist, aber nicht hinter dem Begleiter anderer Frauen her. Sie soll sinnlich und sorgfältig gestylt sein, dabei aber bitte nicht ihre Sexualität herauskehren.

Der große Mann und ich hatten mehrmals gegenseitig voneinander Notiz genommen, doch obwohl er immer allein war, hatte er mich nie angesprochen. Eines Abends kam ich in die Bar und machte es mir auf einem Barhocker in der Ecke bequem. Teddy brachte mir meinen ersten Drink und begrüßte mich mit einem: »Maya. Und in Harlem geht die Sonne auf.« Darauf rief der Mann von seinem Hocker am anderen Ende der Bar:

»Hey, Bar, der geht auf mich.«

Auf Anhieb einen Drink von einem fremden Mann zu akzeptieren ist so ungefähr, wie als braves Mädchen beim ersten Date Sex zu haben. Ich wartete also auf das zweite Angebot.

»Ich heiße Tom. Maya, warum wollen Sie keinen mit mir trinken?«

Ich hatte überhaupt nicht mitbekommen, dass er aufgestanden war, und plötzlich stand er so nahe bei mir, dass ich seine Körperwärme spürte. Den Satz hatte er fast geraunt.

»Ich kenne Sie nicht, ich wusste ja nicht einmal Ihren Namen. Eine Dame kann mit einem namenlosen Mann doch nichts trinken.« Ich lächelte, absichtlich ein Grübchen produzierend.

Er hatte einen rotbraunen Hautton, der bei Schwarzen in den Südstaaten *moriney* heißt, Sommersprossen im Gesicht und ein blitzweißes Lachen.

»Also, ich heiße Thomas Allen. Ich wohne in der Clark, nicht weit vom Eastern Parkway, ich bin dreiundvierzig und ledig, ich arbeite in Queens, und zwar ziemlich hart, und ich verdiene nicht schlecht. Jetzt kennen Sie mich.« Dann, lauter: »Bar, noch so einen«, und wieder leise: »So. Und warum sitzen Sie hier ganz allein? Sind die Männer denn alle blind?«

Mir war Flirten immer unangenehm, auch wenn ich wusste, dass es einfach dazugehört, wenn einem einer den Hof macht. Wenn mir einer schmeichelte, kam *ich* mir immer vor wie die Lügnerin. Ich wand mich und sagte kichernd: »Ach, hören Sie auf.«

Thomas war ziemlich gut darin. Er führte, ich folgte; im richtigen Moment zog er sich zurück und ich preschte vor; und am Ende unseres Kennenlernrituals hatte ich ihm meine Adresse gegeben und eine Einladung zum Abendessen angenommen.

Wir trafen uns zu zwei Dinner-Dates, bei denen ich erfuhr, dass er als Kautionsagent arbeitete und geschieden war. Ich ging mit zu ihm und kam herrlich befriedigt wieder. Nach ein paar lustvollen Nächten brachte ich ihn mit zu uns, damit er meinen Sohn kennenlernte.

Bei seinen Freunden hieß er Tom, aber ich nannte ihn, um mich von seinem sonstigen Umgang abzuheben, Thomas. Er war freundlich zu mir, er wurde nie laut, und zu Guy war er großzügig. Im Kino, im Zoo und auf Coney Island gaben wir ein hübsches Trio ab. Seine Familie war höflich zu mir, die Blicke untereinander erzählten allerdings von Misstrauen und heftigen Fragezeichen. Was fand denn ich an ihrem Bruder? Ich, eine mit allen Wassern gewaschene Frau, erfahren im Showbusiness und wusste der gütige Himmel wo sonst noch. Und der Teenagersohn von ihr, der seine Sätze mit komplizierten Wörtern spickte, der so radikal daherredete und auf Protestmärsche ging – was fing Tommy wohl mit denen an? Und überhaupt, sie war nicht mal hübsch, was um Himmels willen wollte er von ihr?

Hätten sie mich gefragt statt sich gegenseitig, hätte ich ihnen mit zwei Wörtern Auskunft geben können: Sex und Essen.

Anfangs war er von meiner Bereitwilligkeit im Schlafzimmer entsetzt, aber als er merkte, dass ich keine Spinnerin war, sondern einfach eine gesunde Frau mit einem gesunden Appetit, wandte er stolz seine Künste an. Und ich machte ihn mit mexikanischen und französischen Menüs bekannt, fuhr die üppigsten Köstlichkeiten auf meinem Esstisch auf. Wir freuten uns an den Gaben des anderen und fühlten uns wohl miteinander. Nur eines machte mir zu schaffen: Wir konnten nicht reden. Nie brachte er ein Thema auf, und jegliche Fragen, die man ihm stellte, wurden einsilbig beantwortet.

Über die abgedroschensten Begrüßungsfloskeln hinaus beschränkte sich unsere Konversation auf meine Lustschreie in seinem Schlafzimmer und seine Grunzer an meinem Esstisch. Meine Arbeit bei der SCLC war für ihn ein Job wie jeder andere.

Anlässlich einer großen Spende oder einer erfolgreichen Bettelbriefaktion kam ich zum Beispiel strahlend aus dem Büro nach Hause. Thomas nahm die Neuigkeiten mit einem feierlichen Nicken entgegen und klopfte dann mit der Zeitung auf den Tisch, um mir zu bedeuten, dass er gerade mit Lesen beschäftigt war. Fragen zur Beschaffenheit seines Arbeitstages wurden grundsätzlich nach demselben Muster beantwortet.

»War okay.«

Ob irgendwelche interessanten Leute verhaftet worden seien?

»Nein. Bloß die üblichen Nutten, Zuhälter und Mörder.«

Ob manche dieser Kriminellen nicht gefährlich seien?

»Vor die Haustür gehen ist auch gefährlich.«

Ob er nicht manchmal Angst vor bewaffneten Kriminellen habe?

»Ich habe selber eine Waffe, und den Schein noch dazu.«

Hätte mir nicht meine Arroganz dazwischengefunkt, wäre unser Verhältnis niemals über die Gefilde der Sinnesfreuden hinausgegangen.

Die Writers Guild hatte sich bei Rosa getroffen, und man sprach sich gerade ab, wer wen mitnahm zu einer Late-Night-Party in Harlem. Ich lehnte dankend ab, denn Thomas war auf dem Weg, um mich abzuholen.

Ich solle ihn doch mitbringen, schlug jemand vor, doch noch bevor ich antworten konnte, erkundigte sich eine der anderen Autorinnen, ob der Mann tatsächlich Kautionsagent sei. Ja, sei er, wieso? »Puh«, meinte die Frau und schüttelte sich. »Hoffentlich wird das nichts Ernstes mit euch. Denn so einer käme mir nicht ins Haus, die sind doch schlimmer als die Cops, bereichern sich am Elend armer Leute.«

Um die Konsequenzen dessen, was ich nun sagen sollte, zu bedenken, war keine Zeit. Die Frau war natürlich nicht mit mir befreundet, aber selbst eine Höflichkeitsbekanntschaft hätte nie gewagt, mich öffentlich herauszufordern oder zu brüskieren. Sie hatte mir doch nie auch nur ein Pfund getrockneter Limabohnen mitgebracht und war garantiert nicht in der Lage, mich zwischen den Bettlaken zum Jubeln zu bringen. Sie konnte mich mal.

»Ich heirate ihn, und deine Einladung zur Hochzeit habe ich soeben zerrissen.«

John Killens fuhr herum. »Was sagst du da?«

Rosa, die in alle meine Geheimnisse eingeweiht war, fragte mit großen Augen: »Seit wann denn das?«

Ich ging auf alle Fragen mit einer Coolness ein, die ich nicht wirklich spürte.

Nun hatte Thomas natürlich überhaupt nicht um meine Hand angehalten, und Guy war kein großer Freund von ihm. Verliebt in ihn war ich ganz sicher nicht, aber ich war einsam, und ich würde eine gute Ehefrau abgeben. Ich konnte kochen und das Haus sauberhalten, und ich war noch keinem untreu geworden, nicht mal reinen Freunden. Wir würden ein ruhiges Leben führen.

Ich gewöhnte mich an den Gedanken und fand ihn allmählich sogar gut. Wir würden uns ein hübsches Häuschen auf Long Island kaufen, wo er Verwandte hatte, ich würde einer Kirche und ein paar Haueninitiativen für gute Zwecke vor Ort beitreten, und Guy hatte gegen einen neuerlichen Umzug bestimmt nichts einzuwenden, solange man ihm versicherte, dass es definitiv der letzte war. Ich würde mir die Haare wachsen und dann doch glätten lassen und Handschuhe und hübsche Hüte mit Blumen tragen und aussehen wie die nette Farbige aus San Francisco.

Als ich Thomas eröffnete, dass ich heiraten wollte, nickte er. »Ich hab auch schon darüber nachgedacht. Es wird wohl Zeit.«

Guy nahm die Nachricht stoisch entgegen. Nach ein paar Schweigesekunden sagte er: »Ich hoffe, du wirst glücklich, Mutter.« Er drehte sich weg, dann wieder zu mir. »Wir ziehen noch mal um, oder?«

Ich verschwieg meine Tagträume und erinnerte ihn daran, dass Thomas ein paar Straßen weiter eine große Wohnung hatte, weshalb er nicht noch einmal die Schule wechseln müsse. Im Stillen dachte ich, das Haus auf Long Island würden wir dann eben erst kaufen, wenn Guy aufs College ging.

Im Büro nahm man meine Ankündigung gut gelaunt entgegen. Hazel umarmte mich und meinte: »Es geht doch nichts über einen guten Mann.« Sie war selbst glücklich verheiratet, deshalb war diese Reaktion zu erwarten gewesen.

Abbey warf mir einen zweifelnden Blick zu. »Maya Angelou, hoffentlich weißt du, was du da tust.«

»Weiß ich nicht, aber ich werde heftig beten.«

Sie lachte und versprach mitzubeten. Sie kümmerte sich sorgfältig um ihre eigene junge Ehe, hielt ihr Penthouse blitzblank und nahm mit Max komplizierte Musik auf.

Rosa hatte die praktische Seite im Blick. »Eifersüchtig ist er aber nicht, oder? Eine Ehe mit einem Eifersüchtigen ist die Hölle.« Ich würde ihm keinen Grund zur Eifersucht geben, antwortete ich lapidar.

Rosa nutzte jeden Tag zum Schreiben, musste ihrer großen, ungestümen Familie gerecht werden, wurde umschwärmt von gutaussehenden afrikanischen Diplomaten und hatte noch einen Fabrikjob, um für die Miete aufzukommen.

Meine beiden engsten Freundinnen war mit den Zeiten und ihrem eigenen Leben zu sehr beschäftigt, um mir meine überstürzte Entscheidung auszureden.

Thomas überreichte mir einen Verlobungsring und erklärte, wir würden in drei Monaten heiraten, und zwar in Virginia, in der Kirche, in der auch seine Eltern geheiratet hätten. Anschließend würden wir mit dem Auto nach Pensacola, Florida, fahren, denn er wäre schon immer gern mal im Golf von Mexico angeln gegangen. Guy würde derweil bei seiner Familie bleiben.

Mein Einverständnis benötigte er offenbar nicht, sonst hätte er ja darum gebeten. Der Entschluss, mich zu heiraten, gab ihm automatisch die Befugnis, unser aller Leben zu verplanen. Ich ignorierte den Stich, der mich warnen wollte, ich solle mich doch mal hinsetzen und mein Hirn einschalten.

Weder Virginia noch Florida hatte ich bisher gesehen, und auf eine Reise konnte man sich ja immer freuen.

Die Zeit und der Zufall bestimmten über mein Leben; ich hielt die Lippen verschlossen und war, mit nie gekannter Sittsamkeit, mit allem einverstanden.

8

Eines Montagmorgens erzählte mir Hazel, sie habe am Wochenende einen südafrikanischen Freiheitskämpfer sprechen gehört. Er sei so in die Tiefe gegangen und so brillant gewesen, dass selbst der größte Dummkopf der Menschheitsgeschichte einsehen müsse, dass das Apartheidssystem von Übel sei und gestürzt werden müsse. Sein Name sei Vusumzi Make (ausgesprochen wie Mah-keh).

Ein paar Ehrenamtliche, die auf dem Korridor herumstanden, hatten den Vortrag ebenfalls gehört und steuerten ihre Komplimente bei.

»Der schlaueste und coolste Afrikaner, der mir je begegnet ist.«

»Bisschen dick, aber unglaublich süß.«

»Sieht eigentlich irgendwie Dr. King ähnlich.«

Ich fragte noch einmal nach seinem Namen.

Hazel meinte, sie habe ihn sich aufgeschrieben, der Mann sei in den Vereinigten Staaten, um sich bei den Vereinten Nationen gegen die südafrikanische Apartheidspolitik einzusetzen. Er spreche später in der Woche noch einmal, vielleicht könnten wir ja zusammen hingehen? Vielleicht, sagte ich.

In meinem Büro stand ein Berg von Pappschachteln an der Wand. Ich machte eine nach der anderen auf, und in jeder lag ein wunderschönes Gepäckstück, mit einem Zettel dazu: »Alles Gute für meine Braut.« Angenehm berührt trat ich an meinen Schreibtisch.

Frank Sinatra, Peter Lawford, Joey Bishop und Sammy Davis Jr. hatten sich bereiterklärt, bei einer Benefizgala für die SCLC in der Carnegie Hall aufzutreten. Jack O'Dell, ein hochangesehener Organisator, der zu uns gestoßen war, hatte sich über den Saalplan hergemacht, und nun sollten Stanley, Jack, Jack Murray und ich Sektionen einteilen und die Preise für die einzelnen Sitzkategorien festlegen.

Hotelzimmer für das berühmte »Rat Pack« und seine Entourage mussten gebucht, Vertreter der Musikergewerkschaft kontaktiert und Tickets entworfen sowie in Auftrag gegeben werden. Es galt, finanzstarke Schirmherren zu akquirieren und Kirchen anzusprechen, ob sie nicht blockweise Tickets abnehmen wollten.

Eines Freitags, als wir wie üblich spätnachmittags noch zugange waren, verabschiedete sich Hazel mit den Worten, heute spreche doch Make und sie wolle sich mit ihrem Mann frühzeitig treffen, damit sie gute Plätze bekämen. (Dass ich nicht mitkonnte, stand außer Frage, und das wusste sie.)

Als sie ging, bat ich sie, für mich mitzuschreiben und mir am Montag alles haarklein zu berichten.

Die Arbeit überwucherte auch mein Wochenende. Guy bekam ich überhaupt nur zu Gesicht, als er ins Büro kam, um sich einer Gruppe von Schwarzen und weißen jungen Helfern anzuschließen. Thomas machte Nachtschicht, sodass ich spät abends mit der U-Bahn nach Brooklyn fuhr und durch die stillen Straßen nach Hause lief. Guys Zettel auf dem Esstisch ließ mich wissen, dass er auf einer Party war. »Halb eins wieder zu Hause.« Halb eins war das absolute Limit, schließlich war er gerade mal fünfzehn. Ich war streng, und er normalerweise vernünftig. Ich würde mich also mit einem Buch aufs Bett legen und wach bleiben, um sicherzugehen, dass er sich an sein Versprechen hielt.

Am nächsten Morgen lag ich noch genauso da, und Guy schlief unschuldig in seinem Zimmer.

Make hatte sich noch eloquenter gezeigt als beim vorigen Mal. Ein Störer habe gefragt, warum sechzehn Millionen Afrikaner sich von drei Millionen Weißen schikanieren ließen, und Make darauf hingewiesen, dass wir Schwarzen Amerikaner lediglich ein Zehntel der Bevölkerung der Vereinigten Staaten ausmachten, uns aber von Anfang an, seit wir als Sklaven hergebracht wurden, nicht alles hatten gefallen lassen, sondern uns gewehrt hätten.

Make sei einfach umwerfend gewesen, berichtete Hazel. Begonnen habe er mit dem Kampf der Schwarzen Amerikaner, und er kenne sich in der Geschichte besser aus als die meisten von uns. Er sprach über Denmark Vesey und Gabriel und all die anderen bekannten Anführer von Sklavenaufständen, er zitierte Frederick Douglass und Marcus Garvey, und er bezeichnete Dr. Du Bois gar als Vater des Panafrikanismus, da er den panafrikanischen Kongress in Paris nicht nur mitorganisiert, sondern dort auch klar und deutlich die Idee eines freien und vereinten Afrika propagiert habe. Anschließend habe Make systematisch dargelegt, wie Afrika durch die Sklaverei ausgeblutet worden sei, wie seine stärksten Söhne und Töchter geraubt wurden, um das Land der Sklaven aufzubauen. Der zweite demütigende Schlag für den Kontinent sei der Kolonialismus gewesen. Der Geist Afrikas sei lebendig, am stärksten allerdings in denjenigen seiner Nachkommen, die fern vom Mutterland ihren Kampf fochten. Zu Hause in Südafrika brauchten die Menschen Hilfe und Ermutigung von denjenigen von uns, die die Sklaverei am eigenen Leib erfahren hatten und den Unterdrücker als furchterregenden, aber nicht unbesiegbaren Feind erlebt hatten.

Ich notierte mir, dass ich Make beim nächsten Mal auch hören wollte. Wieder machten jedoch die Pflichten meiner Absicht einen Strich durch die Rechnung. Am Donnerstagvormittag rief dann John Killens an.

»Maya, ich war gestern auf einem Vortrag von Make. Dachte eigentlich, ich treffe dich da.«

Ich erklärte ihm, dass der Carnegie-Hall-Termin nun einmal näherrücke.

»Also, wenn du morgen Abend Zeit hast«, sagte er, »dann komm doch zu uns. Grace und ich haben ein paar Leute eingeladen, damit sie ihn kennenlernen können.«

»Morgen Abend sitze ich auch wieder lang im Büro.«

»Komm einfach, wann du magst. Wir fangen gegen acht

an, und das Ganze geht sicher bis eins oder zwei. Make ist als Vertreter des Pan Africanist Congress hier, das ist zwar die radikale Organisation, aber er hat Oliver Tambo dabei, den Kopf des African National Congress, und der ANC verhält sich zum PAC wie die NAACP zu den Black Muslims. Die beiden Männer können aber miteinander. Schau doch, dass du es schaffst.«

Bevor ich am nächsten Morgen aus dem Haus ging, weckte ich Guy und bat ihn, zu John und Grace zum Abendessen zu gehen, wir würden uns um halb zehn dort treffen.

Das schlechte Gewissen, dass ich als Mutter unberechenbar und zu oft abwesend war, würde mich schon zu den Killens treiben.

Ich verließ das Büro ein bisschen früher, und als John mir die Tür öffnete, durchquerte ich auf dem schnellsten Weg die Menge von bekannten und unbekannten Gesichtern und traf Guy mit Chuck, Barbara und Mom Willie in der Küche an. Guy blickte hoch, dann auf die Uhr und grinste.

Mom Willie bot mir etwas zu essen an, aber ich lehnte ab, ich würde mal lieber losgehen und die Ehrengäste begrüßen.

»Er wird dich umhauen, Mom«, sagte Guy. »Wir haben uns ein bisschen unterhalten. Der ist verdaustiger wie alle glassen Wieben.« Dass Guy, der sich so bemühte, erwachsen zu wirken, seinen Lieblingsspruch aus »Alice hinter den Spiegeln« hier anbrachte, war mehr als erstaunlich. Make hatte bewirkt, dass mein reservierter Sohn sich entspannte und wieder blödelte wie ein Kind.

Ich ging ins Wohnzimmer und begrüßte Paule und John Clarke, Sarah Wright und Rosa.

Im ganzen Raum knisterte es wie in einem alten Radio. John Killens stellte mich einem kleinen gepflegten Mann mit dunkler Haut vor.

»Maya Angelou, ich möchte dich mit Oliver Tambo bekannt machen, einem Kämpfer aus Südafrika.« Tambo gab mir mit einer Verbeugung die Hand.

»Und ich möchte dich mit Vusumzi Make bekannt machen, ebenfalls ein südafrikanischer Kämpfer.«

Makes Aussehen traf mich unerwartet. Ich hatte ihn mir älter und sehr groß vorgestellt. Er war fast zehn Zentimeter kleiner als ich und hatte ein Babyface mit Speck ringsherum. Schultern und Hüften waren breit, das ganze Paket steckte in einem wunderschön geschnittenen Nadelstreifenanzug, und er war erst Anfang dreißig.

»Miss Angelou, wie schön, Sie kennenzulernen. Sie repräsentieren den Schwarzen Helden Martin King, so wie ich den südafrikanischen Schwarzen Helden Robert Sobukwe repräsentiere. Hazel Grey hat mir schon viel von Ihnen erzählt. Auch ohne offizielle Vorstellung hätte ich Sie gleich erkannt, ich habe mich nämlich schon mit Guy unterhalten.«

Sein Akzent war hinreißend, das Resultat aus einer betont britischen Sprechweise, beeinflusst vom Rhythmus einer afrikanischen Sprache und der Anmut afrikanischer Lippen. Ich lächelte ihn an und ging weiter, da ich mich abseits hinsetzen und zu mir kommen musste. So ein Mann war mir noch nie begegnet. Er war intensiv und verhalten zugleich, und dass er entschieden Übergewicht hatte, ging offenbar völlig an ihm vorbei. Johns Formulierung hatte es wahrscheinlich auf den Punkt getroffen: Er war ein Kämpfer, sich seiner Feinde gewiss, aber auch seiner Waffen.

Rosa ließ ihren afrikanischen Diplomaten stehen und setzte sich zu mir auf die Couch. »Jetzt hast du Make also kennengelernt. Er hatte schon darum gebeten, dass ihr einander vorgestellt werdet. Take it easy, Kid.« Sie schenkte mir ihr schönstes Lächeln und gesellte sich wieder zu ihrem Begleiter.

Paule Marshall baute sich vor mir auf. »Hör mal gut zu, Maya Angelou, was hast du denn mit Make angestellt? Er will dich näher kennenlernen, sagt er.«

Ich hätte bloß hallo gesagt, erwiderte ich.

»Das muss ja ein Höllen-Hallo gewesen sein. Mich hat er jedenfalls gefragt, wie gut ich dich kenne und ob du verheiratet bist.« Paule zwinkerte mir lachend zu. »Ich habe natürlich kein Wort verraten. Liegt jetzt an dir.«

John und Grace scheuchten alle Gäste wieder ins Wohnzimmer, und jeder suchte sich eine Sitzgelegenheit. Als die Stühle und Sofas rar wurden, hockten sich die Leute auf Fußbänkchen oder quetschten sich zwischen Couches auf den Boden. John präsentierte Oliver Tambo, der knapp und mit verhaltener Wut über Südafrika, den ANC und seinen Präsidenten Chief Albert Luthuli referierte.

Wir applaudierten dem Mann und der Sache, die ihn in die USA gebracht hatte. Dann stellte John Mr Make vor, und meine Liebe war nicht länger in Händen von Thomas Allen.

Make sprach zunächst im Sitzen, doch dann ließ die Leidenschaft seine Stimme laut werden und hob ihn aus dem Sessel. Er war nach dem Sharpeville-Massaker des Hochverrats angeklagt worden. Die Afrikaner – Mitglieder von ANC und PAC, aber auch Menschen, die keiner Organisation angehörten – hätten sich 1958 zusammengetan, um gegen die Unterdrückung in ihrem Land Widerstand zu leisten. Martin Luther King und die SCLC hätten sie dazu inspiriert. (Er blickte zu mir und nickte.) Das Beispiel von Malcolm X und den Muslims wiederum hätte sie dazu ermuntert, sich von ihren Unterdrückern klar zu distanzieren.

Als er fertig war, öffnete er die Runde für Fragen, setzte sich und tupfte sich das Gesicht mit einer Wolke von weißem Taschentuch ab.

Meine erste Reaktion war, das weiße Taschentuch in seiner dunklen Hand sein zu wollen, um seine Stirn zu berühren und mich sanft in seine Mundwinkel zu schmiegen. Intelligenz hatte schon immer eine pornografische Wirkung auf mich.

Die erbetenen Fragen ließen nicht lange auf sich warten.

»Welche Organisation ist in Südafrika die beliebteste?« Ob er wirklich mit mir flirtete?

Ob sich Luthuli und Sobukwe vertrugen? Verhielten sich dicke Männer im Bett eigentlich so ähnlich wie dünne?

In welchem Alter Südafrikaner durchschnittlich politisch bewusst würden? Ob er verheiratet war?

Was wir als Schwarze Amerikaner dafür tun könnten, um den Kampf zu beschleunigen? Wie lang blieb er wohl in New York?

Make und Tambo teilten sich die Fragen und schossen ihre Antworten als Volleys hin und her wie Tennisprofis.

Make drehte sich zu mir. »Hat Miss Angelou nicht auch eine Frage?« Meine Bühnenerfahrung bewahrte mich davor, im Boden zu versinken. Alle Aufmerksamkeit ruhte plötzlich auf mir, ich stopfte meine echten Fragen in die hinterste Schädelecke und flötete: »Mr Make, wäre es denn möglich, das südafrikanische Problem durch die Anwendung gewaltfreier Mittel zu lösen?«

Er stand auf und kam zu mir her. »Was für Ihren Reverend King funktioniert, kann in Südafrika nicht funktionieren. Hier gibt es eine Verfassung, ob man sich an sie hält, ist eine andere Frage. Aber hier steht zumindest im Gesetz:

Freiheit und Gleichheit für alle. Sie können vor Gericht ziehen und haben eine gewisse Chance auf Erfolg. Sehen Sie sich nur die Entscheidung des Obersten Gerichtshofs von 1954 an. In Südafrika sind wir Afrikaner schlicht vom Recht ausgenommen. In Gesetzestexten, die das Fair Play regeln, kommen wir schlicht nicht vor. Wir werden nicht nur de facto unterdrückt und entmenschlicht, wir sind de jure nicht vorhanden.«

Er stand vor mir, und ich kam mir vor wie ein Glückspilz. Was für ein Glück, Schwarze Amerikanerin zu sein und im Vergleich zu ihm und seinem Volk vom Rassismus nur leicht beeinträchtigt. Ein Glückspilz eben. Sein Blick hing an mir, und ich hätte schon naiver als ein neugeborenes Ferkel sein müssen, um nicht zu merken, dass ihn irgendetwas an mir faszinierte.

Ich lehnte mich mit verschränkten Armen zurück, während er seine Argumentation ausbaute. Als er fertig war, gab es stehende Ovationen, und in Sekundenschnelle war er von einem Grüppchen aufgeregter Leute umringt.

Über die Umstehenden hinweg trafen sich noch mehrmals unsere Blicke, aber er kehrte nie in meine Ecke zurück. Nach noch einem Drink machte ich mich auf den Weg zu Guy; meine Tage begannen ja früh und Guy hatte seinen Bäckereijob wieder angefangen.

An der Tür hielt Make uns auf.

»Moment mal, Miss Angelou. Guy, es wäre mir eine Ehre, deine Mutter nach Hause zu bringen.«

Make wusste genau, dass Guy um Erlaubnis zu bitten bei uns beiden gut ankommen würde. Mein Sohn lächelte und genoss die altertümliche Förmlichkeit, wie live aus den drei Musketieren oder den korsischen Brüdern.

»Danke, Mr Make. Ich bringe sie selber nach Hause.«

Ich hätte ihn zwicken können, bis er schrie.

»Selbstverständlich. Trotzdem besten Dank.« Der Fleischberg machte eine angedeutete Verbeugung aus der Hüfte. »Hoffentlich sehen wir uns bald wieder, Miss Angelou. Gute Nacht. Gute Nacht, Guy.«

»Er weiß ja nicht, dass du verlobt bist, sonst hätte er nie gefragt, ob er dich nach Hause bringen darf.« Guy schnatterte den ganzen Weg nach Hause. »Aber er ist echt schlau. Er kommt aus dem Volk der Xhosa, du weißt schon, der Click Song von Miriam Makeba, also, das ist seine Sprache. Er war Barrister, also Anwalt, bevor sie ihn unter Bann gestellt haben und er aus Südafrika geflohen ist.«

»Wann hat er dir denn das alles erzählt?«

»Er kam in die Küche und hat sich mit Chuck und Barbara und mir unterhalten. Er kam einfach rein, stellte sich vor und setzte sich zu uns.«

Die meisten Politiker, die ich kannte, Martin Luther King mal ausgenommen, hielten es für eine Verschwendung ihrer Erwachsenenzeit, sich mit Jugendlichen abzugeben. Der Afrikaner gefiel mir immer besser. Und selbstredend würden wir uns nie wiedersehen, und falls doch, stand ja die heraufziehende Hochzeit zwischen Thomas und mir im Weg.

Am nächsten Morgen rief Paule an, um zu sagen, sie gebe am Abend eine kleine Party und ich müsse unbedingt kommen. Ich hatte wieder einen langen Abend in der Arbeit vor mir, und bis ich dann in Brooklyn war und mich umgezogen hatte, hätte ich bestimmt keine Lust, noch mal nach Manhattan zu fahren. Sie drängte mich, doch gleich nach der Arbeit vorbeizukommen, die Party werde ganz ungezwungen. Okay, ich würde vorbeischauen.

Am späten Nachmittag rief ich bei John an, ich hätte mich wirklich sehr gefreut, Make kennenzulernen, und er sei ja schon eine imposante Erscheinung. Das sei er, meinte John, übrigens könne ich ihn am selben Abend bei Paule schon wiedersehen; die Party finde zu Ehren von Oliver Tambo und Make statt. Stundenlang brütete ich über den verschiedenen Möglichkeiten. Wenn wir uns noch mal trafen und er sich wieder so ins Zeug legte, hätte ich dann die Kraft zu widerstehen, und wollte ich das überhaupt? Andererseits war gestern Abend lange vorbei, und womöglich brachte er ja eine Frau mit zu Paule. Wenn er hartnäckig blieb und ich weich wurde, würde ich mich von Thomas trennen müssen, und mein Traum von einem ruhigen Leben würde sich in Luft auflösen. Make würde das Land verlassen, und ich dürfte wieder bei null anfangen, oder schlimmer noch, einsam und mit einem gebrochenen Herzen.

Ich nahm die U-Bahn direkt zurück nach Brooklyn. Es war Freitagabend. Guy verschlang sein Abendessen und gab mir einen Kuss. Er wollte los zu einer Party, sei aber um halb eins wieder zu Hause.

Nachdem ich geduscht hatte, machte ich es mir mit einem Buch, einem Drink und einer Schachtel Zigaretten im Bett gemütlich. Der Geist von Paules Party fiel ins Zimmer ein. Lachende Schwarze Gespenster redeten durcheinander und umstellten mein Bett, Make mittendrin, sein hübsches Vollmondgesicht aufmerksam, die Wörter von seinem Akzent hinreißend verbogen, seine Logik unanfechtbar. Und wenn ich doch auf die Party ging ... ich rief bei Thomas an. Er ging nicht ran. Ich hatte doch ein gutes, ziemlich neues Outfit, das ich anziehen könnte, und offene Sandalen mit High Heels. Es würde gar nicht so lang dauern, bis ich umgezogen wäre, und wenn ich dann die Subway zum Times Square nahm, könnte ich dort in den AA Local umsteigen und käme drei Blocks von Paule wieder raus. Eine halbe Stunde später stand ich bei ihr vor der Tür. Drinnen war die Party in bestgelauntem Gang. Der Plattenspieler lief auf moderater Lautstärke, und Jazzklänge untermalten das Stimmengewirr.

Ich drängte mich durch die überfüllte Diele und steuerte aufs Wohnzimmer zu. Auf Höhe der Küchentür hörte ich von links Makes Stimme.

»Miss Angelou.« Mit breitem, einladendem Lächeln kam er auf mich zu. »Ich hätte Sie beinahe schon aufgegeben.« Er nahm meine Hand. »Paule meinte, Sie kämen direkt von der Arbeit hierher. Aber wahrscheinlich sind Sie doch erst nach Hause, um sich frischzumachen.«

Ich nickte und entschuldigte mich, ich müsse Paule begrüßen. In Wahrheit musste ich mich aus dem Bannkreis dieses Mannes lösen. Funken schienen zwischen ihm und meinen Nippeln und Gehörgängen zu sprühen, meine Achseln prickelten, und mein Mageninhalt fiel ins Bodenlose. Ich war noch nie im Leben ohnmächtig geworden, aber in dem Moment hatte ich das Gefühl, in einen warmen, schwarzen, freundlichen Pool zu sinken.

Paule lachte, als sie mich sah. »Na, also *das* hast du ja wohl nicht in der Arbeit getragen. Du hast ein Auge auf ihn geworfen, stimmt's oder hab ich recht, Maya Angelou?«

Ich war beleidigt und wies ihre Anschuldigung zurück. »Ich werde heiraten, Paule, ich bin doch kein kleines Flittchen.«

Das brachte nun wieder sie auf die Palme. »Na, entschuldigen Sie vielmals, Miss Saditty.« Sie drehte sich um und gesellte sich zu anderen Gästen. Ich Dussel. Jetzt hatte ich gelogen und gleichzeitig meine Freundin verletzt. Make machte keinen weiteren Versuch, mit mir zu sprechen.

Die Musik brach ab, und über dem leiser werdenden Geräuschpegel war Oliver Tambos Stimme zu hören. Er sprach knapp, inhaltlich eine Wiederholung der Rede vom Vorabend. Ken Marshall bat Make, auch ein paar Worte zu sagen, worauf der in die Mitte des Wohnzimmers trat. Statt ihm zuzuhören, nutzte ich die Gelegenheit, seine Gestalt unter die Lupe zu nehmen. Er hatte kurz geschnittenes, weich gekräuseltes Haar und glatte dunkelbraune Haut; große, runde schwarze Augen, deren Blick langsam, jede Einzelheit aufnehmend, über die Zuhörer schweifte. Am Kinn hatte er ein paar Härchen, durch die er sich beim Reden mit den Fingern strich. Über einer eingekerbten Taille erhob sich mächtig die Brust, die Hüften waren fast weiblich üppig; unter den scharfen Bügelfalten berührten sich dicke Oberschenkel, in blank polierten Schuhen steckten kleine Füße. Ich beendete meine Investigation mit dem Befund, Make war der ideale Mann.

Ich sandte ihm ein paar schmachtende Blicke und raste, kaum drehte er mir den Rücken zu, hinunter und hielt ein Taxi an. Die Kosten für die Fahrt nach Brooklyn rechtfertigte ich vor mir mit dem Argument, ich würde schließlich für meine Ehre bezahlen.

Am Samstagabend veranstaltete die Society for African Culture ihren jährlichen Black-Tie-Ball im Festsaal eines Hotels in Midtown, und von mir als Koordinatorin der SCLC wurde die Teilnahme dort erwartet. Da Thomas wieder bis spät in die Nacht arbeitete, traf ich mich mit Rosa und ihrer Begleitung in Manhattan. Ihr afrikanischer Diplomat der Stunde trug eine bestickte Hose mit dazu passendem wallendem, bodenlangem Gewand. Der Mann war tiefschwarz und sah umwerfend aus. Seine fraglose Würde strafte jede Vorstellung, Schwarze seien von Natur aus minderwertig, Lügen. Allein seine Ausstrahlung widerlegte den Gedanken, unsere Vorfahren seien vor dreihundert Jahren, als die Weißen sie auf dem afrikanischen Kontinent überfielen, nackte Untermenschen gewesen, die auf Bäumen lebten. Eine derartige Eleganz lernte man nicht in dreihundert Jahren.

Der Ballsaal war randvoll mit gekonnt geschminkten und frisierten Schwarzen Frauen in Dior und Balenciaga oder von der örtlichen Schneiderin heruntergeratterten Kleidern. Afrikanische Frauen glitten mit abgeklärter Miene in ihren bunten Nationalgewändern durch den Saal, und auch ein paar Weiße hatten sich unter die Schwarzen Smokingträger oder Männer in Gewändern wie Rosas Freund gemischt. Ich ließ meine Freunde stehen, um an dem Tisch vorbeizuschauen, der für die SCLC reserviert war. Die Greys sahen den tanzenden Pärchen zu; und als ich ihnen einen Gruß zurief, fuhr Hazel herum.

»Ach, da bist du ja. Dann hast du ihn also doch noch kennengelernt.« Ich wusste genau, wen sie meinte. »Er war vor ein paar Minuten hier und hat nach dir gefragt.«

Da kam er schon über die Tanzfläche herüber, wie ein Ozeandampfer durch eine Reihe von Schleppern auf den Pier zu. Er forderte mich zum Tanzen auf.

Für seine Körperfülle bewegte er sich erstaunlich geschickt, und seine Freude am Tanzen nahm ihm etwas von seinem Ernst. Als er mich an sich zog, war die Härte unter den Fettschichten zu spüren. Er lachte.

»Sie fürchten sich vor mir, stimmt's? Eine erwachsene

Frau wie Sie, eine kultivierte Amerikanerin, hat Angst vor einem kleinen Schwarzen Mann vom Dunklen Kontinent.«

»Wovor soll ich mich denn fürchten?«

Er lachte immer noch. »Vielleicht glauben Sie, ich halte Sie für eine Missionarin und fresse sie.«

»Ich glaube nichts dergleichen. Aber wenn mehr Afrikaner mehr Missionare gefressen hätten, wäre der Kontinent in einem besseren Zustand.«

Er blieb stehen und blickte mich anerkennend an. »Miss Angelou, Sie haben allen Grund zur Beunruhigung. Ich beabsichtige, Ihr Leben zu verändern. Ich nehme Sie mit nach Afrika.«

Ich straffte die Schultern und setzte eine wenig einladende Miene auf. »Mr Make, ich werde in zwei Monaten heiraten. Ihr Plan ist also zum Scheitern verurteilt.«

»Das habe ich gehört, aber wo ist denn der scheue Bräutigam? Ich bin Ihnen jetzt drei Mal begegnet, und bis auf Ihren Sohn waren Sie immer ohne männliche Begleitung.«

Ich verteidigte Thomas. »Mein Verlobter arbeitet.«

»Und welchen Beruf übt dieser eifrige Mann aus?«

Er grinste. Die Antwort kannte er schon.

»Er ist Kautionsagent. Und wir treffen uns heute Abend nach der Veranstaltung.«

Make packte meine Hand und führte mich an meinen Tisch. Er rückte mir den Stuhl zurecht, und dann beugte er sich zu mir herunter und flüsterte: »Ich bin es unserem Volk schuldig, Sie zu retten. Wenn Sie Ihren verdammten Verlobten sehen, richten Sie ihm aus, dass ich hinter Ihnen her bin und dass mit mir zusammen jeden Tag Samstagabend ist und dass ich Schwarz bin und gefährlich.«

Er ging, und mir stand fast das Herz still.

Früh und allein fuhr ich nach Hause. Guy schlief bereits; das Haus fühlte sich an wie eine gähnende Höhle.

Thomas ging ran. Ob ich mich auf dem Kostümball amüsiert hätte? Nein, er sei zu müde, um mich abzuholen. Nein, ich solle kein Taxi nehmen, schließlich würden wir uns ja am nächsten Tag sehen. Er hatte mich ins Kino eingeladen.

Der Schlaf kam nicht aus freien Stücken. Meine Gedanken rasten, jagten sich gegenseitig wie ausgelassene Kinder beim Fangenspielen. Einen Mann heiraten, mit dem ich noch nicht mal geschlafen hatte, und nach Afrika gehen. Martin King und meinen eigenen Kampf verlassen – aber die Schwarzen Kämpfe waren doch alle ein und derselbe, mit einem einzigen Feind und einem einzigen Ziel. Thomas würde mich mit seiner Dienstpistole erschießen. Wieso war Make so scharf auf mich? Er kannte mich doch gar nicht, genauso wenig meinen Hintergrund. Andererseits kannte ich ihn ja auch nicht. Und was war mit Guy? Make erwartete ja wohl nicht, dass ich meinen Sohn im Stich ließ. Eine Gelegenheit für Guy, in Afrika erwachsen zu werden. Und wenn der Mann zu dick war, um mit einem zu schlafen? Ich wusste von Schwarzen Frauen, die ihre Männer kastriert hatten, weil die keinen Sex wollten. So weit würde ich nicht gehen; andererseits würde ich wohl nicht bei einem Mann bleiben, der mich nicht befriedigen konnte. Solche Spekulationen waren Zeitverschwendung. Ich würde Thomas heiraten, und wir würden ein nettes, zufriedenes Leben in Brooklyn führen.

Der Film am nächsten Abend war sterbenslangweilig. Unter dem Vorwand, einen Softdrink zu holen, ging ich hinaus, und dann saß ich rauchend im Vorraum und fragte mich, was Make wohl gerade machte. Patrice Lumumba war ebenfalls in New York, Rosa wollte ihn und seinen Assistenten

Thomas Kanza treffen, Abbey und Max traten im Village auf, Malcolm X sprach auf einer Versammlung in Harlem, und irgendwo ließ Make seine schillernden Worte auf die Zuhörer herabregnen. Guy war bei einer Jugendlichen-Demo im Washington Square Park. Die Welt stand in Flammen.

Thomas lenkte das Auto Richtung seiner Straße.

»Ich möchte nicht mit zu dir«, sagte ich.

Er wandte den Kopf, aber ich blickte weiter nach vorn.

»Alles in Ordnung bei dir? Du bist doch nicht schon wieder so weit, oder?«

»Nein, ich will einfach nur nach Hause.«

Nein, er habe mich nicht verstimmt. Nein, ich sei nicht krank.

Wir lebten in aufregenden Zeiten, sagte ich, und da die Vereinten Nationen in New York ansässig seien, fänden Afrikaner und Unterdrückte aus aller Welt hier eine Bühne, um für die Gerechtigkeit zu kämpfen.

»Ich habe in Afrika nichts verloren, und die haben in unserem Land nichts verloren. Von mir aus können die alle wieder da hin, wo sie herkommen. Außerdem habe ich in meinem Job genügend Aufregung, da will ich zu Hause wirklich nichts von Politik hören.«

Für Thomas war das eine lange Rede, und für unsere Beziehung eine desaströse. Ich konnte mir vorstellen, wie mir bei zukünftigen Gesprächen der Mund verboten würde. Tage, Wochen und Monate würden vergehen, ohne dass einer von uns mehr als Smalltalk von sich gab.

Zu Hause machte ich Abendessen und wartete allein, bis Guy wiederkam.

Die nächsten Tage brachten eine Fülle von bunten Blumensträußen und Vasen voll roter Rosen auf meinem

Schreibtisch, so dass ich mich fühlte wie eine begehrte Kurtisane. Auf den Begleitkarten stand »Von Vusumzi Make für Maya Angelou Make.« Hazel wirkte beunruhigt, und Millie grinste, als hätten wir beide ein Geheimnis.

Thomas wiederum ließ zur selben Zeit weitere Hochzeitsgeschenke anliefern. Junge Männer in schäbigen Klamotten hievten Kartons die Treppe hoch und deponierten sie im Vorraum. »Von Tom für Maya.« Als ich die Schachteln öffnete, kamen ein mit feinem Leder bezogener Plattenspieler und noch zwei zum Set passende Gepäckstücke zum Vorschein. Es war ein schmeichelhaftes Geschenk, aber ich wurde das Gefühl nicht los, dass es sich um Hehlerware handelte.

Ich verweigerte Makes tägliche Einladungen zum Lunch und lehnte Thomas' Angebot ab, bei ihm vorbeizukommen.

Ich hatte mich hoffnungslos verfranst und kannte mich selber nicht mehr aus.

Die Büropolitik tat ein Übriges, um mich aus dem Gleichgewicht zu bringen. Trotz aller Überstunden und meines – für meine Begriffe – eifrigen Engagements waren zwei weitere Männer ins Spitzenteam der Organisation berufen worden. Ich hatte in der Sache nichts zu sagen gehabt.

Nach einem Business Lunch mit der Präsidentin eines nationalen Clubs Schwarzer Frauen, bei dem wir den Ankauf eines größeren Ticketpakets diskutiert hatten, wurde mir nahegelegt, das Ergebnis an die zwei Neulinge zu berichten. Als ich mich weigerte und auf meiner Autonomie bestand, begannen sich die Loyalitäten zu verschieben. Ein freundliches Lächeln zur Begrüßung am Morgen verschwand hier und blitzte hell wie die Sonne dort. Grüppchen von Mitarbeitern scharten sich um die Schreibtische der Neuankömmlinge, während Hazel und Millie jede noch so kleine Gelegenheit nutzten, um zu mir ins Büro zu kommen, mit Kaffee oder Neuigkeiten, der frisch eingetroffenen Zeitung oder der Post.

9

Am Donnerstagvormittag ließ ich mich darauf ein, mich mit Make ein paar Blocks vom Büro zum Lunch zu treffen. Ich würde ihm erklären, warum er meine Absage akzeptieren musste.

Wells' Restaurant, der Stolz von Harlem, an der 132sten Straße Ecke Seventh Avenue, war seit den zwanziger Jahren populär, damals ein Lieblingsstopp auf der Route von Weißen, die sich den von ihnen immer wieder so genannten »Nigger Heaven« anschauen wollten.

Das Essen war nach wie vor gut, auf der Karte standen nach wie vor ein paar weiße Gerichte wie Steaks und Lammkoteletts, aber die Hauptattraktionen Brathähnchen, Schweinekoteletts mit Soße oder Short Ribs mit Brötchen schmeichelten dem Gaumen vor Ort.

Als ich eintrat, stand Make auf. Er trug wieder einen anderen gutsitzenden Anzug mit Maßhemd. Auf die Schuhe musste ich gar nicht schauen, um zu wissen, dass sie blitzten wie neu. Bevor ich mich setzen konnte, fing er schon an zu reden.

Er freue sich, dass ich meine Schüchternheit überwunden hätte. Dass ich gekommen sei, zeige meinen Mut, eine unabdingbare Tugend im Kampf, eine Voraussetzung. Er habe mit Paule Marshall telefoniert und ihr erzählt, dass er vorhabe, mich zu heiraten und mit nach Afrika zu nehmen. Ich konnte mich zwar nicht auf die Speisekarte konzentrieren, aber wir bestellten trotzdem. Er redete weiter und ich kaute irgendetwas, das ich weder sah noch schmeckte.

Er war in Südafrika aus politischen Gründen verhaftet worden. Als er von Staats wegen freikam, brachte ihn die Polizei in ein abgelegenes Wüstengebiet nahe Südwestafrika und ließ ihn dort, hunderte von Meilen von den nächsten Menschen entfernt, laufen. Als Stadtkind, dem das offene Land fremd war, war er über Felsgrate geklettert und auf Wasser gestoßen; er zupfte Raupen aus Büschen und aß sie (sie schmeckten ähnlich wie Shrimps), und als er einer Gruppe von jagenden Buschmännern begegnete, bekam er, weil er ein paar Wörter ihrer Sprache konnte, Trockenfleisch und einen kleinen Wasserbeutel von ihnen. Große Städte mied er, und mit den Sternen als Orientierung schlug er sich zu Fuß von Südafrika nach Betschuanaland durch. Da der lange Arm der Buren auch dorthin reichte, hielt er sich meist im Wald auf. Mit einer selbstgebastelten Schleuder fing er Kleintiere und aß sie roh, sofern die Lage nicht sicher genug schien, um ein kleines Feuer zu entfachen, ansonsten auch gebraten. Mit den Fellen polsterte er seine ausgetretenen Schuhe oder steckte sie sich ins Hemd, um sich zu wärmen. Tage vergingen, an denen er nichts sah, was sich bewegte, nur die hoch oben am Himmel träge kreisenden Geier. Er durchquerte Süd- und Nordrhodesien, hatte spärlichen Kontakt mit Revolutionären, von denen er gehört hatte, die sich aber ihrerseits versteckten oder auf der Flucht waren. Den ersten freien Atemzug konnte er tun, als er in Äthiopien eingetroffen war.

»Ich war das erste Mitglied des panafrikanischen Kongresses, dem die Flucht gelang. Aber, Miss Angelou, als ich ohne Wasser oder Lebensmittel unterwegs war, hatte ich fest vor, nach Äthiopien zu kommen. Als ich mich auf die Reise in die Vereinigten Staaten machte, hatte ich das feste Vorhaben, eine starke, schöne Schwarze Amerikanerin zu finden, die mir Beistand sein würde, der der Kampf vertraut war und die keine Angst hatte, selber zu kämpfen. Ich habe von Ihnen gehört, und Sie klangen genau danach. Dann habe ich Guy kennengelernt und war beeindruckt von seinem erwachsenen Auftreten und seiner Intelligenz, offensichtlich Ihr Werk, und dann sah ich Sie.«

Quer über den Tisch nahm er meine Hand. Seine kurzen braunen Finger verjüngten sich nach vorn, hin zu kleinen weißen Fingernägeln. Ich versuchte mir vorzustellen, wie diese erlesenen Hände zappelnde Raupen zum Mund führten.

»Sie sind genau das, wovon ich auf meinem langen Marsch geträumt habe. Sie brauchen Liebe, Sie sind bereit zu kämpfen und Sie brauchen Schutz. Und nicht den Schutz eines verdammten Kautionsagenten.«

O Gott, apropos.

»Mr Make, ich habe mich auf ein Mittagessen mit Ihnen eingelassen, um Ihnen zu sagen, dass ich den verdammten Kautionsagenten heiraten werde.«

Er lehnte sich mit seinem ganzen Gewicht zurück, und sein Gesicht verschattete sich resigniert.

»Sie brechen mir das Herz. Ich bin ein Afrikaner mit großen Aufgaben. Ich habe meinen Vater und meine Mutter in Jo'burg zurückgelassen, und wenn es so weitergeht, sehe ich sie nie wieder. Wenn nicht noch zu meinen Lebzeiten die Revolution stattfindet, sehe ich auch das Land nie wieder. Für einen Afrikaner sind die Familie und das Land ... ich brauche Sie. Ich möchte Sie heiraten.«

»Es tut mir leid.« Und das meinte ich weiß Gott ehrlich.

»Morgen ist meine Mission bei den Vereinten Nationen beendet. Übermorgen fliege ich nach Amsterdam, eine offene Stadt, wo angeblich der Whiskey billig ist und einem einsamen Mann allerlei Ablenkung zur Verfügung steht.«

Ich sah diese zarten Hände über den Körper und durchs Haar weißer Frauen wandern. Aber weiße Lippen würde er doch nicht küssen?

»In Amsterdam bleibe ich vier oder fünf Tage, und dann reise ich weiter nach Kopenhagen, auch eine offene Stadt. Mein Verlangen nach Ihnen ist umfassend, Miss Angelou, ich begehre Ihren Geist, Ihre Seele und Ihren Körper. Ich mag ein Afrikaner mit einer Mission sein, aber ich bin auch ein Mann. In zehn Tagen werde ich auf einer Konferenz in London erwartet, und davor muss ich versuchen, die Gedanken an Sie aus meinem Kopf zu vertreiben.« Er hielt inne und ich wartete noch ein paar Sekunden ab, dann entschuldigte ich mich.

Wells' hatte nichts von seiner Eleganz aufs Damenklo verschwendet. Zwei kleine Kabinen mit Toiletten und ein winziger Vorraum, kaum groß genug für zwei Personen, standen zur Verfügung.

Eine Frau auf dem Weg heraus rannte mich fast um. Sie sah die Tränen auf meinem Gesicht.

»Hoppla, alles in Ordnung? Ist Ihnen nicht gut?«

Ich schüttelte den Kopf und trat in den Vorraum. Sie steckte den Kopf herein. »Sicher, dass Sie keine Hilfe brauchen?«

Ich schüttelte noch einmal den Kopf und bedankte mich.

Der kleine Spiegel über dem Waschbecken war blind vor Staub, aber das Elend in meinem Gesicht war scharf umrissen. Wenn ich das mit der Hochzeit mit Thomas durchzog, würde ich unsere Ehe so mit Enttäuschung belasten, dass das Gebäude nicht standhalten würde. Er war ein zu guter Mensch, als dass ich ihn missbrauchen dürfte, und ich würde die Fakten nie vergessen oder ausblenden können, das wusste ich genau. Seinetwegen hätte ich auf Make verzichtet, auf ein Leben voller Abenteuer, und auf Afrika. Afrika. Ich würde ihm das nie verzeihen. Und Make. Make brauchte mich, ich würde ihm eine Hilfe sein, ich hatte doch Mut. Abbey hatte einmal gesagt, ich sei zu verrückt, um Angst zu empfinden. Ich wäre ja dumm, wenn ich Make einem Haufen nuttiger weißer Weiber in Amsterdam überließ. Womöglich wäre das sogar Verrat an der Sache, das konnte ich nicht machen. Und dann Guy. Guy hätte die Chance, einen afrikanischen Vater zu bekommen. Ein Schwarzer amerikanischer Junge konnte keine großartigere Zukunft haben, als einen starken, Schwarzen, politisch engagierten Vater zu bekommen. Dass der Afrikaner war, machte das Ganze perfekt.

Wenn ich mir jetzt endlich eingestand, was ich schon auf dem Kostümball beschlossen hatte, würde ich Makes Antrag annehmen.

Von einem Münztelefon rief ich Abbey an. Sie nahm ab.

»Wollte bloß schauen, ob du da bist.«

»Was ist denn los?«

»Noch nichts, ich ruf dich gleich noch mal an.«

»Alles okay bei dir?«

»Ja, doch, schon. Ich ruf dich in ein paar Minuten noch mal an.«

Make stand wieder auf, als ich an den Tisch zurückkam.

Ich setzte mich und nahm die Serviette. Die Worte wollten sich nicht in eine Ordnung fügen.

»Mr Make, ich mach es. Ich mache es. Ich gehe mit Ihnen mit.«

Sein Gesicht öffnete sich aufs Wunderschönste. Ein brauner Mond brach auf und zeigte seinen weißen Kern. Sein Lächeln und sein liebevoller Blick ließen den ganzen Raum erstrahlen.

»Ich werde Sie heiraten, Miss Angelou. Ich werde Sie glücklich machen. Wir werden als glücklichste Familie Afrikas bekannt werden.« Er kam um den Tisch und zog mich hoch, um mich zu küssen. Plötzlich fielen mir die anderen Restaurantbesucher ein, und ich wich zurück.

Make lachte und drehte sich zu den Schwarzen an den Tischen ringsum, die uns ungeniert beobachteten.

»Alles gut. Sie hat gerade meinen Heiratsantrag angenommen.«

Applaus und Gelächter. Geschichten mit Happy End mochten die Leute immer.

Er hielt meine Hand hoch, als hätte ich gerade ein Rennen gewonnen. »Hier vereinen sich Afrika und Amerika! Zwei große Völker sind wieder zusammen.«

Ich wollte mich wieder setzen. Er hielt jetzt offenbar eine Rede. Ein dröhnendes Lachen bahnte sich den Weg aus seiner Brust ins Freie.

»Nein. Ich bestehe auf meinem Verlobungskuss.«

Seine Lippen waren voll und weich. Erschüttert von der körperlichen Berührung setzten wir uns wieder. Die Frau, die mir auf der Toilette ihre Hilfe angeboten hatte, kam an unseren Tisch.

»Honey, das hätt ich mir ja denken können, dass du nicht

vor Traurigkeit geweint hast.« Sie lächelte. »Trinkt doch einen mit uns. Wir sind seit achtzehn Jahren verheiratet, und es waren die besten meines Lebens.«

Eine Männerstimme rief quer durchs Restaurant: »Ernestine, du sollst den beiden bloß einen Drink anbieten, und dann kommst du wieder her.«

Die Frau grinste. »Seht ihr, wie gut wir uns verstehen? Er schafft an, ich gehorche – manchmal.«

Make und ich lachten, während sie an ihren Tisch zurückstolzierte.

Nach ein paar Minuten der Nervosität, weil wir nicht sagen konnten, was alles zu sagen war, fragte ich Make, ob er am Nachmittag etwas vorhabe. Hatte er nicht. Ich entschuldigte mich und ging zum Telefon.

»Diesmal hab ich's getan, Ab.«

»Was getan?«

»Es. Ich habe Vusumzi Make gesagt, dass ich ihn heiraten werde.«

»Wen heiratest du?« Der Schock war ihr anzuhören.

»Einen südafrikanischen Freiheitskämpfer. Er ist brillant, Abbey, und sieht super aus. Wunderschön ist er, muss man sagen. Und wir haben uns verliebt.«

»Verdammt nochmal, Maya Angelou, und was ist mit Thomas?«

»Das will ich ja mit dir besprechen.«

»Das solltest du vor allem mit ihm besprechen. Oder täusch ich mich da?«

Im Augenblick kam mir die Aufgabe nicht mehr ganz so unheilschwanger vor.

»Komm doch zu Wells' und lern ihn kennen, und nimm ihn mit zu euch. Ich muss wieder ins Büro, aber nach der Arbeit komm ich vorbei. Okay?«

Sie brauchte keine Sekunde Bedenkzeit.

»Natürlich komme ich. Willst du warten, oder soll ich einfach nach dem Afrikaner fragen, der Maya Angelou heiraten wird?«

Ich berichtete Make, dass meine Freundin Abbey Lincoln ihn abholen würde.

Er erkannte ihren Namen sofort und erzählte mir, wie die Max-Roach/Abbey-Lincoln-Platten nach Südafrika geschmuggelt und dann von Hand zu Hand gereicht würden wie heiße revolutionäre Ware, was sie ja auch waren. Er kannte sämtliche Namen von ihren Stücken und zu den meisten Songs sogar die Texte. Der Mann war in der Tat ein Wunder.

Als Abbey draußen ihren Lincoln in doppelter Reihe vor dem Restaurant parkte, gingen wir hinaus. Abbey stieg aus und reichte meinem jüngsten Verlobten die Hand. Die beiden fuhren davon, und der Rest des Nachmittags spulte sich ab wie ein Film in Zeitlupe mit einer Wildfremden in der Hauptrolle. Ich ging ans Telefon, unterschrieb Briefe, sprach mit Ehrenamtlichen, aber mit dem Kopf war ich irgendwo zwischen der Serengeti, Thomas' Brooklyner Wohnung und dem süßen Duft nach Patchouli, der jedes Mal aufstieg, wenn Mr Make seinen schweren Körper bewegte.

Bei meiner Ankunft in dem Apartment an der Columbus Avenue unterhielten sich Max und Mr Make, und Abbey machte Abendessen. Sie rief einen Willkommensgruß aus der Küche, und die beiden Männer umarmten mich.

»Ah, hier kommt meine bildschöne Frau«, sagte Make stolz.

Max nickte. »Maya, diesmal hast du zu Recht zugeschlagen. Das ist ein Mann.«

Das Abendessen erlebte ich wie in Trance. Max und Abbeys Wohnung wirkte auch nicht echter als mein Büro den ganzen Nachmittag. Ein Mann, den ich seit genau einer Woche kannte, strahlte mich besitzergreifend über den Tisch hinweg an. Max, dessen Lebenserfahrung ihm eine gesunde Portion Misstrauen mitgegeben hatte, fand den Fremden gut. Und als ich Abbey später beim Abtrocknen half, meinte sie, in ihren Augen passte ich besser zu dem unbekannten Make als zu dem bekannten Thomas. Und bei meiner Wildheit würde es wahrscheinlich genau funktionieren.

Nach dem Essen rückte Make mir auf der Cordcouch näher.

»Ich bin müde und möchte mich ausruhen. Max hat gesagt, ich könnte in dem Zimmer da die Füße hochlegen.« Ich sollte mich wohl anschließen. Ich hätte auch nichts lieber getan, als seine Hand gepackt und ihn ins Bett gezerrt, musste aber bremsen. »Mr Make, ich ...«

»Bitte, wir wollen doch heiraten. Ich heiße Vus.«

»Vus, zuerst muss ich die Sache mit Thomas bereinigen.« Make lehnte sich zurück und schwieg für ein paar Minuten.

»Ja, da hast du recht. Aber wenn du mit ihm sprichst, möchte ich dabei sein. Er macht vielleicht Schwierigkeiten.«

»Ich werde morgen Abend allein mit ihm sprechen. Und dann ...«

»Soll ich wirklich nicht mitkommen? Es könnte gefährlich werden.«

Ich lehnte sein Angebot ab. Mit Thomas zu sprechen, war meine Verantwortung. Meine idiotische Wichtigtuerei hatte mich in diese Bredouille gebracht, und mit meiner kopflosen Emotion setzte ich jetzt noch mal eins drauf. Ich spürte sogar eine leise Vorfreude auf die Konfrontation, die da kommen mochte.

»Gut, dann spreche ich aber mit Guy. Ich werde sein Vater, und wir müssen unsere Beziehung auf dem richtigen Fuß beginnen.«

Vus setzte mich in ein Taxi nach Brooklyn.

Guy hatte Felsbrocken im Kiefer und Feuersteine im Blick. Er hatte im Büro angerufen und die Auskunft bekommen, ich hätte früher Schluss gemacht. Daraufhin ging er zu den Killens, aber die hatten keinen Anhaltspunkt, wo ich sein könnte. Thomas hatte nichts von mir gehört, und Paule Marshall wusste auch nicht, wo ich war. Abbeys Nummer hatte er nicht gefunden. Er schimpfte, das sei unfair, ich könne doch nicht darauf bestehen, dass er aus Rücksicht zu Hause anrief, wenn ich ihn so kaltschnäuzig und gleichgültig behandle. Es war schon fast elf.

Drei Männer erhofften sich von mir den Beweis meiner Hingabe.

Mein Sohn erwartete Wärme, Essen, eine Wohnung, Kleidung und Stabilität. Das meiste davon bekam er verlässlich, egal wohin das Schicksal mich trieb. Stabilität allerdings war in meiner Welt nicht möglich, daher gab es sie auch nicht in seiner. Zu oft hatte ich ein unspielbares Blatt, mir zugeteilt von einem launenhaften Leben, zurückgeben müssen und mir neue Karten geholt, um überhaupt weiterspielen zu können. Mein Sohn konnte auf meine Liebe bauen, aber nie erwarten, dass unser Leben blieb, wie es war.

Thomas war ebenfalls auf Ausgeglichenheit aus. Er suchte eine nette Frau, die gut kochte und weder so hübsch war noch so hässlich, dass sie die Blicke auf sich zog. Ich rief noch einmal bei ihm an. Ich musste ihm sagen, dass er sein Pendant noch nicht gefunden hatte. Er nahm nicht ab.

Vus betrachtete mich als seinen fleischgewordenen Jugendtraum. Von mir bekäme er die Vitalität des Jazz und das Stehvermögen eines Volkes, das dreihundertfünfzig Jahre Sklaverei überlebt hatte. Mit mir im Bett würde er der Einsamkeit des Exils entrinnen. Mit meinem Mut, zu seinem dazu, würde es ihm gelingen, die unsägliche weiße Vorherrschaft in Südafrika zu beenden. Und wenn ich die von ihm benötigten Eigenschaften noch nicht hatte, würde ich sie eben entwickeln. Vor lauter Verliebtheit vertraute ich auf meine Fähigkeit, mich im Sinne der Wünsche meines Geliebten neu zu erschaffen. Für ein Showgirl doch kein Problem.

Im Morgengrauen ging Thomas dann ans Telefon. Er wollte mich vom Büro abholen und die Hochzeitsgeschenke nach Hause transportieren. Wir würden bei mir vorbeischauen, mit Guy zu Abend essen und dann zu ihm fahren, auf eine Runde »du-weißt-schon-was«.

Der Tag ruckelte sich stockend bis zum Abend voran. Die Zeit verging entweder überhaupt nicht oder raste im Sturmtempo.

Schließlich und zu früh stand Thomas bei mir in der Bürotür und bleckte gutgelaunt die Zähne.

»Hey Baby, wo sind denn die Sachen?«

Ich erwiderte seinen Gruß und deutete auf die Schachteln an der Wand. Während ich mich von der Belegschaft verabschiedete, trug er seine Geschenke hinunter, und als ich unten zu ihm stieß, lud er sie ins Auto.

Er strahlte immer noch. Wie sollte man sich um Himmels willen von einem strahlenden Mann verabschieden?

»Gefällt dir das Gepäck, Baby?«

»Ja. Wo hast du es denn gekauft?«

Die Frage wischte ihm das Strahlen vom Gesicht. »Wieso?«

»Ach, bloß falls ich noch was nachkaufen will.«

Er entspannte sich, und das Strahlen erschien wieder so sonnig wie zuvor. »Ich hab's von einem Kumpel. Und wenn du noch was nachwillst, besorg ich es dir.«

Als die Supermarktschachteln bei mir im Büro aufgetaucht waren, hatte ich schon geargwöhnt, dass das Gepäck gestohlen war, und Thomas hatte meinen Verdacht soeben bestätigt. Da ich sämtliche Gekränktheit, die ich aufbringen konnte, für die anstehende Abschiedsszene brauchte, hielt ich den Mund und wartete ab.

Zu Hause saß Guy vor dem Fernseher und Thomas las den Sportteil, während ich Abendessen kochte. Abgesehen von meinem schockierenden Vorhaben spielten wir hier, das war mir bewusst, die Szene unserer Zukunft. Bis in alle Ewigkeit würde Guy in seinem Zimmer über *I Love Lucy* lachen, Thomas an den Chancen eines Athleten oder der Baseball-Nationalmannschaft herumtüfteln, und ich stünde am Herd und würde ein Essen für die »Goldene Stunde des Abendbrots« zubereiten. Bis in alle Ewigkeit.

Wir aßen freudlos, und Guy ging mit einem »Gute Nacht« in sein Zimmer.

Thomas stand auf, um das Gepäck hereinzutragen, aber ich hielt ihn auf.

»Ich möchte etwas mit dir besprechen. Setzen wir uns doch zu einem Drink zusammen.«

Langsam und leise begann ich zu sprechen. »Ich habe einen Südafrikaner kennengelernt. Er ist über die Wüste aus dem Land geflohen. Hat Würmer gegessen, um zu überleben. Die Weißen wollten ihn krepieren lassen, aber er hat überlebt. Er ist gerade in den USA, und er verdient unsere Unterstützung.« Ich blickte zu Thomas, der sich in eine

Sumpfschildkröte verwandelt hatte, den großen Kopf eingezogen, die Augen blicklos und starr.

Ich spann meine Geschichte weiter, dieser Mann sei inspiriert von Dr. Martin Luther King und hergekommen, um sich bei den Vereinten Nationen für sein Volk einzusetzen. Ich machte kurze Sätze mit einfachen Wörtern, als würde ich einem Kind ein Märchen erzählen. Thomas erlag dem Zauber nicht.

»Es findet bald eine große Konferenz in London statt«, sagte ich, »da treffen sich noch andere, die aus Südafrika entkommen sind, und werden gemeinsam eine Organisation für den Freiheitskampf gründen.« So weit hatte ich nichts Unzutreffendes erzählt, doch da ich nicht den Mut hatte, Thomas zu sagen, dass ich ihn verlassen würde, war ich natürlich dabei, mich in Lügen zu verstricken.

Der Mann vor mir war zu einem großen roten Felsen erstarrt, dunkelbraun traten die Sommersprossen auf seinen Wangen hervor.

»Inder vom South Africa Indian Congress und Afrikaner aus Südafrika und Südwestafrika werden zwei Wochen lang an einer gemeinsamen Charta feilen. ›In der Einheit liegt die Kraft‹, wissen wir ja …«

Jegliches Licht in Thomas' Augen war erloschen.

Wir saßen in dräuendem Schweigen.

Ich kratzte all meinen Mut zusammen. »Jedenfalls, dieser Afrikaner, den ich kennengelernt habe, hat mich gebeten, zu der Konferenz mitzukommen. Sie hätten gern eine Schwarze Amerikanerin, die das Prinzip der Gewaltfreiheit erklären kann.« Das kam der Sache schon näher.

Thomas stemmte sich kurz hoch und ließ sich dann noch tiefer in den Sessel sinken. Seine Augen verrieten immer noch keine Regung.

»Ich habe mich entschlossen, die Einladung anzunehmen und einen Vortrag über Dr. Martin Luther King zu halten.«

Von dieser Erfindung war ich selber überrascht. Den ganzen Tag und während ich zuvor am Herd stand, hatte ich vergeblich überlegt, wie ich das zu Sagende sagen sollte, und nichts war mir eingefallen. Offenbar hatte die Anspannung meine Fantasie beflügelt.

»Ich weiß noch nicht, wie lange ich weg sein werde, aber wahrscheinlich fliege ich danach nach Afrika.«

Mit einer unerwartet schnellen Bewegung saß Thomas plötzlich aufrecht da. Er hatte verstanden und blickte mich verächtlich an.

»Du hast nen neuen Nigger.« Ohne die Stimme zu erheben. »Der ganze Quatsch bloß, um mir zu erzählen, dass du dir nen neuen Nigger zugelegt hast.«

Der gefürchtete Moment war gekommen, der Moment, dem ich durch Lügen hatte aus dem Weg gehen wollen.

»Sag's. Sprich es aus. Sag: ›Thomas‹« – er äffte meinen Tonfall nach – »›Thomas, ich hab mir nen neuen Nigger zugelegt.‹ Sag's.«

Er war der Verhörende, ich die Verdächtige.

»Also, ein Nigger ist er schon mal nicht.«

»Er ist doch Afrikaner, oder? Dann ist er ein Nigger wie du und ich. Außer dass du rumstöckelst wie ne gottverdammte kleine Bleichnase. Dabei bist du genau so ein Nigger wie ich. Und dein gottverdammter heiliger Martin Luther King genauso, ein scheiß Schwarzer Nigger.«

Er wusste, wie sehr mir das Wort verhasst war und dass ich es in meinem Haus nicht duldete. Mit jedem Mal, da er es nun aussprach, spitzte er es zu und stieß es mir wie einen Degen in den Körper.

»Thomas« – ich zwang mich zu einem ruhigen, freundlichen Ton – »Thomas, ich glaube, mehr gibt es nicht zu sagen.«

Er wollte nicht wahrhaben, dass wir ans Ende unseres Gesprächs und unserer Beziehung gelangt waren. Ich käme mir als was Besseres vor, würde überheblich tun wie meine versnobten Freunde, die über die Freiheit laberten und dämliche Bücher schrieben, die kein Mensch las. Ich hielt mich wohl für weiß, brachte ja auch meinem Sohn lauter aufgeblasene Wörter bei und erzog ihn zu einem Weißen. Seine Schwester hätte ihn vor mir gewarnt, ich tat ihm nicht gut, ich hielt mich für was Besseres als seine Verwandten.

Ich rührte mich nicht, griff nicht einmal nach meinem Glas. Seine Abneigung gegen mich und seine Beschimpfungen füllten den Raum bis zur Decke.

Er würde sich nicht wundern, wenn dieser Afrikaner mich in London oder Afrika stehen ließ und ich auf meinem Arsch wieder angerobbt kam und so tat, als wäre es eine Gnade, mich zu ficken. Aber da hätte ich mich schön verrechnet, seine Telefonnummer könnte ich gleich zerreißen, morgen würde er sie ändern lassen.

Erleichtert nahm ich zur Kenntnis, dass er schon von morgen sprach. Seine Schultern sackten zusammen, und er lehnte sich erschöpft in seinen Sessel. Ich rührte mich immer noch nicht.

Er stand auf und ging hinaus, ich ihm nach. Seine große Gestalt nahm den ganzen Vorraum ein. Mit einem jähen Ruck zog er die Gardine vor dem ovalen Fenster in der Tür zurück.

»Komm her.« Nicht zu gehorchen schien mir zu gefährlich, also quetschte ich mich neben ihn. »Siehst du die Frau da drüben?«

Gegenüber ging unter dem Dunstkegel einer Straßenlaterne eine einsame Schwarze Frau mit zwei vollen Einkaufstüten vorbei. Ich kannte sie nicht. Thomas zog seine Waffe aus der Jackentasche.

»Weißt du, was? Ich könnte der Schlampe das Hirn wegblasen und käme keinen einzigen Tag in den Knast.«

Er steckte die Pistole wieder ins Halfter, machte die Tür auf und ging die Stufen hinunter zu seinem Auto.

Ich schenkte mir noch einen Drink ein und dankte Gott zum hundertsten Mal für seinen Segen. Ich hatte Thomas' Ego verprellt, ihm aber nicht das Herz gebrochen. Er war nicht so verletzt, dass er tätlich würde, er wollte mich einfach nie wiedersehen.

Stanley und Jack Murray nahmen meine Neuigkeiten gelassen auf. Sie hätten ohnehin nie erwartet, dass ich bleiben würde. Als Entertainerin würde ich die Organisation doch verlassen, sobald ich einen guten Vertrag in einem Nightclub oder eine Rolle am Broadway angeboten bekäme. Daher hätten sie ja bereits andere engagierte Kräfte eingestellt, die meinen Job übernehmen könnten. Ich ließ sie wohlweislich in ihrem Glauben.

Grace Killens lachte mich einfach aus.

»Du hast ihn letzte Woche bei uns kennengelernt, oder? Und diese Woche heiratest du ihn. Wild West Woman, was!?« Sie konnte sich gar nicht mehr beruhigen.

John nahm die Nachricht mit feierlicher Miene auf. Er legte die Stirn in Falten und presste ein paar Sätze hervor.

»Er meint es ernst mit dem Kampf, aber was wissen wir sonst über ihn? Wirst du seine zweite oder dritte Frau? Wie will er für dich sorgen? Und was ist mit Guy? Du quartierst ihn da bei einem fremden Mann ein, dabei ist er selber schon fast ein Mann. Wie findet er das?«

Da Guy mir am wichtigsten war, hatte ich ihn bis zuletzt aufgehoben. Vus hatte gesagt, er würde gern als Erster mit ihm reden, und ich nahm sein Angebot gern an. Männer unter sich – da hielt man sich als Frau, selbst als Mutter, lieber zurück und ließ die Männer ihre Männerprobleme auf ihre Art lösen.

Guy übernachtete bei Chuck, und da Abbey und Max einen Auftritt hatten, überließen sie Vus und mir ihre Wohnung. Er kochte ein aufwändiges Abendessen mit Roastbeef und Pfannengemüse und schenkte uns einen köstlichen Wein ein. Später konnte ich mich dann davon überzeugen, dass er ein Meister im Spiel mit der Lust war.

Am Esstisch breitete er Afrikas Licht und Schatten vor mir aus. Faszinierend reihten sich zunächst die Glorien auf. Kriegerinnen mit blauweißen Perlenhalsketten führten Armeen gegen marodierende Europäer an. Nubiermädchen tanzten zur Feier der Siege von Zulu-König Shaka. Die afrikanische Erde selbst war »Schwarz und stark wie die Mädchen zu Hause« und schimmerte vor Gold und Diamanten. Afrikanische Männer behängten ihre Angetrauten mit kostbaren Edelsteinen und einem extra gewebten Stoff. Ich möge ihm bitte verzeihen, dass sein Geschenk an mich so gering sei, und bitte verstehen, dass er, wenn wir in den Schoß von Mutter Afrika zurückkehrten, mich mit Reichtümern ohnegleichen würde schmücken. Als er mich ins abgedunkelte Gästezimmer führte und mir eine Perlenschnur umlegte, vibrierten alle meine Sinne. Ich hätte einen Monat ohne Wasser in der Sahara nicht nur akzeptabel gefunden, sondern aufregend. Die amberfarbenen Perlen auf meiner nussbraunen Haut fingen Feuer. Im Spiegel sah ich genau, was ich sehen wollte, und noch viel mehr, was er sehen sollte: eine afrikanische Jungfrau, geschmückt für ihren Chief.

Am nächsten Tag sagte ich Guy, der Südafrikaner, den wir bei den Killens kennengelernt hätten, käme zum Abendessen zu uns. Guy nahm die Neuigkeit so gelassen auf, dass ich schon dachte, er wüsste nicht mehr, wer Make war. Er ging in sein Zimmer und legte Platten auf, während ich nervös den Tisch deckte.

Als es klingelte, kam er aus seinem Zimmer geschossen wie ein Korken aus der Flasche und wirbelte durch die Küche.

»Ich mach auf.«

Noch bevor ich die Herdplatten herunterdrehen konnte, hörte ich schon unverständliches Stimmengewirr.

Ich kam gerade rechtzeitig ins Wohnzimmer, um zu sehen, wie Vus sich in Guys Lieblingssessel niederließ. Er stand wieder auf und wir gaben uns die Hand. Ich bot ihm das doch so viel bequemere Sofa an, aber Guy schüttelte mit dem Anflug eines Lächelns den Kopf. »Der ist schon auch bequem, Mom.«

Von frühester Kindheit an hatte Guy bestimmte Möbelstücke als seinen Privatbesitz betrachtet. Bevor er in die Schule kam und bis zum Alter von ungefähr acht fing er allabendlich mit seinem Spielzeuglasso Tische oder Stühle ein, um anschließend seine »Pferde« zu ermahnen, über Nacht nur ja im Corral zu bleiben. Auch als er aus der Fantasie längst herausgewachsen war, betrachtete er manches noch als sein Eigentum, und das wurde von allen respektiert.

Vus setzte sich also in Guys Sessel, und ich dachte mir, o je, das kann ja heiter werden.

Guy erbot sich, die Getränke zu bringen, und kaum war er aus dem Zimmer, sagte Vus: »Kein Grund, nervös zu werden. Guy ist ein Mann wie ich, er wird es verstehen.« Ich nickte. Vus glaubte, er könnte sich in Guy einfühlen, aber ob er das Temperament meines Sohnes tatsächlich richtig einschätzte, würde sich zeigen.

Ich setzte mich züchtig aufs Sofa gegenüber. Guy kam mit einem Tablett zurück, über das eine Serviette gebreitet war, darauf Eis, Gläser und eine Flasche Scotch.

»Mom, es riecht, als würde da was ankleben.« Er trat zu Vus. »Wie trinken Sie Ihren Whisky?«

Vus stand auf und mixte sich auf dem Tablett in Guys Händen seinen Drink. Die beiden schienen in ein atavistisches Ritual vertieft, und ich war nicht mehr der Nabel der Welt.

»Also, ich kümmere mich dann mal ums Essen.«

Vus warf mir einen Blick zu. »Gut. Guy und ich müssen reden.« Guy nickte, als ahne er schon etwas.

»Guy, kommst du bitte einen Moment in die Küche?«

Er zögerte, da er unseren Gast nicht allein lassen wollte.

»Jetzt, Mom?«

»Ja. Bitte.«

Wir standen nebeneinander vor dem warmen Herd, und ich breitete die Arme aus. Er wich argwöhnisch zurück.

»Komm, bitte. Ich will dich einfach umarmen.«

Er wirkte unsicher, und jung und verletzlich. Widerwillig ließ er sich in den Arm nehmen.

»Ich hab dich lieb, bitte vergiss das nie.« Flüstern hatte ich eigentlich nicht wollen.

Er machte sich los. »Das klingt irgendwie nach Abschied, Mom.«

Die Sinnlichkeit zwischen Eltern und Kindern ist oft so intensiv, dass nur die jahrhundertealte Kontrolle durch die Gesellschaft verhindert, dass eine sexuelle Komponente mit hineinkommt. Bei alleinerziehenden Eltern des anderen Geschlechts ist die Situation noch heikler. Wie soll man Liebe spüren und Zuneigung zeigen, ohne im jungen, unschuldigen Geist den Gedanken an Sex aufkommen zu lassen? Bestürzt über die Gefahr, Inzestgedanken in ihren Kindern zu fördern, ziehen sich viele Eltern zurück und vermeiden jeglichen Körperkontakt, der den jungen Menschen dann aber fehlt, und was ihr Selbstwertgefühl untergraben kann.

Guy und ich hatten jahrelang auf dem dünnen Eis getanzt.

In seinem zwölften Sommer waren wir einmal auf einer Party in Beverly Hills. Um die Kinder wurde sich an einem Ende eines Swimmingpools von olympischen Ausmaßen gekümmert, ich trank am anderen mit den Erwachsenen Margaritas.

Als wir am Abend nach Hause in den Laurel Canyon zurückfuhren, verblüffte mich Guy mit folgendem Kommentar:

»Weißt du, Mom, alle reden von Marilyn Monroe und ihrem tollen Körper. Aber wir haben heute mal geguckt, und alle Jungs fanden deine Figur viel besser.«

Als er im Bett war, überlegte ich, was nun zu tun sei. Er war ja alt genug fürs Masturbieren, und wenn ich jetzt in seinen sexuellen Fantasien auftauchte, wäre er fürs Leben gezeichnet, und ich hätte seinem ohnehin nicht einfachen Leben noch eine weitere Bürde aufgeladen.

Noch am selben Abend ging ich meinen Kleiderschrank durch und sortierte sämtliche provokanten Kleider aus, zugunsten der braveren, eher mütterlichen. Am nächsten Tag fuhr ich mit einem Riesenpaket bei der Heilsarmee vorbei und kaufte fortan nie wieder ein hautenges Kleid oder eine Bluse mit tiefem Dekolleté.

Ich machte mich wieder an die Zubereitung des vorehelichen Festmahls und redete mir gut zu, Guy würde die Sache schon gelassen aufnehmen.

Beim Tischdecken verschloss ich absichtlich die Ohren und summte einen Song vor mich hin. Bald bekam ich einen Ehemann, und zu diesem Geschenk gehörte, dass ich Verantwortung genauso wie Schuldgefühle würde teilen können.

Als die beiden zu Tisch kamen, konnte ich an Guys Miene ablesen, dass Vus ihm noch nichts von unseren Heiratsplänen erzählt hatte.

Wir setzten uns, und ich kaute Stroh.

Gesprächsfetzen wirbelten um mich herum, ohne dass sie mich gestreift hätten: Fußball sei genauso gefährlich wie American Football, Sugar Ray Robinson sei ein Gentleman, Ezzard Charles eher der Mann aus dem Volk, Malcolm X habe die richtigen Ideen, und Martin Luther Kings Taktiken seien bisher bloß in Indien erfolgreich gewesen. Afrika sei die eigentliche »Alte Welt«, und Amerika werde in dem Zitat von George Bernard Shaw treffend beschrieben: Es sei »das einzige Land, das von der Barbarei gleich zur Dekadenz übergegangen ist, ohne Zwischenstopp bei der Zivilisation.«

Guy war entspannt und mischte dem Austausch seinen jugendlichen Witz und Scharfsinn bei. Die beiden lachten gegenseitig über ihre Witze, und mir drehte sich der Magen um.

Ich stapelte das Geschirr, und als Guy aufstand, um mir hinaustragen zu helfen, hielt Vus ihn auf.

»Nein, Guy, ich muss mit dir über unsere Zukunft reden.

Und ich möchte das jetzt tun. Können wir in dein Zimmer gehen?«

Panik überschattete Guys Blick. Er blickte mich prüfend an, versuchte, meine Gedanken zu erfassen. Im nächsten Moment hatte er sich wieder gefangen.

»Natürlich. Bitte kommen Sie mit, hier lang.«

Er führte Vus in sein Zimmer; hinter den beiden knallte die Tür zu.

Ich klapperte mit dem Geschirr, schepperte mit den Töpfen, veranstaltete mit dem Besteck eine klirrende Kakophonie, um nur ja meine Gedanken und jegliche Sounds, die unter Guys Tür hervordringen, über den Küchenboden schliddern und an meine Ohren dringen mochten, zu übertönen.

Wenn Guy jetzt den Mann und unsere Pläne nicht guthieß? Er konnte sich ja immerhin weigern. Da die weiße Welt auf jede erdenkliche Art demonstrierte, dass er als Schwarzer Junge innerhalb der mörderischen Grenzen ethnischer Einschränkungen leben musste, hatte ich in seiner Erziehung betont, dass er bei der Gestaltung seines Lebens sehr wohl ein Wort mitzureden hatte, und, von Unfällen mal abgesehen, beim Wie und Warum seines Todes ebenfalls. So gerüstet konnte er aber nun nicht nur auf seine eigene Zukunft Einfluss nehmen, sondern auch auf meine.

Die Küche war sauber, sämtliche Gläser abgetrocknet und das Geschirr aufgeräumt. Ich setzte mich mit einer Tasse Kaffee an den Küchentisch und hielt die beiden konkurrierenden Impulse in Schach, entweder ohne zu klopfen in Guys Zimmer zu stürmen oder mir meine Handtasche zu schnappen, aus dem Haus zu rasen und bei Ray's einen dreifachen Scotch on the rocks zu kippen.

Gelächter hinter Guys Tür holte mich in die Realität zurück. Guy hatte Vus akzeptiert, ergo war ich so gut wie verheiratet und auf dem Weg nach Afrika.

Von einem Ohr zum anderen grinsend kamen die beiden aus dem Zimmer. Guys hellbraunes Gesicht war vor Freude gerötet, und Vus wirkte zufrieden.

»Gratuliere, Mom.« Diesmal breitete Guy die Arme aus und bot mir Zuflucht an. »Ich hoffe, du wirst sehr glücklich.«

Ich stand in Guys Umarmung da und Vus lachte. »Jetzt darfst du dich um zwei starke Männer kümmern. Wir drei werden die einzigen Eroberer sein, die Mutter Afrika willig ans Herz drückt.«

Der Abend setzte sich dann mit viel Lachen und Pläneschmieden fort. Als Vus nach Manhattan zurückfuhr, hatte Guy noch ein offenes Wort für mich.

»Mit Mr Allen wärst du nie glücklich geworden.«

»Woher willst du das wissen?«

»Weiß ich halt.«

»Weil er Kautionsagent ist?«

»Nein, weil er dich nicht geliebt hat.«

»Und Mr Make liebt mich?«

»Er hat Achtung vor dir. Und bei einem Afrikaner ist das vielleicht sogar noch mehr wert als Liebe.«

»Schlauer Kerl.« Ich versuchte erst gar nicht, meinen Stolz zu verbergen.

»Klar, ich bin doch ein Mann.«

Die nächsten Tage leuchteten, da meine Freunde, nachdem sie sich von ihrem Schock erholt hatten, einen wahren Mardi Gras an Partys veranstalteten. Rosa schmiss eine karibische Fete, auf der ihre afrikanischen, afroamerikanischen und weißen liberalen Freunde vor Bergen ihres berühmten ›Reis mit Bohnen‹ lachten und diskutierten. Connie und Sam Sutton, ein unprätentiöses Intellektuellenpaar, luden Kollegen von der Uni zu einem ruhigen Abendessen ein, das bald zu einem übermütigen Gelage ausartete. Quer durch New York umarmten mich Wildfremde, tätschelten mir die Wange und lobten meinen Mut. Alte Freunde fanden mich durchgeknallt, konnten aber gleichzeitig ihre Bewunderung und ihren Neid kaum verbergen.

Am Ende all der Feierlichkeiten brachen Vus und ich nach England auf, und Guy zog so lange zu Pete und T. Beveridge, die ein paar Straßen weiter von uns in Brooklyn wohnten.

Händchenhaltend saßen wir im Flugzeug, küssten uns und sahen unsere Zukunft als Reich des Kampfes und des ewigen Sieges vor uns. Vus schlug vor, dass wir in Oxford heiraten sollten, das sei so eine hübsche kleine Stadt.

Ich erwiderte, dass ich bei meiner Hochzeit meine Mutter und meinen Sohn dabeihaben wollte, und fragte, ob wir nicht warten könnten. Er tätschelte mir die Wange und meinte: »Aber klar. In London sagen wir einfach, wir hätten in Amerika geheiratet, und wenn wir wieder in New York sind, sagen wir, in England. Unsere Hochzeit wird so sein, wie du das willst und wann du es willst. Ich heirate dich jetzt, in diesem Moment. Gibst du mir das Jawort?«

Gab ich ihm.

»Dann sind wir verheiratet.«

Das Wort Hochzeit fiel zwischen uns nie wieder.

10

Die Luft in London war feucht, die Steingebäude alt und grau. Bunt gekleidete Afrikanerinnen auf den Straßen erinnerten mich an tropische Vögel, die plötzlich in einem Wald aus schwarzen Bäumen aufflattern. Vus und ich zogen in ein Zweizimmerapartment in der Nähe von Finsbury Park, das der PAC unterhielt.

Die ersten paar Tage blieb ich, sobald Vus sich auf den Weg zur Konferenz gemacht hatte, mit Wonne im Bett; ich las, ruhte mich aus und konnte nicht fassen, wie gut es das Schicksal plötzlich mit mir meinte. Ich hatte einen geistvollen Mann, der gut im Bett war, und ich lebte auf großem Fuß in London, *a mighty long way* von Harlem oder San Franciscos Fillmore District entfernt. Abends unterhielt mich Vus mit einem wahren Geschichtenkonzert: Sein musikalischer Akzent, seine überzeugungskräftigen Hände und die Moschusnote in seinem Aftershave hypnotisierten mich so, dass ich glaubte, am Nil zu wohnen und von seinen Wassern in den Schlaf gesungen zu werden. Ich stand mit Massai-Hirten im Ngorongoro-Krater und verscheuchte mit einem Fuchteln meines Elefantenhaarwedels die Löwen von meiner Schafherde. Morgendliche Liebe und abendliche Vorträge büßten auch nichts von ihrem Zauber ein, nur die Zeit zwischen beiden Ereignissen wurde mir irgendwann lang. Als ich Vus erklärte, ich sei es nicht gewohnt, so viel Zeit zur Verfügung zu haben, wollte er dafür sorgen, dass ich mit den Frauen der anderen Freiheitskämpfer auf der Konferenz zusammenkäme.

Mrs Oliver Tambo, die Frau des ANC-Chefs, lud mich zum

Lunch ein. Ihr Haus in Maida Vale war hell und aufgeräumt, doch herrschte in den großen Räumlichkeiten eine solche Atmosphäre von Vorläufigkeit, dass selbst die Schnittblumen nur gemietet zu sein schienen. Mrs Tambo hieß mich und die anderen Gäste herzlich willkommen, allerdings nur mit halber Aufmerksamkeit, und damals hatte ich noch keinen Begriff davon, dass die Frauen von Freiheitskämpfern alle buchstäblich am Rande der Verzweiflung leben.

Als wir am Tisch saßen, klingelte unaufhörlich das Telefon, sodass alle unsere Versuche, ein Gespräch in Gang zu bringen, sofort wieder unterbrochen wurden. Mrs Tambo horchte meist mit schiefgelegtem Kopf, bis das Läuten zum Stillstand kam; ein paar Mal stand sie auch auf, und der einseitige Klang eines Telefongesprächs drang herüber.

Zum Essen gab es Rinderbraten mit einer steifen Maismehlpampe namens Mealy. Sie habe extra ein südafrikanisches Traditionsgericht gekocht, sagte Mrs Tambo, damit ich später mal nicht schockiert sei. Dass wir in den Vereinigten Staaten dasselbe aßen, nur unter dem Namen Short Ribs mit Cornmeal Mush, behielt ich natürlich für mich.

Ich wurde von einer atemberaubenden Schönheit angesprochen, mit tiefschwarzer Haut, glatt wie Glas. Sie hatte ihr Haar heftig gebürstet, sodass es sich in winzigen Wellen aus der glänzenden Stirn nach hinten legte. Über hohen Wangenknochen saßen mandelförmige Augen, die Lippen waren in einem weiten schwarzen Bogen geschwungen. Als sie lächelte und oben ebenmäßige weiße Schneidezähne, unten aber nur Zahnfleisch zum Vorschein kam, wurde klar, dass sie aus Kenia stammte; ich hatte nämlich gelesen, dass die Luo-Frauen in diesem Land aus Schönheitsgründen ihre vier unteren Schneidezähne gezogen bekommen. Intelligent und kämpferisch sprach sie über die schändliche Rolle, die Europa in Afrika spielte.

Mrs Okalala aus Uganda, ein untersetzter Schleppdampfer von Weib, ergänzte, sie finde es schon eine Ironie, wenn nicht schlicht eine Dummheit, ein Treffen, auf dem es darum ging, wie man den Fuß des Kolonialismus vom Hals Afrikas nehmen könnte, ausgerechnet in der Hauptstadt des Kolonialismus abzuhalten. Das erinnere sie an das afrikanische Sprichwort: Nur ein Dummkopf bittet einen Leoparden, auf ein Lamm aufzupassen.

Zwei Somalierinnen in fließenden pinkfarbenen Gewändern saßen mit freundlicher Miene da und aßen mit spitzen Fingern. Sie sprachen kein Wort Englisch und waren nur aus Formgründen zu dem Lunch erschienen. Hin und wieder flüsterten sie sich in ihrer Sprache etwas zu und lächelten.

Als wir mit dem Essen fertig waren, ergriff Ruth Thompson, eine Journalistin von den Westindischen Inseln, das Wort.

»Wozu sind wir eigentlich hier? Warum sitzen afrikanische Frauen hier beim Essen und machen artig Konversation, während afrikanische Männer ernste Themen diskutieren und afrikanische Kinder hungern? Sind wir vielleicht bloß als Annehmlichkeit für unsere Männer nach London mitgekommen, sozusagen als Pussy to go?«

Ich war als einzige schockiert über ihre Ausdrucksweise und behielt daher meine Reaktion für mich.

Die Luo-Frau lachte. »Schwester, genau das wollte ich auch fragen. Wir in Kenia sind Frauen, nicht bloß Gebärmaschinen. Schon während Mau-Mau haben wir gezeigt, dass wir nicht nur Kinder im Kopf haben, sondern auch Ideen.«

Mrs Okalala pflichtete ihr bei und fügte hinzu: »Zu Hause kämpfen wir doch auch, es haben sogar schon Frauen im Kampf ihr Leben verloren.«

Eine große, drahtige Anwältin aus Sierra Leone stand auf. »Frauen in ganz Afrika haben gelitten.« Sie zupfte an ihrem Kleid, bis sie es zu fassen kriegte, und zog es hoch bis über die Knie. »Ich war im Gefängnis und bin verprügelt worden. Schaut her, meine Schwestern. Weil ich nicht verraten habe, wo sich meine Freunde aufhielten, haben sie sogar auf mich geschossen.« Sie trug einen Strumpfgürtel, und die weißen Strapse an ihrem linken Bein teilten eine tiefe Narbe in zwei Teile, schwarzglänzend wie nasser Asphalt. »Weil ich gegen den Imperialismus gekämpft habe.«

Wir umringten sie, schnalzten mitfühlend mit der Zunge und strichen behutsam über die gespannte Haut.

»Angeschossen haben sie mich, meine kämpferischen Tage seien vorbei, haben sie gesagt, aber noch wenn ich gelähmt bin und nur mehr die Augenlider heben kann, starre ich die weißen Unterdrücker nieder und aus Afrika heraus.«

Genau derselbe Widerstandsgeist klang auch mir in den Ohren – in meiner Kirche in Arkansas hatten wir gesungen:

I've seen starlight
I've seen starlight
Lay this body down.
I will lay down in my grave
And stretch out my arms.

Die Sklaven, die im neunzehnten Jahrhundert diesen Song geprägt hatten, glaubten daran, dass sie die Freiheit erlangen würden; nicht nur würden ihre Seelen den Jordan überqueren, um mit den anderen Heiligen in die Herrlichkeit einzugehen, sondern selbst der Tod, selbst das Grab würde sie nicht davon abhalten können, ihre Arme auszubreiten, also sich zu rühren.

Als die Anwältin ihren Rocksaum wieder sinken ließ, wurde sie von allen Frauen getröstet, mit Gesten, mit Umarmungen, mit leisen Zurufen.

»Schwester, Mutter Afrika ist stolz auf dich.«

»Die wahre Tochter einer wahren Mutter.«

Die Somalierinnen hatten die Narbe ebenfalls berührt. Sie murmelten unverständliche mitfühlende Worte und strichen der Sierra Leonerin über Schulter und Rücken.

Mrs Tambo brachte eine große Flasche Bier aus der Küche. »Mehr habe ich nicht im Haus.«

Die Anwältin hob die Flasche mit beiden Händen hoch. »Mutter Afrika wird das verstehen.« Sie drehte sich um und übergab die Flasche Mrs Okalala. »Auntie, als Älteste hast du die ehrenvolle Aufgabe.«

Ich folgte dem allgemeinen Sog und fand mich in einem Knäuel zusammen mit den anderen Frauen in der Mitte des kleinen Wohnzimmers wieder. Feierlich wandte sich Mrs Okalala an uns.

»Mit Gott sprechen kann ich nur auf Lingala.« Bis auf die Somalierinnen und mich nickten alle verständig.

Leise, fast stöhnend, setzte sie an. Allmählich steigerten sich Tempo und Lautstärke und mündeten in einen Chant. Rhythmisch ging sie herum und tröpfelte Bier in die vier Ecken des Zimmers. Die Frauen beobachteten sie, spornten sie in ihrer jeweiligen Sprache mit an, und sie tat wie geheißen. Auch die Stimmen der Somalierinnen stärkten ihr den Rücken. Ich streute »Amens« und »Hallelujahs« ein, denn bei allem geografischen Abstand und dem babelesken Sprachengewirr war mir doch eines klar: Wir alle riefen Gott an, er möge einschreiten, und zwar jetzt. Schluss mit dem Blutvergießen, Schluss mit hungernden Kindern, Freiheit für die Gefangenen und Hoffnung für die Geknechteten.

Ich erzählte von afroamerikanischen Einrichtungen wie den Daughter Elks und Eastern Stars, Daughters of Isis und Pythians - Geheimbünde für Frauen mit striktem Moralkodex. Die Frauen in meiner Familie gehörten alle irgendwo dazu oder hatten dazugehört, meine Mutter und Großmütter sogar in der Position von Daughter Rulers und High Potentates. Dort wurden Eide geschworen und lebenslange Versprechen abgelegt, die Grundsätze zu wahren und jeder Schwester beizustehen bis in den Tod.

Die Afrikanerinnen reagierten darauf mit Geschichten von Königinnen und Prinzessinnen, von jungen Mädchen und Marktfrauen, die die Briten, Franzosen oder Buren an der Nase herumgeführt hatten. Ich wiederum erzählte aus dem Leben von Harriet Tubman, genannt Moses, einer von Statur kleinen Frau, und von ihrer Flucht aus der Versklavung. Wie sie auf freiem Boden stand, über ihr ein freier Himmel, Hunderte von Meilen von den Peitschen und Ketten der Sklaverei entfernt, und dann verkündete: »Ich muss zurück. Mit Gottes Hilfe werde ich auch andere in die Freiheit bringen.« Und wie sie, obwohl sie durch das verirrte Wurfgeschoss eines Sklavenaufsehers schwer am Kopf verletzt worden war, wieder und wieder ins Land der Knechtschaft zurückkehrte und Hunderte ihrer Leidensgenossen in die Freiheit brachte.

Die afrikanischen Frauen lauschten mir auch gebannt, als ich von Sojourner Truth berichtete. Ich erzählte die Geschichte, wie die gut eins achtzig große ehemalige Sklavin bei einer Frauenrechtsveranstaltung weißer Frauen im neunzehnten Jahrhundert gesprochen hatte. Eine Gruppe weißer Männer im Saal, schon erbost, dass ihre eigenen Frauen gegen Sexismus protestierten, geriet vollends außer sich, als nun eine Schwarze Frau aufstand und ans Rednerpult trat. Einer der Honoratioren der Stadt brüllte aus dem Publikum nach vorn: »Ich sehe die Statur der Person, die da spricht, und beobachte die wilden Gesten, ich höre das tiefe Timbre der Stimme. Gentlemen, ich bin nicht überzeugt davon, dass wir es hier mit einer Frau zu tun haben. Nein, bevor ich weitere Tiraden dieser Person schweigend hinnehme, muss ich darauf bestehen, dass die weißen Damen diese Person in ein eigenes Gemach führen, um sie zu untersuchen. Erst dann werde ich dulden, dass sie weiterspricht.«

Die anderen Männer johlten zustimmend, doch die weißen Frauen weigerten sich, sich an dieser Demütigung zu beteiligen.

Sojourner Truth oben auf der Bühne nahm die Situation dann einfach selbst in die Hand. Mit donnernder Stimme, die auch die hintersten Reihen erreichte, sagte sie:

»Im Joch wie ein Ochse habe ich euer Land gepflügt. Und bin ich vielleicht keine Frau? Mit Axt und Beil habe ich Holz aus euren Wäldern geschlagen, und bin ich vielleicht keine Frau? Dreizehn Kinder habe ich geboren, und ihr habt sie mir weggenommen, verkauft an Fremde, damit sie auf fremdem Land schuften. Bin ich vielleicht keine Frau? Eure Babys habe ich genährt, an diesem Busen.« Und damit riss sie sich das Mieder auf, Bluse und Unterzeug klafften auseinander, und ihre großen Brüste hingen frei. Mit unbewegter Miene und fester Stimme fragte sie noch einmal: »Und bin ich vielleicht keine Frau?«

Als ich, selbst an meiner Bluse zerrend, mit der Geschichte fertig war, standen die Afrikanerinnen auf, klatschten, stampften mit den Füßen und weinten vor Stolz auf ihre Schwester hundert Jahre zuvor, von der sie nichts gewusst hatten.

Wir kamen überein, dass wir uns während der Konferenz noch öfter treffen und Geschichten austauschen würden, damit wir, wenn wir dann wieder in unsere Heimatländer zurückreisten, mehr mitnähmen als Beschreibungen von weißer Haut, gepflasterten Straßen, Klos mit Spülung, Hochhäusern und eiskaltem Regen.

Ein Jahr sollte vergehen, bevor ich tatsächlich nach Afrika kam, aber an diesem Nachmittag in Oliver Tambos englischer Wohnung war ich dort, umgeben von Mutter Afrikas Göttern und im Bund mit ihren Töchtern.

Als die Konferenz vorüber war, musste Vus in PAC-Angelegenheiten nach Kairo weiterfliegen. Er fuhr mich nach Heathrow und drückte mir ein Bündel englischer Pfund in die Hand.

»Such uns eine schöne Wohnung in Manhattan und statte sie gut aus. Groß muss sie sein und zentral gelegen.« Ich war von der Vorstellung, allein nach New York zurückzufliegen, zwar nicht begeistert, aber er versicherte mir, dass er in zwei Wochen, höchstens einem Monat zurückkommen würde. Wenn er in Ägypten fertig sei, müsse er eventuell noch nach Kenia. Beim Gedanken an seine exotischen Ziele wurde ich gleich wieder fröhlicher und zupackender; natürlich würde ich nach New York zurückfliegen und die Aufgabe, eine Wohnung zu finden, die seinem erlesenen Geschmack Genüge tat, in Angriff nehmen.

Eine Woche später hatte ich eine Wohnung in Manhattan an der Central Park West gefunden, hatte Bücher zusammengepackt und ein Umzugsunternehmen beauftragt. Am Umzugstag hockten Guy und ich zwischen den Pappkartons in unserem Brooklyner Wohnzimmer, und er bat mich, noch einmal von London zu erzählen. Ich beschrieb ihm die Redner, die im Regen an der Hyde Park Corner standen, und die stoischen Wachen am Buckingham Palace, aber er wollte von den Afrikanern hören.

»Erzähl, wie haben sie ausgesehen? Wie sind sie gegangen? Wie haben sie geheißen?«

Sie hatten wunderschöne Namen gehabt. »Da gab es Kozonguizi und Make-Wane, Molotsi, Mahomo.«

Guy schwieg, sprach aber sicher innerlich die Namen vor sich hin, und schließlich rückte er mit der Sprache heraus. »Weißt du, Mom, ich überlege schon die ganze Zeit, ob ich nicht meinen Namen ändern soll. Was meinst du?«

Ich meinte, dass meine Heirat mit Vus ihm ausgesprochen naheging, hielt aber den Mund.

»Johnson ist doch ein Sklavenname. So hieß irgend so ein Weißer, der meinen Urgroßvater besessen hat. Stimmt doch, oder?«

Ich nickte beschämt.

»Hast du dir schon einen Namen ausgesucht?«

Er grinste. »Noch nicht, aber ich überlege. Die ganze Zeit eigentlich.«

Die nächsten paar Wochen lang gewöhnte sich Guy in seiner neuen Schule ein, und ich nutzte die Zeit, um meine Freunde wiederzusehen und die Wohnung so schön einzurichten wie mir irgend möglich.

Die Mitglieder der Harlem Writers Guild und Abbey hörten sich meine Schilderungen der Afrikaner in London aufmerksam an, nahmen die Hingabe der Freiheitskämpfer mit wohlwollendem Nicken zur Kenntnis, und mir lächelten sie zu, stolz, dass ich dem Mutterland so nahegekommen war.

Bevor Vus wiederkam, strich ich noch die Küche und tapezierte das Bad in fröhlichen Farben. Die Wohnung wirkte elegant und wie neu.

Vus kehrte zurück wie ein Soldat vom eroberten Schlachtfeld. Seine Erzählungen von Kairo hörten sich heroisch an: Er hatte mit Präsident Nasser Kaffee getrunken und mit seinem Assistenten ein Gespräch unter vier Augen geführt. Ägyptische Würdenträger unterstützten den afrikanischen Freiheitskampf, und bald würden wir alle, er, Guy und ich, in Kairo leben. Guy vergaß vor lauter Freude seine frisch antrainierte Erwachsenenpose, sprang auf und tanzte durchs Zimmer.

»Wir ziehen nach Ägypten? Ich seh die Pyramiden? Mann, ich geh Kamelreiten und alles!«

Vus lachte, glücklich, die Ursache einer solchen Euphorie zu sein. Irgendwann nahm Guy seine Aufregung mit ins Bett, und ich eilte in Vus' ausgebreitete Arme.

Am nächsten Morgen stießen meine Einrichtungskünste auf vehemente Ablehnung. Das alte Sofa sei unpassend für einen Mann in der Position meines Ehegatten, und die Schlafzimmerausstattung aus dem Secondhandladen müsse definitiv weg.

»Ich bin Afrikaner. Selbst ein Mann, der im Busch schläft, legt sich auf frische Blätter. Ich schlafe doch nicht in einem Bett, das andere Menschen schon benutzt haben.«

Die Frage, wie er das in Hotels handhabe, verkniff ich mir, aber bestimmt rief er nicht den Direktor, um zu verkünden:

»Ich brauche eine nagelneue Matratze, ich bin nämlich Afrikaner.«

»Aber wenn wir doch sowieso nach Ägypten ziehen, sollten wir uns jetzt nicht lauter neue Möbel anschaffen«, warf ich ein.

»Was wir uns kaufen, wird von so guter Qualität sein, dass es einen hohen Wiederverkaufswert hat. Außerdem ziehen wir so schnell noch nicht um.«

Fügsam trottete ich neben ihm her durch ein Möbelgeschäft, wo er ein teures Bett, einen Couchtisch aus Teak und ein gigantisches braunes Ledersofa aussuchte.

Er zahlte bar, indem er aus einem dicken Bündel einzelne Scheine zog. Wo sein Geld herkam, war mir ein Rätsel. Meinen Fragen danach wich er mit der Geschicklichkeit einer Impala-Antilope aus. Mir blieb nichts übrig, als mich zu entspannen und darauf zu vertrauen, dass er schon wusste, was er tat. Mein Sohn und ich standen unter seiner Obhut, und er sorgte gut für uns. Er war ein aufmerksamer Vater, besuchte aus eigenem Antrieb Guys Schule und saß oft bis spät in die Nacht mit ihm über Schulbüchern. Die beiden lachten oft und liebevoll miteinander, und wenn andere Afrikaner zu Besuch kamen, bestand Vus darauf, dass Guy bei den endlosen Debatten über Gewalt und Gewaltlosigkeit, die Rolle der Religion in Afrika, die Rolle und Stärke der Frauen im Kampf mit dabei war. Ich bemühte mich, von den interessanten Gesprächen einiges aufzuschnappen, war jedoch meistens mit dem Haushalt so beschäftigt, dass keine Zeit dafür blieb.

Es kam mir so vor, als würde ich alle zwei Tage gründlich waschen, putzen, wischen, bohnern und abstauben. Vus war penibel und kontrollierte meine Fortschritte. Manchmal zog er das Sofa von der Wand weg, ob ich womöglich eine Staubschicht übersehen hätte. Bestätigte sich sein Verdacht, war seine Reaktion niederschmetternd. Kopfschüttelnd senkte er den Blick, und seine Miene verdüsterte sich enttäuscht. Ich wischte sogar die Wände ab, da ihm Fingerabdrücke den ganzen Tag verderben konnten, und bügelte seine gestärkten Hemden (die Schuhe ließ er sich sowieso von Profis polieren).

Jede Mahlzeit zu Hause war eine kulinarische Kreation: Chicken Kiew und Feijoada, Eggs Benedict und Turkey Tetrazzini.

Eine gute Frau legte die gebügelten Hemden aufs Bett und kaufte das Klopapier farblich passend zu den Badezimmerfliesen.

Ich war erwerbslos, hatte aber noch nie in meinem Leben so hart gearbeitet. Die Montagabende bei der Harlem Writers Guild forderten all meine Selbstbeherrschung, da ich Mühe hatte, die Augen offen zu halten, und selbst die beste Lesung der besten Geschichte ging vor Erschöpfung an mir vorbei.

»Tja ja, der Brautstress ...« Alle lachten, außer Rosa, die wusste, wie sehr ich mich bemühte, zu einer guten Hausfrau zu werden.

»Der Afrikaner lässt sie ganz schön springen.« Sie kriegten sich gar nicht mehr ein vor Wonne, aber so weit von der Wahrheit lagen sie nicht entfernt. Wenn ich nicht müde zu Hause saß, war ich angespannt wie eine vor Wut geballte Faust. Meine Nerven standen ständig stramm wie Soldaten in Paradeuniform, hellwach und in Habachtstellung.

Wir lebten im Luxus, aber ich wusste weder, wie viel Geld wir hatten, noch konnte ich sicher sein, dass unsere Rechnungen alle bezahlt wurden. Seit ich sechzehn war, hatte ich bis auf die drei Jahre Ehe zwischendurch immer mein eigenes Geld verdient und ausgegeben.

Nun verfügte ich über einen großzügigen Betrag an Haushaltsgeld und ein bisschen Kleingeld für den persönlichen Bedarf (Tampax und Taxis). Die Rechnungen gingen an Vus und wurden von ihm bezahlt. Dieses Novum war nicht komisch, und in meinem Herzen herrschte kein Friede.

An die Mitglieder der South Africa United Front erging eine Einladung nach Indien, um mit Krishna Menon zusammenzutreffen. Als Vus weg war, wurstelte ich ein paar Tage lustlos im Haus herum, traf niemanden außer Guy und versuchte, eines schleichenden Gefühls der Nutzlosigkeit Herr zu werden. Als jedes Fenster blitzblank war und jeder Schrank aussah wie eine Schaufensterauslage, beschloss ich, bei Abbey vorbeizuschauen. Das begehrteste Unterpfand einer Freundin ist ihr offenes Ohr.

»Er will nicht, dass ich arbeite, aber ich kriege nichts mehr mit, und das macht mich wahnsinnig.«

Abbey strich über den Flor ihres Langhaarsofas. »Du wolltest einen Mann, Maya Angelou, und jetzt hast du einen.« Sie verstand nicht, wie sehr mir das Ganze an die Substanz ging.

»Aber Ab, ich hab doch nicht mein ganzes Leben aus der Hand gegeben. Das ist doch einfach nicht in Ordnung.«

Sie presste die Lippen zusammen und starrte mich eine ganze Weile an. Dann klang sie böse. »Ein Mann übernimmt nun mal die Führung, so ist das in der Natur angelegt.« Wieder das Thema, über das wir uns schon seit Jahren stritten.

Mein Standpunkt war immer gewesen, dass für mein Leben ganz und gar ich allein verantwortlich war. Für Guy hatte ich lediglich die Verantwortung, bis er volljährig war, danach musste er übernehmen. Natürlich hatte bisher auch noch kein Mann versucht, mich eines Besseren zu belehren, indem er mir seine Nestwärme anbot. »Dann bin ich offensichtlich in der Natur nicht vorgesehen. Ich kann es nämlich nicht ausstehen, wenn ich nicht weiß, woher meine Luft zum Atmen kommt.«

Abbey schnalzte belehrend mit der Zunge. »Der schlimmste Affront an der Sklaverei war, dass der weiße Mann dem Schwarzen Mann die Möglichkeit genommen hat, für sich, seine Frau und seine Familie zu sorgen. Vus bringt dir bei, dass du kein Mann bist, und wenn du noch so stark sein magst. Er macht eine Afrikanerin aus dir, wirst schon sehen.« Sie wischte mich und die Diskussion einfach beiseite. Dabei hatte sie keine Ahnung von den afrikanischen Frauen, die ich in London kennengelernt hatte, oder von den legendären Frauengestalten in den afrikanischen Geschichten. Ich wollte durchaus eine Ehefrau sein und meinen Mann mit einem schönen Zuhause glücklich machen, aber es gab doch noch mehr im Leben, als ein gewissenhaftes Dienstmädchen zu sein und allzeit bereit für Sex.

11

Die Cultural Association for Women of African Heritage hielt ihr zweites Treffen in Abbeys luxuriösem Penthouse-Apartment an der Columbus Avenue ab. Ein paar Wochen zuvor hatten wir uns auf eine Satzung, eine Grundsatzerklärung und einen Namen geeinigt: CAWAH. Er klang exotisch – schon waren wir dafür. Die neu gegründete Organisation umfasste Tänzerinnen, Lehrerinnen, Sängerinnen, Autorinnen und Musikerinnen, und unser Plan war, sämtliche Schwarzen Bürgerrechtsgruppen zu unterstützen. Die Satzung, verfasst von Sarah Wright und einstimmig unterzeichnet von der Mitgliedschaft, besagte, da die gesamte Macht der Vereinigten Staaten im Zorn gegen die bloße Existenz von Afroamerikanern aufmarschierte, würden wir, die Mitglieder von CAWAH, uns erbieten, für jedwede Veranstaltung, die ernsthaft auf die Entwicklung einer gerechten Gesellschaft abzielte, Spenden zu sammeln und Werbung bzw. Öffentlichkeitsarbeit zu machen. Sie besagte überdies, dass unsere vielseitig talentierten Mitglieder nach mehrheitlicher Abstimmung bereit seien, Tanzvorführungen, Songfestivals, Modeschauen sowie allgemeine Protestmärsche zu veranstalten.

In Abbeys Wohnzimmer ging es hoch her. Sollten wir darauf bestehen, dass jedes Mitglied ihr Commitment zum Schwarzsein dadurch zum Ausdruck brachte, dass sie ihre Haare nicht mehr glättete? Abbey, Rosa und ich hatten schon kurzgeschnittene Naturals, aber ausgerechnet die anderen Frauen, denen die geglättete Mähne über die Schulter fiel wie bei einem Pferd, fanden, eine natürliche Frisur sollte Pflicht sein.

»Ich habe schon einen Termin, nächsten Freitag. Der ganze Quatsch hier kommt runter, denn die Welt soll sehen, dass ich stolz darauf bin, Schwarz zu sein.« Die Frau legte die Hände in den Nacken und hob ein paar Jahre Haarwuchs in die Höhe.

»Ich bin dagegen«, sagte ich, denn mir würde ihr langer schwarzer Pagenkopf fehlen.

»Ich auch«, sagte Abbey. »Unsere Haarpracht heißt doch nicht umsonst Pracht, und es steht jeder Frau frei, was sie damit anstellt. Weder hier anbiedern noch dort, ist meine Meinung. Ich habe diese Frisur, weil ich sie schön finde und Max auch, aber ich würde mir die Haare auch grün färben, wenn ich fände, das sieht besser aus.«

Wir lachten alle und legten diese Diskussion ad acta, um uns unseren Plänen für eine groß angelegte Modenschau mit afrikanischem Thema und afrikanischen Designs zu widmen. »Und zwar in Harlem. Ich habe echt die Nase voll von Schwarzen, die sich in weißen Hotels treffen und darüber jammern, wie niederträchtig Weiße sind«, meinte Abbey, worauf Rosa und ich abgestellt wurden, um passende Räumlichkeiten für unsere Veranstaltung aufzutun.

Wir trafen uns an der 125sten Straße, und als Erstes sagte Rosa: »Lumumba ist tot.« Kongolesische Diplomaten hätten es ihr erzählt, fuhr sie entsetzt und fast tonlos fort, sein Tod solle aber erst am kommenden Freitag bekanntgegeben werden, wenn Adlai Stevenson, der US-Delegierte bei den Vereinten Nationen, die Nachricht offiziell verkünden würde.

Ich schwieg. Worte hätten die Leere des Moments nicht fassen können. Patrice Lumumba, Kwame Nkrumah und Sékou Touré waren das Heilige Afrikanische Triumvirat, das von radikalen Schwarzen Amerikanern in Ehren gehalten wurde, und wir hatten unsere Anführer bitter nötig. Man hatte uns misshandelt, und zwar so lange misshandelt, dass der Verlust eines Helden einen Rückschlag von solchem Ausmaß bedeutete, dass er uns entmutigen und unsere Sache schwächen konnte.

Ziellos, wie im Nebel, liefen wir umher, als wir plötzlich auf einen Menschenauflauf aufmerksam wurden – Stimmen,

Gedränge, Rufe. Wir ließen uns auf die Kreuzung zutreiben, an der die Nation of Islam eine Massenkundgebung abhielt.

Auf dem Gehweg herrschte Geschiebe und Gedrängel, die Kreuzung wurde von nervösen weißen Polizisten überwacht. Eine andächtige Menge hatte sich so nahe wie möglich an das Podest herangedrängt, auf dem Malcolm X stand, flankiert von einem Kader gut gekleideter, ernst blickender Männer. Fernsehteams auf Pritschenwagen richteten ihre Kameras auf das belagerte Podium.

Malcolm trat ans Mikrofon.

»Jeder Mensch, der mich hier hört, ist ein Soldat. Entweder ihr kämpft für eure Freiheit, oder ihr übt Verrat am Freiheitskampf – oder ihr habt euch bei der Armee verpflichtet, die anderen die Freiheit streitig macht.«

Seine tiefe, facettenreiche Stimme drang durch die Menge und bis zu dem Mietshaus gegenüber, wo sich die Zuhörer halb aus dem Fenster in die Frühlingsluft hängten, um ihn zu verstehen.

»Der Schwarze Mann ist auf den Tod programmiert. Entweder er stirbt von eigener Hand, oder von der Hand eines Bruders, oder von der Hand eines blauäugigen Teufels, der nur eines gelernt hat: dem Schwarzen Mann das Leben zu rauben.«

Die Menge stimmte ihm geräuschvoll zu. Malcolm wartete, bis wieder Ruhe einkehrte. »Der Ehrenwerte Elijah Muhammad bietet den einzigen Ausweg für den Schwarzen Mann. Ihr sollt Allah als Schöpfer anerkennen, Muhammad als seinen Botschafter und den weißen Amerikaner als Teufel. Wenn ihr nicht glaubt, dass er der Teufel ist, schaut nur, wie er euch das Leben zur Hölle macht.«

Schwarze Zuhörer riefen und wogten hin und her; Polizisten klopften sich an die aufgeknöpften Pistolenhalfter.

Rosa und ich nickten uns zu. Die Muslim-Tirade war Balsam auf unsere Seelen. Malcolms Liebe zu uns Schwarzen und sein Verständnis begeisterten uns genauso wie sein Hass auf die Weißen mit ihrer Unmenschlichkeit.

Da zum Podium kein Durchkommen war, schoben wir uns bis zu Mr Micheauxs Buchhandlung vor und stellten uns dort in die Tür.

»Sprich, Malcolm.«

Malcolm hob zur nächsten Tirade an, sein Gesicht goldgelb in der Sonne, sein Haar rostrot.

»Wenn ihr um jeden Preis leben wollt, dann sagt weiter ›Ja, Sir‹ und macht euren Kratzfuß und geht auf die Knie vor dem Teufel. Wenn ihr aber eure Freiheit wollt, dann macht euch lieber mit den Schriften des Ehrenwerten Elijah Muhammad vertraut, und achtet lieber eure Frauen. Bringt zu Hause alles in Ordnung und hört auf, eure Frauen zu betrügen. Wisst ihr überhaupt, wen ihr da eigentlich betrügt?«

Wie Pfeile schossen Frauenstimmen aus der Menge. »Sag's ihnen, Brother Malcolm!« »Sag's den Trotteln! Sie führen sich auf wie die kleinen Kinder.« »Erklär's ihnen, erklär's ihnen genau.« »Erklär's ihnen haarklein.«

Malcolm holte tief Luft und beugte sich zum Mikrofon hinunter. »Ihr betrügt eure Väter und Mütter und Großväter und Großmütter, und-ihr-betrügt-Allah.«

Ein Mann auf dem Podium hob die Hände zum Himmel, sodass seine kupferfarbenen Handflächen zu sehen waren, und sang ein Gebet auf Arabisch.

Spontaner Applaus, dann blickte Malcolm feierlich in die Menge. Menschen hielten still; die Luft hielt still. Als er wieder ansetzte, war sein Ton sanft und lieblich.

»Manche von euch glauben, dass es auch gute Weiße gibt,

richtig? Gute Weiße, für die ihr gearbeitet oder mit denen ihr zusammengearbeitet habt, mit denen ihr in die Schule gegangen seid oder die ihr sogar geheiratet habt. Richtig?«

Die Zuhörer bestritten das grummelnd.

Leise, fast im Flüsterton sprach Malcolm weiter. »Es gibt Weiße, die Geld spenden, an die SCLC, die NAACP und die Urban League. Manche gehen sogar glatt mit euch auf die Straße. Aber ich sage euch, was das für Menschen sind. Jeder weiße Amerikaner, der euch erzählt, er sei euer Freund, ist entweder ein Schwächling« – er wartete, bis das Wort seine Wirkung entfaltete, und knurrte dann: »Oder ein Spion. Entweder er hat zu viel Angst, um euch zu helfen, wenn ihr Hilfe braucht, oder er macht sich an euch ran, horcht euch aus, was ihr vorhabt, und liefert euch in Ketten wieder seinen Brüdern aus.«

Die Ecke brodelte; Wut und Wiedererkennen prallten aufeinander. Als Malcolm geendet hatte, wurde ihm beifällig zugebrüllt. Rosa und ich warteten in der Buchhandlung, bis die Menge sich halbwegs zerstreut hatte.

Stumm machten wir uns auf den Weg zu Frank's Restaurant. Wieder waren Worte nicht nötig. Was Malcolm gesagt hatte, war hart gewesen, aber zu nahe an der bitteren Wahrheit, als dass wir hätten widersprechen wollen. Wir Schwarzen waren allein. Allein wie immer. Von Weißen konnten wir keinen Schutz erwarten, nicht einmal, wenn sie mit uns verwandt waren. Sklavenhalter-Väter hatten ihre Schwarzen Söhne und Töchter verkauft. Weiße Schwestern hatten ihre Schwarzen Schwestern in Sklavensärge gelegt – eiskalt.

Ohne uns anzusehen, saßen Rosa und ich an der Bar.

»Was können wir tun?«

»Ja, was?« Traurig wandte sich Rosa mir zu, als hätte ich

sie im Stich gelassen, wo sie doch auf meine Intelligenz gebaut hätte. »Ja, was, verdammt? Wir müssen ein Zeichen setzen. Wir müssen den Kongolesen und allen anderen Afrikanern zeigen, dass wir hinter ihnen stehen. Ob aus New York, aus den Südstaaten oder aus der Karibik, Schwarze sind ein Volk, und wir sind alle gleichermaßen unterdrückt.«

Ich bestellte noch einen Drink.

Als einzig mögliche Aktion fiel mir ein, die Mitglieder von CAWAH zusammenzurufen und die Sache in der Runde zur Diskussion zu stellen. Gemeinsam würde uns schon etwas einfallen, etwas, das groß genug war, um die Schwarze Community von New York aus dem Schlaf zu wecken.

Rosa hielt zwar nicht viel von meiner Idee, wollte sich aber beteiligen.

Um die zehn Frauen trafen sich bei mir, und sofort war der Ton argwöhnisch und gereizt. Woher wollte Rosa denn wissen, dass Lumumba tot war? In den Zeitungen habe doch noch nichts gestanden.

Rosa erwiderte, sie habe ihre Information aus verlässlichen Quellen.

Einige Mitglieder meinten, unsere Organisation sei ihrer Ansicht nach doch gegründet worden, um den Kampf der Schwarzen Amerikaner um die Bürgerrechte zu unterstützen. Übernahmen wir uns da nicht, wenn wir Afrika auch noch miteinbezogen? Von Sékou Touré und Tom Mboya mal abgesehen, wann hätten uns die Afrikaner denn je unterstützt?

Eine Frau, von Beruf Model, machte Andeutungen, dass Rosa und ich ja wohl wegen unserer Männer (bzw. Rosa wegen ihres Diplomatenfreundes) eine Schwäche für die afrikanische Sache hätten. Das sei eine strohdumme Haltung, konterte Abbey, was in Afrika passiere, gehe auch alle Schwarzen Amerikaner an.

Eine Frau bemerkte, das Einzige, was Afrikaner je für uns getan hätten, sei ja wohl, unsere Vorfahren in die Sklaverei verkauft zu haben.

Ich erinnerte die Konservativen in unserer Gruppe, dass Martin Luther King gesagt hatte, er hätte bei seiner unlängst erfolgten Afrikareise große Inspiration und brüderliche Unterstützung erfahren.

Plötzlich meldete sich Rosa zu Wort. »Ein paar von uns werden etwas unternehmen, was, wissen wir noch nicht. Aber ihr alle, die ihr keine Lust habt, schafft doch einfach euren Hintern aus dem Weg und stehlt uns nicht die Zeit, ja?«

Wie üblich, wenn sie sich aufregte, kam ihr karibischer Akzent zum Vorschein und der melodiöse Tonfall war ein herrlicher Kontrast zu ihrer Wortwahl.

Abbey stand auf und stellte sich an die Tür. Stoffgeraschel, Schuhgescharre, Türengeknall, und dann waren es nur noch sechs Frauen in unserem Wohnzimmer.

Abbey brachte Brandy, und nun ging es zur Sache. Nach einer kurzen, hitzigen Diskussion fassten wir unseren Entschluss. Am Freitag würden wir bei der Generalversammlung der Vereinten Nationen auftauchen. Wir hätten schwarzen Tüll dabei, und wenn Adlai Stevenson dazu ansetzte, den Tod Lumumbas bekanntzugeben, würden wir sechs Frauen mit Bobby Pins Trauerschleier am Haaransatz befestigen und so gemeinsam in dem großen Saal dastehen. Nicht viel, aber eine dramatische Geste. Abbey meinte, ein paar Männer würden wahrscheinlich auch mitkommen, Max auf alle Fälle. Rosas Schwester Amece kannte zwei westindische Revolutionäre, die sicher gern mitmachten. Für die Männer würden wir schwarze Armbinden basteln, die sie sich im entscheidenden Moment dann auf den Ärmel schieben konnten, um gemeinsam mit den Frauen schweigend dazustehen. So war der Plan. Kein Massenzinnober, aber doch ein wirkungsvolles Statement.

Als das Treffen schon an sein Ende kam, fiel mir noch der Rat ein, den Vus ein paar jungen afrikanischen Freiheitskämpfern einmal gegeben hatte:

»Schottet euch nie vom Volk ab. Die Gegenseite setzt mit großem Erfolg die Taktik der Spaltung ein. Wenn ihr etwas Radikales vorhabt, dann wendet euch an die Massen. Macht ihnen klar, wer ihr seid. Das ist eure beste Absicherung.«

Ich zitierte den Frauen diesen Rat und schlug vor, bei ein paar Leuten in Harlem durchblicken zu lassen, was wir vorhatten. Alle waren dafür. Wir würden uns an Mr Micheaux wenden; der würde die Nachricht dann schneller verbreiten als ein ganzes Congaorchester.

Am Nachmittag darauf gingen wir wieder in die Buchhandlung, in der jeder Zentimeter Wand, der zwischen den Bücherregalen noch frei war, mit Postern von Schwarzen bepflastert war: Marcus Garvey in militärischem Aufputz fuhr auf ewig im offenen Wagen an der einen Wand, W. E. B. Du Bois blickte hochmütig über die Köpfe von Leseratten hinweg, Malcolm X, Martin Luther King und ein Aufgebot an afrikanischen Chiefs starrten in unterschiedlichen Schattierungen von Ingrimm auf die Besucher herab.

Mr Micheaux war von kleiner Statur, redete schnell und bewegte sich flink. Seine Haut hatte die Farbe eines ausgebleichten braunen Briefumschlags. Wir hielten ihn auf einem seiner Spurts durch die Regalreihen auf. Ungeduldig nickend hörte er sich unsere Pläne an.

»Stimmt. Die Leute sollen das wissen. Aber ihr sagt es ihnen. Genau. Ihr sagt es ihnen.« Seine kurzen Staccato-Sätze ploppten ihm über die Lippen wie Knallfrösche. »Kommt abends wieder. Ich hol alle her. Pünktlich. Halb acht. Ihr sagt es ihnen.«

Er drehte sich um und wich geschickt der Kundschaft in der bevölkerten Regalreihe aus.

Kurz nach sieben mussten wir uns an der Ecke zur Seventh Avenue durch einen Pulk von Menschen den Weg bahnen. Wir dachten, die Muslims oder die panafrikanische Universal Improvement Association hielten eine Versammlung ab, oder Daddy Grace und seine Schäfchen trommelten Seelen für Jesus zusammen. Natürlich war es auch ein warmer Frühlingsabend und in den kleinen Wohnungen war es stickig – alles Mögliche hätte die Menschen auf die Straße treiben können.

Als wir uns der Buchhandlung näherten, drang Mr Micheauxs Lautsprecherstimme zu uns.

»Viele von euch sagen, Afrika geht uns nichts an. Geht uns doch nichts an. Aber ihr seid Schwachköpfe. Nigger und Schwachköpfe. Und genau da will der Weiße euch haben. Der Cracker lacht sich ins Fäustchen. Ha, ha.« Er bellte ins Mikro. »Ha, ha, machen die Cracker.«

Groß, wie ich bin, konnte ich ihn auf einem Podium vor seinem Buchladen stehen sehen. Er hielt sich am Mikrofonständer fest, drehte sich nach links und rechts, dass die Jackenschöße flogen, und ein brauner, schmalkrempiger Hut verdeckte sein Gesicht.

»Abbey, die sind« – je näher wir kamen, desto dichter wurde das Gedränge – »die sind wegen uns hier.«

Sie packte meine Hand, und ich hakte mich bei Rosa unter. Gemeinsam marschierten wir weiter.

»Ein paar eurer Schwestern werden gleich zu euch sprechen. Über Afrika. In ein paar Minuten erzählen sie euch von Lumumba. Patrice Lumumba. Und den verdammten Belgiern. Den Vereinten Nationen. Wenn ihr keine Ahnung habt, geht nach Hause. Bleibt nicht hier, hört nicht zu. Und all ihr verdammten Spitzel hier – rennt nach Hause und verpetzt mich bei euren weißen Herren und Gebietern. Petzt, was diese Schwarzen Frauen gleich sagen werden. Petzt auch das mit J.A. Rogers' Büchern. Die beweisen, dass die Afrikaner schon Königreiche hatten, als die Weißen sich noch nicht mal anständig gewaschen haben. Und vergesst nicht Brother Malcolm. Vergesst nicht Frederick Douglass. Petzt alles. Wer auch nur ein Gramm Hirn im Kopf hat, sagt doch: ›Lass mich in Ruhe, Charlie. Lass mich verdammt noch mal in Ruhe.‹ Da kommen sie.« Er hatte uns erspäht. »Komm, Abbey, komm, Myra, ihr beide und Rosa. Kommt! Kommt hier hoch und sprecht. Ihr werdet schon erwartet.«

Unbekannte Hände halfen uns auf das wackelige Podest. Erhobenen Hauptes und wunderschön anzusehen trat Abbey ans Mikrofon. Rosa und ich stellten uns hinter sie und blickten ins Publikum. Tausende Schwarzer, brauner und hellbrauner Gesichter blickten zurück. Damit hatten wir nicht gerechnet. Meine Beine wurden weich, und mir schlotterten die Knie.

»Wir sind von der CAWAH, der Cultural Association for Women of African Heritage. Uns ist zu Ohren gekommen, dass unser Bruder Lumumba im Kongo ermordet wurde.«

Ein Stöhnen ging durch die Menge.

»O Gott.«

»O nein.«

»Wer hat ihn umgebracht?«

»Wer?«

»Sag schon, wer.«

Abbey blickte sich zu Rosa und mir um. Die Nervosität stand ihr ins Gesicht geschrieben.

Mr Micheaux rief: »Sag's ihnen! Sie wollen es wissen.«

Abbey wandte sich wieder zum Mikro. »Ich sage jetzt nicht, die Belgier.«

Die Menge schrie. »Wer dann?«

»Ich sage jetzt nicht, die Franzosen oder die Amerikaner.«

»Wer dann?«

Das kam als lauter, hungriger Schrei.

»Ich sage, die Weißen haben einen Schwarzen umgebracht. Wieder einmal.«

Mr Micheaux beugte sich zu Abbey. »Sag ihnen, was ihr vorhabt.«

Abbey nickte.

»Am Freitag früh gehen wir Frauen und ein paar Männer zu den Vereinten Nationen. Wir setzen uns in die Generalversammlung, und wenn sie den Tod von Lumumba bekanntgeben, stehen wir auf und bleiben stehen, bis sie uns rauszerren.«

Die Menge bekundete lautstark ihr Einverständnis.

»Ich komme.«

»Ich bin dabei.«

»Ich auch.«

»Genau, aufstehen und dastehen. Unübersehbar.«

»Genau!«

Auch ein paar Gegenstimmen machten sich bemerkbar.

»Bullshit. Soll das alles sein?«

»Ein Mann wird ermordet, und ihr Weiber wollt einfach aufstehen? Shit.« Und: »Die knallen euch den Arsch unterm Hintern ab, keine Frage.«

Der Protest wurde aber vom allgemeinen Zuspruch übertönt.

Mr Micheaux nahm das Mikro an sich.

»Komm, Myra.« Der kleinwüchsige Mann konnte meinen Namen richtig schreiben, bei der Aussprache haperte es allerdings. »Rede du.«

Er wandte sich an die Menge. »Diese Frau ist mit einem Afrikaner verheiratet. Ihr Mann ist den weißen Südafrikanerhunden nur knapp entronnen. Komm, Myra. Sag was.«

Ich wiederholte das, was schon mindestens einmal gesagt worden war. Die Wiederholung war ein allgemein verständlicher und geschätzter Code, wir hatten sogar den Spruch: »Mach aus allem, was du sagst, Two-time-Talk. Was du einmal gesagt hast, kannst du ja hoffentlich wiederholen.« Schwarze Ohren waren außerdem aus Jazz, Blues und der Prosa Schwarzer Prediger das Ruf-Antwort-Schema gewohnt.

Mr Micheaux nahm mir das Mikrofon aus der Hand und winkte Rosa her.

Sie ließ den Blick über die Gesichter schweifen und brachte die Sache schnell hinter sich.

»Wir werden da sein, und jeder von euch, der Lust hat, ist willkommen. Wir treffen uns um halb neun vor dem UN-Gebäude. Wir stellen Trauerschleier und Armbinden bereit, die dann von unseren Mitgliedern am Anfang verteilt werden. Kommt alle – kommt und tut der Welt kund, dass sie Schwarze Wortführer nicht mehr heimlich umbringen können. Kommt!«

Sie gab Mr Micheaux das Mikrofon zurück und machte Abbey und mir ein Zeichen. Man half uns von der Bühne. Die Menge teilte sich und flankierte uns mit Zurufen.

»Wir kommen.«

»Halb neun am Freitag.«

»Bis dann, Schwester. Wir sehen uns bei der UNO.«

»Gott segne euch.«

Im Taxi saßen wir schweigend und hielten uns aneinander fest. Die Größe der Menge und ihre leidenschaftliche Reaktion hatten uns verstummen lassen. Wir verabredeten uns noch für den nächsten Tag.

Ich kam in ein leeres Haus zurück. Auf der Anrichte trocknete das Geschirr von Guys Abendessen, und auf dem Esstisch lag ein Zettel mit der Mitteilung, er gehe zu einem Treffen der atomwaffenkritischen SANE, um halb elf sei er wieder zurück.

Rosa rief an. Wir mussten Geld vom CAWAH-Konto abheben, ihre Nichte Jean wollte am nächsten Morgen in ein Stoff-Outlet downtown fahren und schwarzen Tüll und schwarzes Gummiband besorgen; Rosa selbst wollte bei Woolworth Haarnadeln holen. Wir sollten uns bei ihr treffen, um die Armbinden zu nähen und die Haarnadeln in die Tüllstücke zu stecken. Ich sagte Ja und Amen und legte auf. Dann rief Abbey an. Ob ich die CAWAH-Frauen anrufen würde und auch bei der Harlem Writers Guild nachfragen, und ob wir nicht sicherheitshalber einfach hundert Schleier und Armbinden basteln sollten? Ja und Amen.

Guy kam voller Elan von seinem Treffen nach Hause. SANE plante für Samstag eine Demonstration in New Jersey, Chuck und er wollten hingehen. Wenn die Killens und ich ihnen erlaubten, einen Tag Schule zu schwänzen, würden sie am Freitag mit über die George Washington Bridge marschieren; mir passiert schon nichts, Mom. Sie würden Schlafsäcke mitnehmen und massig Erdnüsse und ich hätte doch schließlich gesagt, er solle sich engagieren? »Dad« wäre sicher dafür, wenn er nicht in Indien wäre. Meine Generation habe ja ursächlich dazu beigetragen, dass in seinem Geburtsjahr die Atombombe über Hiroshima abgeworfen wurde, er könne sich also mit Fug und Recht als »Kind der Atombombe« bezeichnen. Chuck und er hätten darüber gesprochen, nie wieder dürfe die Bombe zum Einsatz kommen. Hunderttausende von Menschen seien umgekommen und Millionen verstümmelt worden, und ob ich vielleicht solche Fotos wie von Hiroshima je wiedersehen wolle?

Ich gab ihm die Erlaubnis für New Jersey.

Jean, Amece und Sarah schnitten den schwarzen Tüll zu, Rosa nähte an die Hälfte der schwarzen Vierecke Gummibänder, Abbey und ich bestückten den Rest mit Haarnadeln.

Jean steckte sich einen Schleier ins Haar, und der steife Stoff stand ab wie ein fein plissierter Fächer. Ihre Augen und ihr kupferbrauner Teint waren durch den Stoff gerade noch auszumachen. Sie sah aus wie eine viel zu früh verwitwete junge Frau. Wir nickten wohlwollend – unsere Geste würde ein Erfolg werden.

Am Freitagmorgen stieg ich über Guys Schlafsack, den er im Wohnzimmer ausgelegt hatte. Guy aufzuwecken, wäre nicht nett gewesen, denn nach seinem Marsch über die Brücke würde er in der nächsten Nacht bestimmt nicht viel Schlaf abbekommen. Er wusste sowieso, dass ich in aller Herrgottsfrühe zu den Vereinten Nationen aufbrechen wollte; ich legte also einen Fünfdollarschein auf den karierten Schlafsack und verschwand.

Bei Abbey wuselte schon alles durcheinander. CAWAH-Frauen tranken Kaffee, räumten die Schleier in die eine Schachtel, quasselten, legten die Armbinden in die andere

Schachtel, futterten süße Teilchen, die die Lehrerin mitgebracht hatte, und flirteten lachend mit Max, der wie ein gutaussehender Pascha zwischen uns herumflanierte. Mit den Kartons unterm Arm und voller Vorfreude stellten wir uns im Flur vor die Lifte.

Bei Max und Abbey im Auto konnten zwei Leute mitfahren, der Rest würde sich ein Taxi nehmen; auf dem Gehsteig vor dem UN-Gebäude wollten wir uns treffen. Amece und Rosa hatten die Schleier, also fuhren die mit Max. Die Lehrerin, das Model, Sarah und ich blieben zusammen, Jean und die anderen würden sich auf weitere Taxis verteilen. Eines zu rufen war allerdings am frühen Freitagmorgen auf der Upper West Side gar nicht so einfach. Die Funktaxis waren von Geschäftsleuten für ihre üblichen Strecken gebucht, und viele weiße Fahrer drückten aufs Gas, wenn Schwarze sie herwinkten, vor lauter Angst, nach Harlem beordert zu werden und/oder wenig Trinkgeld zu bekommen.

Um zehn vor neun bog unser Taxi aus der 42nd Street auf die First Avenue. Sarah und ich stießen zugleich einen Schrei aus, und der Fahrer stieg so abrupt auf die Bremse, dass es uns alle nach vorn schleuderte.

»Was zum Teufel ist denn hier los?« Der Cabbie war genauso erschrocken wie wir. Auf dem Gehsteig herrschte ein Gedränge, das bis auf die Straße ausuferte. Schilder mit FREIHEIT JETZT, ZURÜCK NACH AFRIKA, AFRIKA DEN AFRIKANERN, EIN MENSCH, EINE STIMME wurden an Stöcken über die Köpfe der Leute geschwungen.

Tausende von Menschen waren auf der Straße, und alle Schwarz. Wir bezahlten die Fahrt und bahnten uns einen Weg durch den Pulk.

»Da ist sie. Das ist eine von ihnen.«

»Schwester, wir haben doch gesagt, wir kommen. Wo wart ihr so lang?«

»Wie kommen wir rein? Die Polizei hat gesagt …«

»Die lassen uns nicht rein.«

Die Rufe und Fragen waren an mich gerichtet. Ich dachte mir ein Sprüchlein aus und betete es auf meinem Weg durch die angespannte Menge herunter: »Ich erkundige mich. Ich kümmere mich drum. Ich kümmere mich drum. Ich erkundige mich.« Ohne jede Ahnung, bei wem ich mich erkundigen könnte oder wie ich mich um irgendwas kümmern sollte.

An der großen Glastür vor dem hochmodernen Gebäude wartete Rosa auf mich.

»Ist das zu fassen? So viele Menschen, so viele.« Vor lauter Aufregung kam ihr Karibisch wieder besonders deutlich durch. »Und die Wachen lassen uns nicht rein.«

»Rosa, du hast doch gesagt, du kriegst von den afrikanischen Delegationen Eintrittskarten.«

»Ja, aber bisher sind bloß die Senegalesen und mein Freund aus Obervolta aufgetaucht.« Sie musste schreien, da die Menschenmenge inzwischen Parolen skandierte.

Mit ernster Miene beugte sie sich zu mir. »Ich habe bloß sieben Tickets.« Die Menschen auf dem Gehweg schrien: »Freiheit!« »Freiheit!« »Lumumba! Lumumba!«

»Little Carlos ist auch da«, sagte sie. »Du weißt schon, der Kubaner. Er hat die Tickets genommen und ist mit Abbey, Max, Amece und ein paar anderen reingegangen. Dann kommt er mit den Tickets wieder und bringt noch mal sechs Leute rein. Anders geht's nicht.« Carlos Moore war ein zorniger junger Mann, der wie ein leuchtender Meteor durch den politischen Himmel von Harlem zischte.

Ich warf einen Blick auf das Schwarze Gedränge. Viele

dieser Menschen waren noch nie in Midtown Manhattan gewesen, weil sie die Blocks südlich von Harlem für mindestens so gefährlich hielten wie Feindesland oder Niemandsland. Auf unsere beiläufige Ermunterung hin hatten sie nun den Gefahren der Reise getrotzt.

Carlos kam durch die Doppeltüren getrabt. »Schwester, da bist du ja.« Er hatte ein vergnügtes Grinsen in seinem kleinen Schokoladengesicht. »So, die nächste Gruppe. Los geht's! Presto!«

Ich drehte mich um und zog die erstbesten Leute aus der Menge.

»Gebt mir eure Schilder. Ihr geht jetzt rein.« Ich übernahm die kopflastigen Schilder und Carlos rief den Auserwählten zu: »Mir nach, Brothers und Sisters. Immer schön bei mir bleiben.« Sie verschwanden ins halbdunkle Foyer, und ich verteilte die Plakate weiter.

Rosa hatte sich in den Pulk gestürzt, und ich schlängelte mich jetzt ihrem Beispiel gemäß durch die Leute, die direkt vor dem UN-Gebäude standen.

»Was liegt an, Schwester?«

»Die Blassnasen wollen uns nicht reinlassen, was?«

»Wir könnten die Mistbude doch einfach stürmen.«

»Shit, außer sterben müssen wir gar nichts. Und das bleibt uns eh nicht erspart.«

Bei der Gruppe blieb ich erst mal stehen. »Die Weißen hätten doch nichts lieber als einen Vorwand, unschuldige Schwarze abzuknallen. Tut ihnen den Gefallen bloß nicht.«

Eine alte Frau packte mich am Ärmel. »Gott segne dich, Schätzchen. Wenn nur die Kinder am Leben bleiben.«

Sie klang vernünftig und war ungefähr so alt wie meine Großmutter. »Danke, Ma'am.« Ich nahm sie an der Hand und zog sie aus dem Gedränge. Sie kam mit der nächsten Gruppe ins Gebäude. Gemeinsam nahmen wir Kurs auf die Treppe. Ich drehte mich um und verkündete mit lauter Stimme, was anscheinend passiert war.

Spione hatten die Polizei alarmiert, dass Harlem zu den UN kommen wollte, also hatte man die Sicherheitsvorkehrungen verschärft. Um ins Gebäude zu kommen, galt es jetzt Zurückhaltung zu üben. Die Cops waren nervös, damit also nicht irgendein schießwütiger Idiot in die Menge feuerte, mussten wir cool bleiben.

Die Menschen ließen sich mit einer Grandezza darauf ein, die mich beruhigte. Als die alte Frau und ich oben an der Treppe waren, kam Carlos durch die Tür. »Die nächsten sechs, und los geht's, schnell.«

Carlos sammelte weitere fünf Demonstranten plus die alte Frau zusammen und nahm sie mit ins UN-Gebäude.

In der nächsten halben Stunde, während Carlos immer wieder Sechsergrüppchen ins Gebäude schleuste, trafen weitere Polizeikräfte ein, die bewaffnet und ratlos auf den Gehsteigen auf unserer Seite und gegenüber herumstanden; von Weißen in Zivil wurde die ganze Aktion fotografiert.

Ein Demonstrant packte mich am Arm. »Was fällt euch eigentlich ein? Ihr lotst uns hier runter und dann kommen wir nicht rein.« Der Mann schäumte. »Typisch Schwarze, halb rasiert auf die Straße, aber blöd grinsen.«

Ich wollte ihm gerade erklären, dass uns ein Spitzel verpfiffen hatte, da stand Rosa neben mir und zupfte mich am anderen Ärmel.

»Komm, Maya. Schnell.« Ihre Dringlichkeit war nicht zu überhören. Ich log dem wütenden Mann ins Gesicht. »Bin gleich wieder da.«

In der gleißend hellen Eingangshalle standen unbewaffnete Sicherheitsleute nervös auf ihrem Posten. Neben der breiten Treppe zum ersten Stock hatte ein weiterer Trupp Sicherheitskräfte Carlos in die Zange genommen.

»Ich habe ein Ticket. Hier, das ist meins.« Aus seiner Faust lugten zerfranste Ränder von Eintrittskarten. »Die habe ich von einem Delegierten gekriegt.«

Rosa und ich drängten uns zwischen den Sicherheitsleuten durch in den Kreis hinein. Rosa nahm Carlos am Arm. »Komm, Carlos, wir müssen weiter.«

Gemeinsam schritten wir einigermaßen geradlinig und in moderatem Tempo los; das Bedürfnis, unter wildem Geheul in die Generalversammlung zu stürmen, hielten wir nur mühsam klein.

Obwohl wir schon außer Hörweite der Wachen waren, fand Carlos Flüstern angebracht. »Die Generalversammlung hat schon begonnen. Gleich wird Stevenson sprechen.«

Oben ließen uns weitere Sicherheitsleute schweigend vorbeiziehen. Am Eingang zum Saal standen zwei Schwarze Männer, die Gesichter erhitzt.

»Carlos! Wir dachten schon, die hätten dich kassiert, Mann!«

»Die kriegen mich nie, Mon. Ich bin Carlos, Mon.«

Sein Selbstbewusstsein war wiederhergestellt. Rosa grinste mir zu, und wir betraten den dunklen, stummen Saal. Meilenweit weg, am Ende eines steilen Abhangs, saßen in einem Lichtkegel Delegierte vor Mikrofonen, oben auf dem Balkon war es jedoch zu duster, als dass ich irgendetwas hätte klar erkennen können.

Nach ein paar Sekunden lichtete sich das Dunkel, und die Zuhörerschaft kam zum Vorschein. Vielleicht fünfundsiebzig Schwarze hatten sich unter die Weißen gemischt; manche der Frauen hatten sich den Schleier bereits vors Gesicht gepinnt.

Amece, Jean und die Lehrerin saßen nebeneinander, Max und Abbey auf der anderen Seite des Ganges in der Nähe von Sarah und dem Model. Eine Stimme mit Akzent brabbelte unverständlich vor sich hin.

Die kleine weiße Gestalt in der Ferne beugte sich mit ihrer hellschimmernden Glatze zum Mikrofon; dunkle Brillenränder akzentuierten das altbekannte Gesicht.

Seine ersten Worte wurden von einem Schrei übertönt, durchdringend und blutig und schrill. Sekunden später gesellten sich weitere Stimmen dazu.

»Mörder!«

»Lumumba, Lumumba.«

»Killer!«

»Verdammte Rassisten!«

Noch immer stand der Schrei hoch über den Köpfen verwunderter Menschen, die aufstanden, sich gegenseitig umklammerten oder in die Korridore drängten.

Das Licht im Zuschauerraum ging an. Stevenson nahm die Brille ab und blickte Richtung Balkon, fassungslos vor Schreck.

Ein Mann in meiner Nähe brüllte: »Ihr Ku-Klux-Klan-Arschlöcher!«

Noch einer: »Mörder!«

Die afrikanischen Diplomaten waren genauso erschrocken wie ihre weißen Kollegen. Ich war selber erschüttert. Wir hatten doch keine Randale geplant, wir hatten verschleiert und mit Leichenbittermiene aufstehen und mit dramatischem Effekt, aber stumm protestieren wollen.

»Babykiller!«

»Sklaventreiber!«

Zu Tode erschrockene Weiße im Publikum versuchten, vor den zeternden Schwarzen Reißaus zu nehmen. Durch die oberen und unteren Türen kam Sicherheitspersonal hereingeeilt.

Die grellen Lichter, der Tumult und der nicht enden wollendende hohe, schrille Schrei waren zu viel für mich. Mit weichen Knien setzte ich mich auf den nächstbesten Sitz.

Eine Frau im Korridor neben mir herrschte die Sicherheitskräfte an. »Fass mich nicht an! Lass bloß deine Pfoten weg, weißer Mistkerl!«

Die Sicherheitskräfte brüllten: »Raus da! Raus!«

Die Frau rief noch einmal: »Pfoten weg, du belgischer Bastard!«

Unten im Parkett standen die Diplomaten auf und strömten in geordneter Reihe auf einen Ausgang zu.

Als der durchdringende Schrei verstummte, hörte ich meine eigene Stimme plärren: »Mörder! Killer! Attentäter!«

Im Korridor zwischen den Sitzreihen rauften zwei Frauen mit einem Sicherheitsmann. Carlos war einem Weißen in den Rücken gesprungen und ritt ihn zu Boden. Eine korpulente Schwarze Frau hatte einen weißen Mann in Zivilkleidung am Kragen gepackt.

»Wen willst du umbringen? Wen willst du da umbringen? Du wirst mich noch kennenlernen, du Hundling. Pass bloß auf!«

Dem Mann war vor Schreck alles vergangen, und die Frau schüttelte ihn wie einen nassen Lappen.

Die Diplomaten waren verschwunden; bis auf das Sicherheitspersonal waren überhaupt alle Weißen weg. Der Balkon gehörte uns. Wie in den Kinos im segregierten Süden saßen wir nun wieder wie auf der Hühnerstange im hintersten Rang.

Rosa hatte sich zu mir durchgeschlagen, und ich schloss mich ihr an. Als wir die Leute eindringlich aufforderten, sich draußen auf der Straße wieder in Sicherheit zu bringen, schritten sämtliche Schwarzen erhobenen Hauptes an den Saalwachen vorbei, durch die Eingangshalle und hinaus ins Freie.

In der Menge draußen, angereichert durch Nachzügler und noch mehr Polizei, hatte die Stimmung umgeschlagen. Insider hatten Outsidern von unserem Aufstand erzählt, und nun waren die Schwarzen auf einen ordentlichen Tumult aus und die Ordnungshüter auf einen Vorwand einzugreifen.

»Gehen wir noch mal rein.« »Gehen wir rein und zeigen den Lumpen, dass es uns ernst ist.« »Von wegen Vereinte Nationen, vereinte Weiße trifft's besser! Gehen wir noch mal rein!«

Ein Polizeiaufgebot stand auf der Treppe, das Glitzern in den Augen. Von Rechts wegen durften sie nicht im UN-Gebäude agieren, aber sie würden sehr wohl verhindern, dass wir wieder reingingen.

Vereinzelt brüllten Leute die stummen, vor Wut kochenden Polizisten an.

»Ihr habt Lumumba umgebracht! Ihr Schweine!«

»Komm mir du mal auf die 125ste, da werd ich's dir zeigen.«

»Schmeiß deine Pistole weg, ich versohl dir den Hintern!«

Plötzlich stand Carlos vor mir.

»Wir gehen zum belgischen Konsulat, bleibt alle zusammen.« Rosa ergänzte mit lauter Stimme: »46ste Straße, im Associated Press Building. Los, los.«

In einem Polizeikorridor setzte sich der Pulk in Richtung Straße in Bewegung. Ganz vorn hatte jemand angefangen zu singen.

And before I'll be a slave, I'll be buried in my grave …

Mal in hoher, mal in tiefer Stimme lief das Lied durch die Menge, hier und dort aufgenommen und wieder beiseitegelegt, aber nie ganz fallengelassen.

And go home to my God and be free.

Berittene Polizei, aufrecht auf tänzelnden Pferden thronend, blickte auf uns herab, während wir singend die First Avenue überquerten.

Rosa und ich marschierten nebeneinander in der letzten Gruppe, und als wir in die 43ste Straße einbogen, sagte ich zu ihr: »Der Schrei hat alles ausgelöst. Wer da wohl geschrien hat?«

Stirnrunzelnd und lachend zugleich antwortete sie: »Amece, und Jean hätte sie dabei fast umgebracht.«

Die Demonstranten um uns sangen:

No more slavery,
No more slavery,
No more slavery over me.

»Amece meinte, sie hätte Stevenson da unten gesehen und an Lumumba denken müssen«, fuhr Rosa fort. »Sie wollte ihre Tochter an sich drücken, aber Jean ist erschrocken, und da hat Amece geschrien. Dummerweise hatte sie dabei den Arm um Jeans Hals, und als Jean zusammenzuckte, griff Amece noch fester zu und schrie weiter. Niemand sollte ihrem Baby was zuleide tun, deshalb hat sie so gebrüllt.« Rosa lachte. »Niemand außer ihr selber, sie hat Jean fast die Luft abgedrückt.«

Die Menge marschierte singend weiter.

Sechs Polizisten ritten durch die Nachzügler hindurch den Gehweg hoch, dass die Leute aus Angst vor den Pferden rechts und links wegspritzten.

Ein drahtiger Schwarzer, der nicht mehr ausweichen konnte, wurde gegen eine Mauer gedrückt. Auf Kruppen klatschend und die Ellbogen in Flanken bohrend stürmte ich zu ihm.

»Weg da, hopp, bewegt euch.«

Der Mann stand mit dem Rücken zur Wand und starrte die Polizisten an, ohne die Pferde überhaupt zu beachten. Als ich mich zu ihm durchgekämpft hatte, fasste ich ihn an der Hand.

»Komm, Brother. Komm.«

Wir zwängten uns zwischen den Pferden durch und wieder zu Rosa, die inzwischen die Gruppe aufgehalten hatte.

Sie grinste mich ungläubig an. »Maya Angelou, ich dachte, du hast Angst vor Tieren. Aber den Pferden hast du's sauber gezeigt!«

Sie hatte völlig recht, ich hatte nie auch nur ein Haustier besessen, ich konnte mit der idiotischen Intelligenz von Katzen und Hunden einfach nichts anfangen; genauer gesagt hatte ich vor jedem Tier Angst. Aber die Gefechte des Tages hatten mein gewohntes Ich ausgelöscht und Ungewohntes hervorgebracht. Ich befand mich im wahrsten Sinne des Wortes in einem Abenteuerrausch.

Als wir auf die Ecke 46ste Straße und Sixth Avenue zusteuerten, kam ich mir vor wie in einer TV-Reportage aus Südamerika. Im Moment sah es so aus, als neutralisierten sich schwerbewaffnete Polizisten und wütende Demonstranten gegenseitig. Gleißendes Sonnenlicht fiel auf die Gesichter hüben wie drüben, die beiden Gruppen musterten sich argwöhnisch und wogten versonnen hierhin und dorthin, dorthin und hierhin. Polizistenhände lagen stets nahe am Halfter, und Ordnungshüter in Zivil sprachen in knisternde Funkgeräte. Schwarze Demonstranten mit ramponierten, zerfledderten Schildern schoben sich raunend zentimeterweise auf dem Gehweg voran.

Polizeiautos parkten in doppelter Reihe, und ein Captain lief zwischen seinen Männern herum und sprach auf sie ein, nicht ohne aus den Augenwinkeln die Ansammlung zu beobachten, um deren Stimmung und Absichten einzuschätzen.

Als Rosa mich stehenließ, um sich wieder in die Menge zu stürzen, kam ein hochdekorierter Polizist zu mir herüber.

»Sind Sie eine der Anführerinnen?« Rote Wutflecken prangten auf seinem rosa Teint.

Getreu dem Schwarzen Rat aus den Südstaaten: »Wenn ein Weißer dich fragt, wohin du willst, sag ihm, wo du herkommst«, antwortete ich: »Ich gehöre einfach dazu.«

»Wo ist Ihre Genehmigung? Für so eine Demonstration brauchen Sie eine Genehmigung.«

Urplötzlich tauchten drei Schwarze Männer auf und postierten sich zwischen die Polizisten und mich.

»Was wollen Sie von der Schwarzen Dame hier?«

»Aufpassen, Weißbrot. Lass sie bloß in Ruhe!«

Augenblicklich wurden meine Beschützer von weiteren Polizeikräften umstellt, und Schwarze von den Rändern der Demonstration, die die rasche Bewegung beobachteten, kamen angerannt, um die neu eingetroffenen Ordnungshüter einzukreisen.

Jetzt war demonstratives Selbstbewusstsein gefragt. Ich blickte dem Polizisten ins Gesicht. »Genehmigung? Wenn's nach euch Weißen ginge, wären wir genauso arm dran wie unsere Brüder in Südafrika und wir bräuchten auch noch zum Atmen eine Genehmigung!«

Ein Mann direkt neben mir sagte: »Nein, wir haben keine bescheuerte Genehmigung. Also zückt ruhig eure Pistolen und schießt uns nieder. Schießt, denn wir rühren uns hier nicht vom Fleck.«

Die Polizisten, die nur zu gern der Einladung des Mannes gefolgt wären, schnaubten und tänzelten wie gereizte Pferde. Der Kommandant zügelte sie mit lauter Stimme: »Alles in Ordnung, Männer. Alles in Ordnung, hab ich gesagt. Zurück aufs Revier.«

Kurz wurden hasserfüllte Blicke gewechselt, dann zogen sich die Cops auf die Straße zurück und wir schlossen uns wieder der größeren Gruppe von Schwarzen auf dem Gehweg an.

Rosa war wieder da. »Carlos ist drinnen.« Sie hatte die Augen verengt. »Schon über eine halbe Stunde ist er da drin, hat jemand gesagt. Das belgische Konsulat ist im elften Stock. Vielleicht haben ihn die Cops erwischt.«

Gespenstisch stieg das Wissen darum, was die Polizei Schwarzen Männern antun kann, in mir auf. Der hübsche kleine Carlos erinnerte mich an meinen Bruder. Bailey hatten die Bullen ja tatsächlich, und vielleicht wurde er genau in diesem Moment geschlagen oder vergewaltigt. Ein entsetzliches Bild von Bailey in der Hand von Wahnsinnigen stand mir vor Augen, und ich konnte nur machtlos zusehen.

Bei Carlos war ich nicht machtlos.

»Ich gehe rein. Kümmere du dich um die Leute hier draußen«, sagte ich.

Ich ging die Gesichter in meiner Nähe durch.

»Wenn du mal in Schwierigkeiten bist«, hatte Vus einmal zu mir gesagt, »bitte bloß keine Schwarzen Mittelschichtler um Hilfe. Die stehen immer mit einem Fuß im System. Such dir einen *Tsotsi*, das heißt Gangster auf Xhosa, einen Bully, einen Knacki. Der hat schon die Wut im Bauch und weiß genau, dass er nichts zu verlieren hat.«

Ich blickte mich weiter um, bis ich den Mann entdeckte. Er war noch größer als ich, spindeldürr und schwarz wie Bitterschokolade. Vom linken Nasenflansch bis zum Ohrläppchen zog sich eine tiefe Narbe, vom Haaransatz bis zur linken Braue eine zweite.

Ich machte ihm ein Zeichen, und er setzte sich in Bewegung.

»Brother, ich heiße Maya. Ich glaube, Carlos Moore ist irgendwo in diesem Gebäude. Er ist der Anführer dieser Demonstration. Kann sein, dass die Cops ihn geschnappt haben, und du weißt, was das heißt.«

»Yeah, Sister, yeah.« Er nickte weise.

»Ich will da rein und nach ihm schauen, und ich brauche jemanden, der mitgeht.«

Er nickte noch einmal, abwartend.

»Es wird gefährlich, aber kommst du mit?«

»Klar.« Er verzog keine Miene. »Klar, Sister Maya. Gehen wir.« Er nahm mich am Arm und bugsierte mich Richtung Treppe.

»Wie heißt du?«, fragte ich. Darauf er: »Nenn mich Buddy.«

Als wir durch die Drehtür gingen, drang Rosas Stimme zu mir. »Pass auf dich auf, Maya.«

In der Lobby wimmelte es von Polizei, Sicherheitspersonal und geschäftigen weißen Männern. Obwohl mich mein Begleiter zügig auf die Lifte zuschob, konnte ich gerade noch einen Blick aufs Etagenverzeichnis werfen. Über dem belgischen Konsulat im elften Stock stand AMERICAN BOOK COMPANY, 10. Etage. Ein dicker, rotgesichtiger Polizist stellte sich Buddy und mir in den Weg.

»Wo wollen Sie hin?«

Der Tsotsi antwortete: »Geht dich einen Dreck an.«

Ich stieß ihn in die Seite und flötete freundlich: »Ich möchte zur American Book Company.«

Der Cop und der Tsotsi musterten sich vielsagend; die Geringschätzung zwischen ihnen britzelnd wie Stromstöße.

»Und du? Wohin willst du?«

»Ich begleite sie. Und zwar überallhin.«

Der Cop hörte den drohenden Unterton und verengte die Augen, ich hörte den Beschützerton und fühlte mich wie ein kleines Mädchen. Der feiste Bulle folgte uns bis in den Lift, wo ich, die Hand des Schwarzen Mannes haltend, den Knopf für den 10. Stock drückte. Die Fahrt war kurz und angespannt. Oben drehten wir uns noch einmal um und blickten dem Polizisten ins Gesicht, bis sich die Lifttür geschlossen hatte.

»Komm, wir suchen die Treppe«, sagte ich.

Um die Ecke leuchtete schon das »Exit«-Schild.

»Geh raus, Buddy, lass die Tür zugehen und dann schau, ob du sie von außen wieder aufkriegst.«

Er trat ins Treppenhaus, wartete, bis die Tür mit einem Knall zufiel, und ich trat einen Schritt zurück, als er die Tür von außen wieder aufstieß.

»Los, rauf mit uns!«

Wir rannten die Treppe hoch bis zum elften Stock, und Buddy rüttelte am Griff, aber die Tür ging nicht auf.

»Dieses Weißbrot von Bulle war schneller. Bleib du mal hier.«

Er drehte sich um und trabte die Treppe hoch in die nächste Etage. »Die Scheißtür ist auch abgeschlossen«, hörte ich ihn murmeln.

Polternd kam er wieder herunter.

»Was willst du jetzt machen?«

Im Augenblick fiel mir nichts ein. Ich hatte nur einen vagen Plan gehabt, in den elften Stock zu gelangen und »nach Carlos zu sehen«. Weiter als bis zu dieser Großtat hatte es mein Verstand nicht geschafft. Ich blickte Buddy ratlos an; der wartete auf eine Antwort. Nach ein paar Sekunden fand ich meine Sprache wieder. »Wahrscheinlich bleibt uns nichts anderes übrig, als wieder runterzugehen, auf die Straße. Tut mir leid.«

Ich war auf eine verächtliche oder jedenfalls spöttische Miene gefasst, aber Buddy verriet keine Emotion.

»Alles klar, Sister. Komm.«

Wir trotteten wieder hinunter in den zehnten Stock und ich drückte an der Tür, aber sie wollte nicht aufgehen. Buddy schob mich beiseite. »Lass mich das machen.« Er lehnte sich mit seinem ganzen Gewicht gegen die Metalltür, aber sie blieb zu. Panik ließ meinen Puls hochschnellen. Wie ein Idiot hatte ich mich dem Tod ausgeliefert. Die Cops konnten jeden Moment die Tür aufmachen und mir das Hirn wegblasen.

Kein Mensch wäre dabei und kein Mensch könnte mich beschützen. Vor meinem inneren Auge sah ich meinen Sohn in seinem Klassenzimmer sitzen. Wer würde es ihm sagen und wie würde er es aufnehmen? Mein frisch angetrauter Ehemann würde es per Telegramm in Indien erfahren. Was er wohl von einer Ehefrau hielt, die aus lauter Leichtsinn Selbstmord begangen hatte? Und meine arme Mutter ... Der Mann neben mir, den ich in meiner Panik völlig ausgeblendet hatte, fasste mich an beiden Schultern.

»Sister. Sister. Ganz ruhig, ich bin doch da.«

Er ließ wieder los und baute sich vor mir auf. »Nur über meine Leiche kommen die an dich ran.«

Buddy lief die Treppe hinunter, blieb im neunten Stock stehen, lief weiter, blieb wieder stehen und wieder und wieder. Ein paar Sekunden später rief er: »Komm, Sister Maya, komm! Ich hab eine Tür!« Auf dem Absatz im sechsten Stock holte ich ihn ein, hechelnd und mit flattrigem Herzen. Der Korridor und der Lift stellten für mich dar, was Kanada für flüchtige Sklaven bedeutet haben musste. Erst unten in der Lobby kam ich dazu, mich zu schämen. »Buddy, entschuldige bitte, dass ich vor lauter Panik vorhin so ausgerastet bin. Ich werde meinem Mann von dir erzählen.«

Er blickte mich kopfschüttelnd an. »Sister, in diesem Land ist man als *Negro* immer in Lebensgefahr, das ist doch verständlich. Sag deinem Mann einfach, ein Schwarzer hätte heute glatt sein Leben für dich riskiert. Weiter nichts.«

Er packte mich am Arm und bugsierte mich an den Polizisten vorbei ins Freie. Dort fiel ich direkt in Rosas Arme.

»Girl, was war denn los? Kurz nachdem du rein bist, kam Carlos raus. Ein paar von uns wollten grade los und dich holen.« Wir umarmten uns fest. »Rosa, du musst diesen

Brother hier kennenlernen«, sagte ich, aber als ich mich umdrehte, um Buddy ihr vorzustellen, war er schon in die sich lichtende Menge entschwunden.

»Geschlagene zwanzig Minuten warst du da drin«, sagte Rosa. Erstaunlich. Mutig, unerschrocken und kühn war ich gewesen – und genauso dumm, verantwortungslos und unvorbereitet. Mein Körper war vor Panik stocksteif, mein Verstand vor Angst außer Gefecht gesetzt gewesen, ein Fremder hatte den Mut von Vivian Baxter und die Großherzigkeit von Jesus Christus gezeigt, und all das hatte sich innerhalb von zwanzig Minuten ereignet.

Zwischen den übriggebliebenen Demonstranten trieben sich Radio- und Fernsehreporter auf der Suche nach willigen Interviewpartnern herum.

»Ja, wir sind wütend«, rief eine Frau in ein Mikrofon. »Ihr knallt uns doch ab wie Karnickel. Eine Mordswut haben wir, könnt ihr Gift drauf nehmen!« Ein Mann hinter ihr ergänzte: »Lumumba war im Kongo, der Kongo ist in Afrika, und wir sind Afrikaner. Noch Fragen?«

Die Mitglieder der CAWAH hatten sich darauf verständigt, keine öffentlichen Statements abzugeben, daher drehten wir uns weg, sobald Journalisten ankamen. Die Demonstranten waren erschöpft, manche zogen mit hängenden Schultern und schwerem Schritt allmählich ab, im Bewusstsein, dass ihr jüngster Protest keine Früchte getragen hatte. Sie hatten für Josua die Trompeten geblasen, aber die Mauern von Jericho waren stehengeblieben, hatten sich keinen Zentimeter bewegt.

Am Abend ging ich zum Essen und Nachrichtengucken zu Rosa. Die Kameras zeigten namenlose Schwarze, die aus dem UN-Gebäude stürzten, und singende Demonstranten auf der 46sten Straße.

Erboste Gesichter im Profil glitten durchs Bild, Anschuldigungen wurden gebrüllt. Als ein unbekannter, geschniegelter Typ auftauchte und mit großen Worten verkündete, er übernehme die volle Verantwortung für die Demonstration, nannte Jean ihn einen Arschkriecher und schaltete den Fernseher aus.

Ein paar Minuten lang hatte es uns angesichts der Aufregungen des Tages und des wundersamen Vermögens von CAWAH, all diese Menschen aus Harlem auf die Straße zu treiben, die Sprache verschlagen. Anschließend überlegten wir gemeinsam, was jetzt zu tun sei. Der Tag hatte gezeigt, dass es in Harlem brodelte und dass weder die NAACP noch die SCLC oder die Urban League diese Wut unter Kontrolle hatten. Wenn sie sich nicht nach außen entladen konnte, würde sie sich nach innen richten. Schießereien und Messerstechereien würden zunehmen, Schwarze würden aufeinander losgehen, um Druck abzulassen, in der blinden Suche nach einem Mittel gegen den Schmerz.

»Die Black Muslims«, sagten Rosa und ich gleichzeitig und grinsten uns an ob der schönen Koinzidenz. Natürlich, die Muslims mit ihrer großartigen Disziplin und ihrem klaren Standpunkt zu den Beziehungen zwischen Schwarz und Weiß, die würden wissen, wie man das Ferment in Harlem unter Kontrolle halten und zu einem guten Zweck nutzen konnte. Am besten gingen wir auf der Stelle zu Malcolm X und übergaben ihm das Ruder. Es wäre interessant zu sehen, was er unternehmen würde, und eine Erleichterung, die Verantwortung abzugeben.

Am nächsten Tag kriegte sich Guy gar nicht mehr ein vor Begeisterung. »Mom, du bist klasse, echt klasse. Ich wär gern dabei gewesen. Mann, hätt ich gern das Gesicht von Stevenson gesehen. Mann, das ist echt toll.«

John Killens rief bei mir an. »Wieso hast du mir nicht gesagt, dass du mit deinen Leuten einen Aufstand planst? Dafür bin ich immer zu haben, das weißt du doch, mein Engel.«

Als ich erklärte, dass wir bloß ein paar Menschen erwartet hätten, schnaubte er, wir wären demselben Fehlschluss aufgesessen, den die Weißen immer machten: Wir hätten die Schwarze Community unterschätzt.

Zwei Tage später kamen Rosa und ich ins Restaurant der Muslims marschiert. Den Termin zu vereinbaren war noch die leichteste Übung gewesen. Ich hatte einfach in der Moschee angerufen und gefragt, ob Mr Malcolm X ein halbes Stündchen für zwei Schwarze Damen erübrigen könne. Nach einer kurzen Pause nannte man mir einen Treffpunkt und eine Uhrzeit. Meine Gedanken vernünftig zu ordnen fiel mir schon schwerer, denn kaum war klar, dass Malcolm uns empfangen würde, schwitzte ich ob unserer Dreistigkeit Blut und Wasser.

Wir sagten einer Bedienung, dass wir einen Termin bei Mr Malcolm X hätten, worauf sie nickte und durch eine Tür am Ende des langen Tresens verschwand. Nervös standen wir mitten im Raum herum. Sekunden später erschien Malcolm X in der Hintertür. Seine Ausstrahlung hatte etwas unglaublich Helles, und seine maskuline Gegenwart traf mich physisch. Ein heißer Wüstenwind umwirbelte ihn und rauschte zu mir, so dass sich etwas in mir zusammenzog und meine Poren sich mit einem Schlag verschlossen. Als er näherkam, ließ mich mein Verstand im Stich. Noch nie hatte mich die schiere Präsenz eines Menschen so aus der Fassung gebracht.

Malcolm X im Fernsehen zu sehen oder sogar auf einem Podium sprechen zu hören hatte mich nicht annähernd auf die persönliche Begegnung vorbereitet.

»*Salaam aleikum*, meine Damen.« Seine Stimme war ein melodischer Schwarzer Bariton. Rosa gab ihm die Hand und ich schaffte es, tumb zu nicken. Aus der Nähe war Malcolm X ein großer roter Bogen, durch den man in die Ewigkeit eintreten konnte. Sein Haar hatte die Farbe brennender Glut, und sein Blick durchbohrte einen. Er bot uns Plätze an einem Tisch an und bestellte bei einer Kellnerin Tee, den sie in zitternden Tassen brachte.

Da Rosa weniger außer Fassung war als ich, begann sie, unsere Mission zu erläutern. Der Klang ihrer Stimme half mir, meine stumme Beklemmung zu überwinden. Ich klinkte mich ein, und wir erzählten die Geschichte gemeinsam, wie ein geübtes Komikerduo.

»Wir – CAWAH ...«

»Die Cultural Association of Women of African Heritage ...«

»Wollten gegen den Mord an Lumumba protestieren, deshalb haben wir ...«

»Eine kleine Demonstration geplant. Wir rechneten mit ...«

»Etwa fünfzig Menschen ...«

»Und es kamen Tausende.«

»Seitdem ist uns klar, dass die Menschen in Harlem wütend sind und sich mehr um Afrika und die Afrikaner scheren ...«

»Als sie durchblicken lassen ...«

Malcolm hatte sich zurückgelehnt und uns mit gesenktem Kopf aufmerksam zugehört. Jetzt richtete er sich abrupt auf.

»Wir wissen von der Demonstration, aber die Muslims haben nichts damit zu tun. Mich haben Reporter von der

New York Times angerufen, und ich habe zu ihnen gesagt: ›Muslims demonstrieren nicht.‹ Und zu euch sage ich: Es war falsch.«

Rosa und ich sahen uns an. Als radikalster Anführer im ganzen Land war Malcolm X unsere einzige Hoffnung gewesen, und wenn er unsere Aktion nicht guthieß, dann hatten wir wohl etwas gründlich missverstanden.

»Ihr habt die falsche Route eingeschlagen.« Er blickte uns direkt in die Augen. »Die Menschen in Harlem sind wütend, und sie haben allen Grund dazu. Aber mit Schildern und Geschrei zu den Vereinten Nationen zu marschieren, bringt keinem einzigen Menschen die Freiheit noch wird es die weißen Teufel davon abhalten, den nächsten afrikanischen Wortführer umzubringen. Oder einen Schwarzen amerikanischen Wortführer.«

»Aber« – Rosa platzte der Kragen – »was hätten wir denn tun sollen? Gar nichts? Das ist doch auch keine Lösung.« Sie traute sich mehr als ich.

»Der Ehrenwerte Elijah Muhammad lehrt uns, dass die Integration eine Finte ist. Eine Finte, um dem Schwarzen Mann Sand in die Augen zu streuen. Wir müssen uns vom weißen Mann absondern, von diesem weißen Mann mit seiner weißen Religion, denn diese ist eine von christlichen Scheinheiligen praktizierte Scheinheiligkeit.«

Die weißen Christen hätten Mitschuld, fuhr er fort. Katholische portugiesische Priester hatten Sklavenschiffe mit Weihwasser besprenkelt und Gott angefleht, den Schiffsbesatzungen und der Fracht auf ihrer Reise über den Atlantik sicheres Geleit zu geben. Amerikanische Sklavenbesitzer hatten die Bibel als Beweis benutzt, dass Gott die Sklaverei gewollt habe, und selbst Jesus Christus hatte doch die Sklaven ermahnt, ihren »irdischen Herren gehorsam« zu sein. Solange die Schwarzen vom Gott der Weißen ihre Freiheit erwarteten, so lange würden sie versklavt bleiben.

Ich versuchte, mir die Enttäuschung nicht anmerken zu lassen.

»Danke. Danke, dass Sie sich die Zeit genommen haben, Mr X – ach, ich weiß gar nicht, wie Sie mit Nachnamen heißen. Wie spricht man Sie denn an?«

»Ich bin Minister Malcolm. Mein Nachname lautet Shabazz, aber nennen Sie mich einfach Minister Malcolm.«

Rosa war aufgestanden und tat wenig, um ihren Ärger zu verhehlen.

»Jetzt seid ihr natürlich enttäuscht«, sagte Malcolm in freundlicherem Tonfall, und für eine Weile verschwand der islamische Prediger. »Aber ich sage euch eins, bevor die Uhr zwölf schlägt, wird sich so mancher *Negro*-Wortführer verhalten wie Petrus in eurer christlichen Bibel: Er wird euch verleugnen. Vor der Presse werden Verlautbarungen abgegeben werden, die nicht nur anfechten, was ihr getan habt, sondern euch noch dazu als gefährlich und wahrscheinlich als Kommunisten einstufen. Diese *Negroes*« – er sprach das Wort verächtlich aus – »halten sich für was Besseres und glauben, sie konnten bei den Weißen damit punkten. Wieder und wieder werden sie euch in die Sklaverei verkaufen. Und jetzt sage ich euch, was wir, die Nation of Islam, nicht tun werden: Wir werden die Menschen in Harlem nicht auffordern, irgendwann irgendwo zu demonstrieren. Wir werden Schwarze Männer, Frauen und Kinder nicht bewaffneten und wahnsinnigen weißen Teufeln in die Schusslinie schicken, und wir werden euch nicht verleugnen. Stattdessen werden wir zweierlei tun. Wir bieten den Menschen die

Religion des Islam, den Propheten Mohammed und den Ehrenwerten Elijah Muhammad. Und wir werden eine Presseerklärung abgeben. Ich werde sagen, dass die gestrige Demonstration ein Symbol für die Wut in diesem Land ist. Die Schwarzen haben damit deutlich gemacht, dass sie nicht auf immer und ewig ›Ja, Sir‹ und ›Bitte, Sir‹ sagen werden. Und dass sie sich nicht auf immer und ewig am Tresen im Diner bespucken lassen werden, nur weil sie Hotdogs essen und Coca-Cola trinken.« Er stand auf; unsere Audienz war beendet. Plötzlich wirkte er distanziert und kühl, die Energie von zuvor war verschwunden. Mit einem »*Salaam aleikum*« wandte er sich ab und trat zu ein paar Männern, die an der Theke auf ihn gewartet hatten.

Benommen von unserer Niederlage verließen wir das Restaurant. Schwarze Verzweiflung war immer noch real, die Morde würden weitergehen, und wir hatten unsere letzte Zuflucht gerade verbrannt. Als Rosa und ich uns an der U-Bahn umarmten, ließ sich nicht das leiseste Hochgefühl blicken.

Am Abend bestätigten sich Malcolms Voraussagen in Presse, Funk und Fernsehen.

Konservative Schwarze Wortführer übten scharfe Kritik an uns. »Diese abscheuliche Demonstration war das Werk unverantwortlicher Elemente und ist nicht repräsentativ für die Stimmung unter der Mehrheit der Schwarzen.«

»Aus der eklatanten Respektlosigkeit gestern bei den Vereinten Nationen kann nichts Gutes erwachsen.« »Würdelos und überflüssig.«

Malcolm X stand zu seinem Wort und sagte vor der Presse: »Schwarze Amerikaner machen weißen Amerikanern klar, dass es jetzt ums Ganze geht. Entweder Wahlen bewirken etwas oder es folgen Kugeln. Den Feind um Gerechtigkeit zu bitten ist nutzlos, das wissen sie. Und Weiße sind die Feinde der Schwarzen, wie sonst wären wir je in dieses Land gekommen?«

12

Vus war, ein bisschen übergewichtiger und zerstreuter, wieder zurück in New York. Die indischen Currys seien unwiderstehlich gewesen und seine Meetings erfolgreich, hätten aber neue Fragen aufgeworfen, um die er sich sogleich kümmern müsse. Er verließ morgens früh das Haus und kam erst lange nach Einbruch der Dunkelheit wieder. Guy war in die geheimnisvolle Welt eines Fünfzehnjährigen abgetaucht: der unergründliche Stoff, aus dem die Mädchen sind, die köstliche Folter, ihnen beim Gehen zuzusehen, die schmerzliche Gewissheit, dass keines dieser wunderschönen Wesen sich berühren oder umarmen ließ. Bis auf den Kühlschrank war das Telefon seine einzig zählende Verbindung zum Leben. Eines Morgens wurde mir bewusst, dass ich seit Wochen kein vernünftiges Gespräch mehr geführt hatte. Als Max mich einlud, mit Abbey zusammen ein Textbuch zu lesen, willigte ich mit Freuden ein. Er hatte die Musik zu Jean Genets *The Blacks* geschrieben, das im späteren Frühjahr Off-Broadway-Premiere haben sollte. Als ich ankam, stand eine Gruppe von Musikern am Klavier und stimmte ihre Instrumente. Ich wurde dem Team der Produktion vorgestellt.

Sidney Bernstein, der Produzent, war ein schmächtiger Kerl, der schüchtern dasaß und den Bick ziellos umherschweifen ließ. Der schwungvolle, intensive Regisseur Gene

Frankel ruckte ständig mit dem Kopf von links nach rechts und wieder zurück, was etwas von einem auf einem hohen Felsen hockenden Raubvogel hatte. Der Inspizient Max Glanville, ein großer, stämmiger Schwarzer, fühlte sich sichtlich wohl in seiner Haut und saß, während seine weißen Kollegen nervös zappelten, gelassen da. Als Frankel verkündete, er sei jetzt bereit für die Musik, war ein ungeduldiger Unterton nicht zu überhören.

Sidney Bernstein kommentierte mit einem Lächeln, wir hätten doch Zeit.

Abbey und ich saßen uns gegenüber, jede die Strichfassung des Manuskripts in der Hand. Wir teilten die Rollen gleichmäßig auf, und als die Musik einsetzte, lasen wir – manchmal dazu, manchmal dagegen, und manchmal pausierten wir auch und überließen ihr das Feld. Keine von uns kannte das Stück, und da es extrem komplex aufgebaut und sprachlich verschnörkelt war, lasen wir relativ monoton, ohne auch nur den Versuch einer dramatischen Gestaltung. Schließlich verklangen die letzten Töne. Der Abend hatte sich endlos hingezogen. Gene Frankel stand als Erster auf, stürmte zu Max, ergriff seine Hand und sah ihm tief in die Augen: »Toll. Toll. Einfach nur toll. Wir müssen los. Okay. Danke, meine Damen. Danke. Toll gelesen.« Frankel drehte sich um sich selbst wie eine Katze auf der Jagd nach dem eigenen Schwanz. »Okay, Sidney? Gehen wir. Glanville.« Noch eine Umdrehung. »Musiker? Oh yeah, danke, Leute. Toll.«

Im nächsten Moment stand er an der Tür, die Hand am Griff. Sidney ging zu den Musikern und schüttelte Hände, bedachte jeden mit dem Anflug eines Lächelns. Bei Max, Abbey und mir bedankte er sich. »Die Musik war perfekt.« Glanville behielt seine weißen Partner lauernd im Blick und lächelte uns zu. Sein anzügliches Grinsen wollte sagen, dass er nur mitging, weil er musste; wir würden das sicher verstehen.

»Okay, Leute. Danke. Danke, Max. Wir melden uns.« Als die Tür hinter ihnen zuging, musste ich, teils aus Erleichterung, laut lachen. Max fragte, was denn so lustig sei. Das Stück und die Produzenten, erwiderte ich.

»Du hast es nicht verstanden, meinst du wohl.« Plötzlich blaffte er mich wütend an. *The Blacks* sei nicht nur ein gutes Stück, es sei ein großartiges Stück, geschrieben von einem Franzosen, der oft und lange im Gefängnis gesessen habe. Genet verstehe das Wesen von Imperialismus und Kolonialismus und wie diese beiden Übel das von Natur aus Gute im Menschen zerfräßen. Es sei wichtig, dass unsere Leute das Stück sähen, jeder Schwarze in den Vereinigten Staaten sollte es sehen. Als Schwarze Frau, die mit einem Südafrikaner verheiratet war und einen Schwarzen Jungen großzog, sollte ich außerdem verdammt noch mal das Stück erst mal kapieren, bevor ich drüber lachte. Und von wegen die Weißen lächerlich machen, immerhin wollten sie das Stück inszenieren, und mir falle nichts Besseres ein, als sie auszulachen. Er hätte mir mehr Verstand zugetraut.

Die Musiker packten geräuschvoll ihre Instrumente zusammen; Abbey saß stumm da und blickte Max an; ich stand auf und nahm meine Handtasche. Hoffentlich schaffte ich es noch zur Tür, bevor die Tränen rollen würden.

»Gute Nacht.«

»Danke, Maya«, rief Abbey. »Danke fürs Lesen.« Ich stand schon fast am Lift, als eine Tür ging und zugleich Max' Stimme erklang.

»Warte, Maya.« Er kam auf mich zu; ich dachte schon, es

tue ihm leid, dass er mich so hart angepackt hatte. »Hier.« Er reichte mir ein Päckchen. »Lies.« Er bellte fast. »Lies und versteh. Und dann schau, ob du immer noch lachst.« Ich nahm das Manuskript, er drehte sich mit Schwung um und ging wieder zurück in die Wohnung.

Vus studierte politische Manifeste, Guy machte Hausaufgaben, und ich las *The Blacks*. Beim dritten Durchgang blickte ich allmählich hinter die quälende, mythische Sprachgestalt, und der Sinn des Stückes offenbarte sich. Genet war der Auffassung, der Kolonialismus würde unter seiner Ignoranz, seiner Arroganz und seiner Gier zusammenbrechen, und die Unterdrückten würden an die Stelle ihrer früheren Beherrscher rücken. Sie wären weder besser noch mutiger noch barmherziger.

Ich war entschieden anderer Meinung. Schwarze würden sich nie so verhalten wie Weiße. Wir waren anders – respektvoller, barmherziger, spiritueller. Weiße schickten ihre alternden Eltern in Heime, wo sie von Fremden versorgt wurden und allein starben. Wir behielten alte Tanten und Onkel, Großeltern und Urgroßeltern großzügig zu Hause – gebrechlich, aber gebraucht, senil, aber als normaler Teil normaler Familien akzeptiert.

Unsere Barmherzigkeit war weithin bekannt. Während der Depression in den Dreißigerjahren sprangen die Hobos von den Güterzügen und suchten nach Schwarzen Wohngegenden. Hungrig erschienen sie an der Tür derer, die als Letztes eingestellt und als Erstes gefeuert wurden, und nie wurden sie abgewiesen. Die Zugvögel bekamen übriggebliebene Brötchen, Reste von Bohnen, Maisgrütze und was die Schwarzen sich sonst noch abknapsen konnten. Jahrhundertelang passten wir außerdem auf Kinder auf, nährten sie oft sogar am Busen, Kinder von Menschen, die uns verachteten. Wir hatten eine Nation von Rassisten bekocht, und trotz der vielen Gelegenheiten gab es nur ganz wenige Geschichten, in denen Schwarze Bedienstete weiße Familien vergiftet hatten. Wenn das nicht Barmherzigkeit war, dann verstand ich das Wort nicht richtig.

Was die Spiritualität betraf, waren wir Christen. Wir demonstrierten doch geradezu die Lehren von Jesus Christus. Wir hielten so oft die andere Wange hin, dass uns der Kopf schier auf dem Hals rotierte, wie bei den alten Stop-and-Go-Schildern auf der Straße. Wie oft sollte man noch mal vergeben? Siebzig Mal sieben Mal, hatte Jesus gesagt. Wir vergaben, als wäre uns das Vergeben eingepflanzt. Unsere Kirchenmusik zeigte doch, dass wir an etwas Größeres glaubten, etwas jenseits unseres physischen Daseins, und dass dieses Etwas, dieser Gott und sein Sohn Jesus immer gegenwärtig waren, »zur Mitternachtsstunde« angerufen werden konnten und angesprochen, wenn »die Sonne aufsteht, um über den Morgenhimmel zu schreiten«. Wir konnten die Engel aus dem Himmel singen und sie dazu bringen, sich zu Tausenden auf einem Stecknadelkopf zu drängen. Wir konnten Jesus bitten, an unserem Totenbett bereitzustehen und uns in »Abrahams Schoß« aufzunehmen, *»the bosom of Abraham«*. Wir erzählten ihm von unseren Sorgen und freuten uns auf die Zeit, da wir zu denen zählen würden, die ins Himmelreich eingingen. Wir würden auf den goldenen Himmelswegen wandeln, uns an Milch und Honig laben, die versprochenen Schuhe tragen und in Jesu Armen rasten, der uns mit den Worten wiegen würde: »Du hast in meinem Weinberg gearbeitet. Du bist müde. Jetzt bist du zu Hause, mein Kind. Gut gemacht.« Also, an unserer Spiritualität bestand überhaupt kein Zweifel.

The Blacks beschrieb die Vorstellung eines weißen Ausländers von einem Volk, das er nicht verstand. Genet hatte die Unmenschlichkeit und Niedertracht von seinesgleichen einer Ethnie übergestülpt, von der er keine Ahnung hatte, einer Ethnie, die unter der ihr auferlegten Last an weißer Raffgier und weißem schlechtem Gewissen fast zusammenbrach, noch dazu, wo sie sich sowieso an ihrer eigenen Unzulänglichkeit abschleppte. Ich schmiss das Manuskript in einen Schrank, fertig mit Genet und seinen blödsinnigen angeblichen Einsichten.

Zwei Tage später rief Max Glanville an.

»Maya, wir wollen dich bei dem Stück dabeihaben.« Dem Stück? Ich hatte Genet und sein schlecht ausgedachtes Drama längst vergessen.

Glanvilles Stimme umschmeichelte mich durchs Telefon. »Es gibt zwei mögliche Rollen, wir sind noch nicht ganz sicher, welche am besten für dich passt. Komm doch mal vorbei und lies uns vor.«

Ich lehnte dankend ab und legte auf. Vus erzählte ich von dem Anruf nur, weil ich damit ein Thema fürs Abendessen hatte. Erschütternderweise lachte er mich rundweg aus. »Amerikaner sind entweder ziemlich schwer von Begriff oder fürchterlich arrogant. Sie haben keine Ahnung, oder es ist ihnen egal, dass es eine Welt außerhalb der ihren gibt, in der Traditionen noch zählen. Die Frau eines afrikanischen Wortführers hat auf der Bühne nichts zu suchen.« Er lachte wieder. »Stell dir doch mal vor, die Frau von Martin King oder Sobukwe oder Malcolm X steht auf der Bühne und wird von weißen Männern begafft?« Allein bei der Vorstellung schüttelte er den Kopf. »Nein. Nein, du trittst mir nicht öffentlich auf.«

Zwar hatte ich Glanvilles Einladung bereits abgelehnt, aber bei Vus' Reaktion kitzelte es in all meinen Zellen. Ich war eine gute Schauspielerin, nicht großartig, aber immerhin kompetent. Bevor ich Vus kennenlernte, hatte ich von der Schauspielerei jahrelang meine Miete bezahlt, meinen Sohn und mich mit Essen und Kleidern versorgt. Als ich Vus meine Treue geschworen und meinen Körper hingegeben hatte, hatte ich doch nicht sämtliche Rechte an meinem Leben verwirkt. *The Blacks* war mir herzlich egal, da es mich nicht beeindruckt hatte, aber Vus' Haltung der umfassenden Kontrolle ärgerte mich. Ich schwieg.

Abbey hatte man ebenfalls eine Rolle angeboten. Ich erzählte ihr, dass Vus mir nicht erlauben wollte zu spielen. Sie hatte die Idee, da Max das Stück so wichtig fand und Vus vor Max Respekt hatte, sei es vielleicht am besten, wenn die beiden sich unterhielten. Sekunden nachdem Abbey aufgelegt hatte, rief Max an und wollte meinen Mann sprechen.

Ich hörte Vus im Wohnzimmer auflegen; dann kam er in die Küche. »Ich treffe mich mit Max zu einer Besprechung.« Bei Vus war jedes Treffen eine Besprechung und jedes Gespräch eine Diskussion übers Wesentliche. Ich nickte und spülte weiter ab.

Als Vus wiederkam, wollte er das Manuskript sehen. Ich barg das Stück aus den Tiefen des Schranks und überreichte es ihm. Während Guy und ich Scrabble spielten, saß Vus nun im Wohnzimmer unter einer Leselampe. Von Zeit zu Zeit stand er auf und holte sich aus der Küche einen frischen Drink, anschließend zog er sich stumm wieder aufs Sofa zurück.

Guy ging ins Bett, und Vus las immer noch. Mir war klar, dass er im Textbuch hin und her blätterte, immer wieder bestimmte Stellen nachlas. Als ich Gute Nacht sagte, blickte er kaum hoch.

Ich wurde aus dem Tiefschlaf wachgerüttelt. »Maya, wach auf. Ich muss mit dir reden.« Er setzte sich auf die Bettkante, die zerknitterten Seiten neben sich.

»Das Stück ist großartig. Wenn sie dich noch wollen, musst du mitspielen.« Ich kam nach dem Vorbild von Vivian Baxter zu mir: auf einen Schlag hellwach.

»Ich bin aber mit dem Fazit nicht einverstanden. Schwarze werden nie so werden wie Weiße. Nie im Leben.«

»Maya, du bist so jung, so, so jung.« Er ließ den Gönner heraushängen, als wäre ich das kleine Hirtenmädchen und er der alte Mann vom Kilimandscharo.

»Mein liebes Weib, das ist eine Form von umgekehrtem Rassismus. Schwarze sind Menschen, nicht mehr und nicht weniger. Unser geschichtlicher Hintergrund hat dazu geführt, dass wir uns anders verhalten.«

Streitlustig griff ich mir eine Zigarette vom Nachttisch und führte unseren Respekt, unsere Barmherzigkeit und unsere Spiritualität ins Feld. Vus' Replik bremste mich. »Wir sind einfach Menschen. Die Hauptursache für Rassismus und die hauptsächliche Folge davon sind, dass Weiße uns einfach nicht als ganz normale Menschen betrachten wollen.«

»Aber in dem Stück wird behauptet, wenn Schwarze die Gelegenheit hätten, würden sie sich genauso niederträchtig verhalten wie Weiße. Und das glaube ich einfach nicht.«

»Maya, das ist sehr gut möglich, und genau davor müssen wir uns hüten. Weißt du, meine liebe Gattin« – er sprach langsam und beugte sich mit seinem massigen Körper zu mir – »weißt du, die meisten Schwarzen Revolutionäre, die meisten Schwarzen Radikalen, die meisten Schwarzen Aktivisten wollen gar keinen echten Wandel. Sondern einfach tauschen. Das Stück weist auf diese Wahrscheinlichkeit hin. Und wir Schwarze müssen diese Versuchung ernst nehmen. Du musst bei *The Blacks* mitspielen.«

Er redete im Liegen weiter und ich schlief in seinen Armen ein.

Am nächsten Morgen fuhren Abbey und ich zum St. Marks Playhouse auf der Second Avenue. Schauspielerinnen und Schauspieler saßen stumm in den spärlich beleuchteten Sitzreihen, und Gene Frankel lief geschäftig auf der Bühne herum. Max Glanville hatte uns hereinkommen sehen. Er nickte uns zu und flüsterte Gene ins Ohr. Der hob den Kopf und blickte in den Zuschauerraum.

»Maya Make. Maya Angelou Make. Abbey Lincoln. Kommt bitte mal nach vorn.« Wir suchten uns Plätze in der ersten Reihe.

Glanville setzte sich zu uns. »Abbey, wir hätten gern, dass du die Rolle von Snow übernimmst. Und bei dir, Maya, haben wir uns noch nicht entschieden, ob du die Schwarze oder die weiße Königin spielen sollst.«

»Die Schwarze natürlich«, sagte ich.

»Lies uns mal ein Stück aus beiden Rollen.« Er stand auf und kam mit einem offenen Manuskript in den Händen wieder.

»Lies mal diesen Abschnitt.« Er blätterte. »Und dann diesen unterstrichenen Teil.«

Ich erklomm die niedere Bühne und fing ohne einen Blick ins Publikum an zu lesen. Der Abschnitt war kurz, ich schlug das Manuskript bei der zweiten Stelle auf und las ohne stimmliche Interpretation den nächsten Monolog.

Vereinzelter Applaus hinterher, und eine vertraute rauchige Stimme rief: »Alles drin, Baby, alles dran.« »Klar, aber jetzt zeig mal Bein«, kicherte eine weitere.

Godfrey Cambridge hatte sich in einen Sitz in der dritten Reihe gefläzt, und neben ihm saß Flash Riley.

Ich gesellte mich zu den beiden, und wir tuschelten über Cabaret for Freedom, während Frankel, Bernstein und Glanville auf der Bühne die Köpfe zusammensteckten.

»Licht«, rief Frankel, und die Lichter im Zuschauerraum gingen an. Er trat an den Bühnenrand. »Meine Damen und Herren, ich möchte euch einander vorstellen, und bitte schreibt im Skript mit. Godfrey Cambridge ist Diouf. Roscoe Lee Browne ist Archibald. James Earl Jones ist Village. Cicely Tyson ist Virtue. Jay Riley ist der Gouverneur, Raymond St. Jacque der Richter. Cynthia Belgrave ist Adelaide. Maya Angelou Make ist die White Queen. Helen Martin ist Felicity oder die Black Queen. Lou Gossett ist Newport News. Lex Monson ist der Missionar. Abbey Lincoln ist Snow und Charles Gordon der Diener. Max Roach ist der Komponist, Talley Beatty der Choreograf und Patricia Zipprodt die Kostümbildnerin. Ethel Ayler ist die Zweitbesetzung für Abbey und Cicely, Roxanne Roker für Maya und Helen.«

Ich sah mich um. Ethel und ich grinsten uns zu; wir hatten uns vor Jahren bei der Europatournee von *Porgy and Bess* angefreundet.

Die Proben begannen in ausgelassener Schulhofstimmung und verdichteten sich innerhalb von Tagen zum Ernst eines ausgewachsenen Krieges. Freundschaften und Cliquen formierten sich rasant. Roscoe Lee Browne, der die Hauptrolle spielte, hatte nach einer Woche auch außerhalb der Bühne die Rolle des Chefs. Zum Glück paarten sich seine gewählte Ausdrucksweise und die tadellosen Manieren mit Esprit. Er war durch nichts aus der Fassung zu bringen.

James Earl Jones, ein beigehäutiger, gutaussehender Bulle von Mann, beobachtete Frankel mit grimmigem Blick, hing an seinen Lippen, studierte seinen Haaransatz, Kinn, Hals und Ohrläppchen. Und dann verkroch er sich von einer Sekunde auf die andere mit der Endgültigkeit einer zugeknallten Tür in sein Inneres.

Der junge, knackige Lou Gossett kam jedes Mal unschuldig und offen für alles auf die Bühne gespurtet. Bei allem jugendlichen Ungestüm hatte er bereits das Zuhören zu einer Kunst verfeinert und neigte seinem Gegenüber mit teilnehmendem Blick und aufmerksamer Haltung sein Ohr zu.

Godfrey und Jay »Flash« Riley wetteiferten um den Titel als Ensemble-Clown, und als Flash gewonnen hatte, machte Godfrey eine Wandlung durch. Der Komiker verblasste, und von Tag zu Tag nüchterte er sich zu einem grauen, lerneifrigen Schauspieler aus.

Cicely, zart und schön wie eine schwarze Rose, war ernst und zugeknöpft. Sie saß in der hintersten Reihe, die Nase im Skript vergraben, und hob sich alle Wärme für ihre Figur und jegliches Lächeln für die Bühne auf. Raymond, der aussah wie ein Filmstar, und Lex waren alte Freunde, die ihre Rollen gemeinsam einstudierten und sich mit völlig überzogenen Lesungen gegenseitig wegschmissen vor Lachen. Helen und Cynthia waren Profis; allein vom Zusehen her war mir klar, dass sie ihre Texte können, die vom Regisseur beschlossene Positionierung auf der Bühne behalten und sich die Schritte von Talleys Choreografie fehlerlos und schneller einprägen würden als alle anderen. Charles Gordone, ein kleiner, hellhäutiger, piekfein gekleideter Mann, machte sich unterschwellig über alles und jeden lustig und ließ auch sich selbst als Ziel für Spott nicht aus.

Frankels Regie wurde in Teilen des Ensembles ein gewisser Widerstand entgegengebracht, mit der Begründung, als Weißer sei er einfach nicht in der Lage, schwarze Beweggründe zu begreifen. In anderen Teilen herrschte ein Gehorsam, der schon an Kriechertum grenzte und bei dem einem die Sketche von Stepin Fetchit in den Sinn kamen.

Tagtäglich empfing uns im Theater eine Spannung, die sich zäh wie Morgennebel in den Sitzreihen hielt.

Abbey und ich lasen und lernten mit der Solidarität einer gewachsenen Freundschaft zu zweit oder mit Roscoe und gingen in einem nahegelegenen Restaurant zum Mittagessen, wo es dann um die tagesaktuellen politischen Turbulenzen ging. Wir drei hätten uns auch nicht allein als Schauspieler bezeichnet: Abbey war Jazzsängerin, ich Aktivistin und Roscoe hatte zwar Shakespeare-Rollen gespielt und Theaterwissenschaft unterrichtet, war aber auch schon Sprint-Champion und Geschäftsführer einer großen Spirituosenfirma gewesen. Wir waren uns früh einig, dass *The Blacks* zwar ein wichtiges Stück war, für uns aber »das Stück« nicht zum alleinigen Lebensinhalt werden sollte.

Meine Ehe war erst ein paar Monate alt, Vus war nach wie vor ein ungelöstes Rätsel für mich, und dieses Rätselhafte hatte sexuellen Reiz. Ich war verliebt. Guys Noten hatten sich verbessert, allerdings war er selten zu Hause, und als ich ihm anbot, die Eltern seiner neuen Freunde zu uns zum Abendessen einzuladen, lachte er mich aus.

»Mom, das ist so was von out. Wir sind doch nicht in Los Angeles, das hier ist New York. Da macht man so was nicht.« Als ich erwiderte, auch New Yorker hätten Eltern, und Eltern hätten manchmal Hunger, lachte er noch einmal.

»Von den meisten kenne ich die Eltern nicht mal. Echt, Mom, manche von denen sind schon siebzehn und achtzehn. Wie sehe ich denn aus, wenn ich ankomme mit einem ›Meine Mom will deine Mom kennenlernen‹? Wie der letzte Trottel.«

Die Harlem Writers Guild sah ein, dass ich nun hauptsächlich am Theater zu tun hatte, das entband mich jedoch nicht von meiner Verpflichtung, zu den Treffen zu erscheinen und weiter zu schreiben.

Am Ende der ersten Woche hatte Frankel die Inszenierung fertig und Talley studierte mit den Schauspielern seine Choreografie ein, das Bühnenbild wurde in Auftrag gegeben und ich büffelte meinen Text.

Raymond, Lex, Flash, Charles und ich spielten die »Weißen«.

Wir trugen übertriebene Masken und agierten auf einem knapp drei Meter über die Bühne aufragenden Podest. Zu unseren Füßen inszenierten die »*Negroes*« (der Rest des Ensembles) vor unseren Augen einen Lustmord durch einen Schwarzen Mann (dargestellt von Jones) an einer weißen Frau (ein maskierter Godfrey Cambridge). Aus Rache brachen wir, die Kolonialmacht – das Königshaus (die White Queen), die Kirche (Lex Monson), das Gesetz (Raymond St. Jacques), das Militär (Flash Riley) und der aalglatte Liberale (Charles Gordone) –, über Afrika herein, um die Schwarzen für das Verbrechen büßen zu lassen. Nach einem Duell zwischen den beiden Königinnen triumphierten die Schwarzen und brachten die Weißen einen nach dem anderen um. Anschließend stiegen die siegreichen Schwarzen in einer sarkastischen Imitation der bezwungenen »Weißen« die Rampe hinauf und besetzten das Podest ihrer früheren Herrscher.

Das Stück zerging uns auf der Zunge. Zwar schauspielerten wir nur, aber immerhin waren wir Schwarze Schauspieler im Jahr 1960 und stellten auf dieser kleinen New Yorker Bühne die Konfrontationen dar, die sich im echten Leben auf Amerikas Straßen tagtäglich abspielten. Weiße lebten tatsächlich auf einer höheren Warte, sie hassten uns, hatten Angst vor uns und waren eine Bedrohung für unsere schiere Existenz. Schwarze belächelten hinter ihrer Maske tatsächlich die Machthaber, denen sie Abscheu genauso entgegenbrachten wie Neid. Wir würden das weiße Joch abschütteln, das uns in einen ewigen Kniefall zwang.

Ich begann meine Rolle zu genießen. Mit der White Queen konnte ich niederträchtige weiße Frauen und brutale weiße Männer herrlich lächerlich machen, die mich und meinesgleichen allzu oft verletzt hatten. Jede dumme Pose und arrogante Haltung, die mir je begegnet waren, fand Eingang in meine White Queen.

In mindestens einer Hinsicht hatte Genet recht gehabt: Man sollte Weiße von Schwarzen darstellen lassen. Jahrhundertelang hatten wir ihre Gesichter studiert, ihre Körperhaltungen, den Klang ihrer Stimmen, ja, sogar ihre Gerüche. Oft hatte unser Überleben davon abgehangen, das Lachen eines weißen Mannes oder die herablassende Handbewegung einer weißen Frau richtig zu deuten. Andersherum wussten Weiße immer, dass ihnen nichts groß passieren konnte, wenn sie Schwarze missverstanden. Weiße waren von unseren Belangen sicher abgeschottet. Wenn es ihnen beliebte, konnten sie den ethnischen Vorhang, der uns trennte, lüften. Sie konnten sich sexuelle Eskapaden leisten, unsere Familien um Mulattenbastarde erweitern, mit unserer Musik ein Vermögen machen und aus unseren Männern Waschlappen, und im nächsten Moment konnten sie kehrtmachen und spurlos in ihre makellose Sicherheit zurückkehren. Das Klischee der Weißen, die von Schwarzen keine Ahnung hatten, war nicht nur wahr, sondern auch nachzuvollziehen. Ach, aber wir kannten sie mit der Intimität eines Chirurgenskalpells.

Ich zog mir die verhassten Gesten an und ließ die White Queen verächtlich auf all die miesen, stinkenden, strohdummen Schwarzen herabblicken, die zwar nichts verbrochen hatten, aber doch zu verabscheuen waren wie Bestien.

Es war nicht zu übersehen, dass die anderen Schauspieler sich auch motivieren konnten. Das Stück wurde zu einer so grausamen Parodie der weißen Gesellschaft, dass mir ein Flop sicher schien. Weiße waren doch nicht gar so masochistisch veranlagt, dass sie sich ein Stück gern anschauen würden, in dem sie lächerlich gemacht und beleidigt wurden, und Schwarze Theaterbesucher waren einfach rar.

James Baldwin, der mit Gene Frankel befreundet war, kam häufig in die Proben. Er lachte laut und beifällig über unsere Darbietungen, und ich unterhielt mich oft mit ihm. Als ich ihn mit Vus bekanntmachte, fanden die beiden allergrößtes Gefallen aneinander.

Bei der Generalprobe am Vorabend der Premiere jubelten und trampelten Schwarze Freunde, Verwandte und eingeladene Sponsoren die ganze Aufführung hindurch. Ich hielt das für normal: Als Schwarze wie wir, Schwarze Mitfühlende oder Geldgeber waren sie uns ja zugetan.

Vus und Guy versicherten mir hinterher strahlend, ich sei die beste Schauspielerin auf der Bühne gewesen, und ich ließ mir ihre Komplimente gern gefallen.

Am Morgen der Premiere versammelte sich die Besetzung im Foyer, und jeder reichte sein Lampenfieber an die anderen weiter wie ein rohes Ei. Ich sah mich nach Abbey um, aber sie war noch nicht da.

Als wir den dunklen Theaterraum betraten, bellte Gene Frankel von der Bühne.

»Alle zu mir nach vorn. Alle.«

Er hatte zerrüttetere Nerven als wir, die wir am Abend doch vor dem Publikum stehen würden. Ich kicherte. Roscoe Browne drehte sich mit Erz-Unschuldsmiene zu mir um.

Während wir die ersten Reihen füllten, tigerte Frankel die Bühne auf und ab. Dann blieb er stehen und blickte hinaus auf die Truppe.

Seine Stimme zitterte. »Wir haben keine Musik. Keine Musik, und Abbey Lincoln spielt bei der Premiere heute Abend nicht mit. Max Roach hat seine Musik zurückgezogen.«

Er warf uns das vor die Füße und wartete, bis seine Worte bei uns ankamen.

In der ersten Reihe wurden verunsicherte Blicke gewechselt.

»Abbeys Cover ist bereit. Sie probt schon den ganzen Morgen.«

Wir drehten uns nach rechts, wo Ethel vorne an der Bühne saß. »Wir können es durchziehen«, fuhr Frankel fort. »Wir müssen es sogar durchziehen, aber für den Song und die Tanzeinlage haben wir keine verdammte Note.«

Ächzen und Stöhnen wurde laut. Wir hatten alles erduldet, die Proben, die spätnächtliche und frühmorgendliche Konzentration, die langen U-Bahn-Fahrten, die vernachlässigten Familien, Talley Beattys komplexe Choreografie und die herausfordernde Inszenierung des Regisseurs.

Max Roach war ein Genie, ein verantwortungsbewusster Musiker und mein Freund. Er machte so etwas doch nicht ohne Grund.

Ich stand auf und ging nach draußen zur Telefonkabine im Foyer.

Max nahm ab und posaunte ins Telefon. »Diese Arschlöcher haben ihr Wort gebrochen. Wir hatten eine Abmachung und sie haben sich nicht daran gehalten.«

»Und Abbey ist draußen?«

»Worauf du dich verlassen kannst.«

»Max, wenn ich bleibe, sind wir dann Feinde?«

»Quatsch. Aber meine Frau geht mir nicht auf diese Bühne.«

Frankel hatte gesagt, die Premiere würde mit oder ohne Musik stattfinden.

»Max, wäre es in Ordnung, wenn ich die Stücke schreiben würde? Mit zwei Stücken kommen wir einigermaßen hin.«

»Das ist mir scheißegal. Ich will bloß nicht, dass dieser Dreckskerl meine Musik verwendet.«

»Ich wäre dann immer noch deine Schwester?«

Max war ein aufmerksamer Bruder, aber als Feind wollte man ihn nicht haben.

»Klar. Klar bist du meine Schwester.«

Der Hörer wurde auf die Gabel geknallt.

Wenn ich jetzt überlegte, redete ich es mir womöglich wieder aus. Unter Schwarzen gab es den Spruch: »Folg deinem ersten Instinkt.«

Von der Seite aus machte ich Ethel ein Zeichen; sie stand auf und wir gingen gemeinsam aus dem Zuschauerraum. Ethel hatte eine musikalische Vorbildung, und ich hatte sowohl für Guy als auch für mein Album schon Stücke geschrieben. Zusammen konnten wir locker zwei läppische Stücke komponieren.

Ethel hatte die Ausstrahlung einer hinreißend schönen Frau. Die jahrelange Bewunderung in der Familie, die Komplimente von Wildfremden und der Neid nicht ganz so schöner Frauen hatten ihr eine große Portion Selbstbewusstsein beschert.

»Klar können wir das, Maya. Es sind ja bloß zwei Stücke. Komm, setzen wir uns ans Klavier.«

Wir gingen auf Frankel, Talley und Glanville zu, die sich auf der Bühne besprachen.

»Wir schreiben die Musik.«

»Wie bitte?«

»Wir schreiben sie heute Nachmittag.«

»Und studieren sie mit den Leuten ein«, ergänzte ich.

Frankel wäre Sidney Bernstein fast auf den Schoß gesprungen. »Hast du das gehört?«

Bernstein wiegte beglückt den Kopf.

»Hab ich, hab ich. Dann sollen sie machen. Wenn sie sagen, sie schaffen das, dann sollen sie machen. Tolle Mädels. Tolle Frauen. Lass sie machen.«

Sidneys schmächtige Gestalt zappelte vor Aufregung. »Schick die Schauspieler in die Pause. Sollen im Theater ausschwärmen.«

Frankel nickte.

Ethel und ich setzten uns nebeneinander auf den Klavierhocker, und sofort war die alte Kameradschaft von *Porgy and Bess* wieder da. Wir einigten uns auf C-Dur, ohne Kreuze und Bs, das wäre für musikalisch Ungeübte am einfachsten zu lernen. Ethel spielte eine Melodie im oberen Register und ich spielte ein paar Bässe dazu. Wir sprachen den Text und richteten die Melodie daran aus. Innerhalb von einer Stunde hatten wir die zwei Stücke zusammen. Das Ensemble kam von der Pause zurück, stellte sich ums Klavier und hörte sich unsere Melodien an. Beim ersten Lacher fuhr ich herum, um unser Werk zu verteidigen, merkte aber dann, dass das Lachen nicht böse gemeint war, eher vielsagend und anerkennend. Ethel Ayler und ich hatten kein Hexenwerk vollbracht, bloß wieder einmal bestätigt, dass Schwarze clever, schlau und verdammt schnell sein mussten.

Am Abend dann setzte das Stück in den höchsten Tönen von Hohn, Spott und Verachtung ein. Das Theater verwandelte sich in eine Kultstätte des Sarkasmus, in der wir weiße Heilige verhöhnten und auf weiße Götter spuckten. Die meisten Schwarzen im Publikum reagierten amüsiert auf unsere blasphemischen Tiraden, ein paar hüstelten oder schnaubten missbilligend. Ihnen war unsere Unverfrorenheit peinlich, sie hätten es lieber gehabt, dass wir Schwarze unsere Wut hinter diversen Masken verbargen und wie üblich unter dem Deckel hielten.

Die Weißen dagegen schlossen *The Blacks* sofort ins Herz. Am Ende der Vorstellung sprang das Publikum auf, klatschte tumultartig und brüllte »Bravo, Bravo!«. Das Ensemble hatte abgemacht, sich weder zu verbeugen noch zu lächeln. Wir blickten hinaus über die blassen Gesichter, nicht länger Schauspieler, die von einem Tausende von Meilen entfernten Franzosen geschriebene Rollen verkörperten, sondern mutige Schwarze, die dem Feind beherzt ins Auge blickten. Unsere Unverschämtheit heizte dem Publikum nur umso mehr ein. Noch lange nachdem wir von der Bühne gegangen waren, hielt der lärmende Applaus an.

In den Umkleiden johlten und brüllten wir. Wenn das

Publikum die penetrante Botschaft des Stücks nicht kapiert hatte, dann waren diese Cracker einfach heillos unsensibel. Und wenn sie sie kapiert hatten und ihnen das Stück trotzdem gefiel, waren sie psychisch krank, was wir ohnehin immer vermutet hatten.

Wir hatten einen Hit und waren glücklich.

Schwarze begriffen und goutierten das Stück, aber Abend für Abend waren viermal so viele Weiße im Theater wie Schwarze, was einem ernsthaft zu denken gab. Weiße mussten doch nicht extra in die Lower East Side von New York pilgern, um zu erfahren, wie unbarmherzig, ungerecht und unlauter sie waren. Schwarze Redner, eloquenter als Genet, hatten Weiße doch seit Jahrhunderten darauf hingewiesen, dass unsere Lebensumstände unerträglich waren. 1830 hatte David Walker und 1850 Frederick Douglass deutlich gemacht, welchen Terror und welche Qualen ein Leben in den Vereinigten Staaten für Schwarze bedeutete. Martin Delaney und Harriet Tubman, Marcus Garvey und Dr. Du Bois, Martin King und Malcolm X hatten zornig, leidenschaftlich und überzeugend dargestellt, dass wir gefährlich auf einer Mauer balancierten und dass, sollten wir fallen, das ganze Gebäude, das uns den Raum zum Leben verwehrt hatte, womöglich mit einstürzte.

Im Jahr 1960 hätten weiße Amerikaner also längst alles wissen können, was sie über Schwarze Amerikaner wissen sollten.

Warum kamen sie dann ins St. Mark's Playhouse geströmt und hörten sich staunend an, wie Schwarze Schauspieler ihnen Schimpfwörter an den Kopf warfen? Diese Frage beschäftigte mich, zwickte wie ein Sandkorn zwischen den Zähnen: nicht schmerzhaft, aber eine ständige Irritation.

Schließlich, einen Monat nach der Premiere, bekam ich meine Antwort. Das Ensemble hatte sich nach der Vorstellung schon umgezogen und kam ins Foyer, um Freunde zu treffen. Eine junge Weiße um die dreißig, teuer gekleidet, packte meine Hand.

»Maya? Mrs Make?« Die Tränen liefen ihr übers Gesicht, die ganze Nasengegend war rot. Ich hatte spontan Mitleid mit ihr.

»Ja?«

»Oh, Mrs Make.« Sie fing an zu schluchzen, und ich fragte, ob sie mit in meine Garderobe kommen wolle. Die Einladung wirkte wie eine kalte Dusche.

Sie schüttelte den Kopf. »Nein, nein, das ist es nicht. Natürlich nicht, alles in Ordnung.«

Die Röte verschwand aus ihrem Gesicht und beim nächsten Satz klang ihre Stimme klarer.

»Sie sollen nur wissen ... ich wollte nur sagen, ich habe das Stück fünf Mal gesehen.« Sie wartete.

»Fünf Mal? Wir spielen doch erst seit vier Wochen.«

»Ja, aber viele Freunde von mir ...« – sie hatte sich wieder in der Gewalt – »viele von uns haben das Stück mehr als einmal gesehen. Eine Frau bei mir im Haus geht zweimal in der Woche.«

»Und warum? Warum kommen Sie immer wieder?«

»Also« – sie gab sich einen Ruck – »also, wir unterstützen Sie. Ich meine, wir verstehen, was Sie sagen.«

Die Geräuschkulisse waberte um uns herum, aber wir standen wie in einer Blase, ein Inbild der amerikanischen Gesellschaft: Weiß und Schwarz reden aneinander vorbei.

»Wie viele Schwarze wohnen bei Ihnen im Haus?«

»Ähm, keine. Aber das heißt ja nicht ...«

»Wie viele Schwarze Freunde haben Sie? Also, Ihr Dienstmädchen nicht mitgezählt?«

»Huch.« Sie wich einen Schritt zurück. »Sie wollen mich beleidigen.«

Ich machte einen Schritt nach vorn. »Von mir als Bühnenfigur lassen Sie sich meine Beleidigungen gefallen, aber nicht von mir als Mensch, stimmt's?«

Der Blick, den sie mir zuwarf, war so hasserfüllt, dass mein Herz stockte. Ich streckte die Hand aus.

»Fassen Sie mich nicht an!« Ihr Ton war so scharf, dass einige Umstehende aufhorchten. Prompt erschien Roscoe und deutete, noch ganz in der Rolle, einen Diener vor mir an. »Hallo, Königin.«

Die Frau wollte davonstampfen, aber ich fasste sie am Ärmel. »Würden Sie mich zu Ihnen nach Hause einladen? Würden Sie sich mit mir anfreunden?«

Sie riss sich los und spuckte aus. »Schwarze. Typisch.« Und lief weg.

»Was war denn das, meine Holde?«, fragte Roscoe.

»Das ist eine von unseren Fans. Sie kommt ins Theater, um sich von uns beschimpfen und kleinmachen zu lassen, und das ist dann ihr Beitrag zu unserem Kampf.«

Roscoe schüttelte ganz bedächtig den Kopf. »Auwei. Eine von denen.«

Und damit war das Thema beendet.

13

Der Lippenstiftfleck stammte nicht von mir und das Parfum aus keinem meiner Flakons. Ich legte Vus' Hemd über den Stuhl und seinen Anzug an den Türknauf. Dann setzte ich mich und wartete, bis er aus der Dusche kam.

Wir hatten nie über Untreue geredet; ich hatte daran einfach nicht gedacht. Aber als sich auf Vus' Kleidung zum dritten Mal Make-up-Spuren anderer Frauen fanden, musste ich mich der Möglichkeit stellen.

Er band sich den Gürtel seines karierten seidenen Morgenmantels zu und kam ins Schlafzimmer.

»Mein Herz, sollen wir frühstücken gehen? Ich habe eine Besprechung downtown. Wir könnten doch zum Broadway und dann –«

»Vus, wer ist die Frau? Besser gesagt, wer sind die Frauen?«

Er wandte sich um und ließ die Hände sinken, seine Miene stumm wie ein Stück Holz.

»Frauen? Welche Frauen?« Die runden Augen, die ich so liebte, waren verschleiert, und ich blieb außen vor. »Was soll denn der Quatsch?«

Ich sprach ganz leise weiter. Ich fragte, weil ich als Tochter meiner Mutter eigentlich mutig und ehrlich sein sollte, aber ich wollte keine ehrliche Antwort. Ich sehnte mich danach, dass er alles abstritt oder mir eine gedrechselte Ausrede vorsetzte.

»Der Lippenstift. Farbe Fuchsia. Der gehört mir nicht. Diesmal ist das Parfum Tweed, und das habe ich noch nie aufgelegt.«

»Ach so.« Er lächelte, dass sich seine schönen Lippen auseinanderzogen und mir ein Blitzen ebenmäßiger Zähne vergönnt war. »Ach so, mein Schatz, du bist eifersüchtig.« Er kam zu mir her, zog mich an den Händen hoch und drückte mich an sich. Sein Bauch wackelte. Er lachte mich aus.

»Meine liebe Frau ist ein bisschen eifersüchtig.« Stimme und Körper dröhnten. Er ließ mich los und sah mir in die Augen.

»Mein Herz, es gibt keine anderen Frauen. Du bist die einzige Liebe in meinem Leben. Du bist die einzige Frau, die ich je wollte, und alles, was ich habe.«

Genau das hatte ich hören wollen, aber als Schwarze Amerikanerin hatte ich eine Geschichte zu achten und eine Pflicht zu erfüllen. Ich blickte ihn direkt an.

»Vus, wenn du dich in Abbey oder Rosa oder Paule verliebt hättest, könnte ich das verstehen. Ich wäre verletzt, aber nicht gekränkt. Das sind Frauen, die mich nie absichtlich verletzen würden, und die Liebe ist wie ein Virus, sie kann jeden jederzeit treffen. Aber wenn du einfach fremdgehst, dann zieh dich lieber warm an, und das ist mein voller Ernst.«

Vus wich zurück. Wir standen uns gegenüber, aber er hatte eine Mauer um sich.

»Untersteh dich, mir zu drohen. Ich bin Afrikaner. Ich bin nicht leicht zu erschrecken, und ich laufe nicht weg. Stell mich bloß nie wieder in Frage. Du bist meine Frau, mehr brauchst du nicht zu wissen.«

Er zog sich an und verließ das Haus, ohne seine Frühstückseinladung zu wiederholen.

Ich wanderte durch die Wohnung und überlegte, welche Möglichkeiten ich hatte. Eine Trennung kam nicht in Frage.

Zu viele meiner Freunde hatten mir von der Heirat abgeraten und mein Stolz erlaubte mir nicht, ihnen recht zu geben. Guy würde mir nie verzeihen, wenn wir schon wieder umziehen würden, und den einzigen Menschen zu verlieren, der mich wirklich liebte, konnte ich nicht riskieren. Wenn ich Vus in flagranti erwischte, würde ich mir eine Pistole besorgen und ihm den Hintern wegblasen oder warten, bis er schlief, und ihm dann kochende Lauge in den Mund schütten. Gift würde ich nie nehmen, das wirkte womöglich zu langsam.

Ich hängte seinen Anzug an ein offenes Fenster und wusch den Lippenstiftfleck aus seinem Hemd.

Dass ich in dem verstaubten Theater glücklicher war als in unserer hübschen Wohnung an der Central Park West, entbehrte nicht einer gewissen, traurigen Ironie.

Über alle kulturellen Differenzen hinweg bauten Guy und Vus eine Freundschaft auf. Mein Sohn strengte sich sehr an, »Dad« zu verstehen. Es interessierte ihn, wie es für Vus wohl gewesen war, als Schwarzer Mann in Afrika aufzuwachsen. Vus freute sich über Guys Interesse und konnte mit seiner freien Erziehung zur Wissbegier umgehen, auch wenn sie so ganz anders war als die seine. Wenn Guy die Dekrete seines Stiefvaters in Zweifel zog, legte ihm Vus geduldig auseinander, dass ein afrikanischer Jugendlicher niemals einen Erwachsenen fragen würde, warum er dies oder jenes gesagt oder getan hatte. Jugendliche in Afrika würden vielmehr Behauptungen von Erwachsenen höflich akzeptieren und dann auf eigene Faust losziehen, um sich die Antworten zu holen, die ihnen passten. Die beiden saßen lachend zusammen im Wohnzimmer, unterhielten sich und spielten Schach. Meine Kochkünste fanden ihren Zuspruch, aber wenn ich sie auf die frischen Blumen auf dem Tisch oder ein neues Kleid hinwies, reagierten beide nach demselben Muster.

»Sehr schön, meine Liebe.«

»Hübsch, Mom. Wirklich sehr hübsch.«

»Guy, deine Mutter macht es uns hier wirklich sehr gemütlich.«

Sie behandelten mich wie das freundliche, kompetente Familienfaktotum.

Vergessen waren für Guy die Jahre, in denen ich ihn ermuntert hatte, mich zu löchern, meine Regeln in Frage zu stellen, jede Schlussfolgerung von mir auseinanderzunehmen. Es war ja kein Vater da gewesen, der meinen Erziehungsstil hätte ausbalancieren können, das gab Guy das Recht, Fragen zu stellen, und mir die Pflicht, zu erklären. Und jetzt brachte Vus ihm bei, was es heißt, ein afrikanischer Mann zu sein, und Guy war ein begabter Schüler. Ich war zerrissen. Einerseits sehnte ich mich nach unserer alten Vertrautheit – und seiner Abhängigkeit, andererseits war mir klar, dass er einen Vater brauchte, ein männliches Vorbild, einen Mann in seinem Leben. Ich war selbst in einem vaterlosen Zuhause aufgewachsen, daher hatte ich keine Ahnung, worüber Väter mit ihren Töchtern sprachen, geschweige denn, was sie ihren Söhnen beibrachten.

Klar war nur eines: Guy behandelte mich anders und auf eine unerfreuliche Art. Vorbei die Zeit, da er in meiner Miene nach Zustimmung oder in meinem Tonfall nach Ärger geforscht hatte. Er lachte mit Vus und bat Vus um Rat. Angeblich hatte ich das ja so gewollt, aber nun war ich, das musste ich mir eingestehen, für meinen Sohn zur verlässlichen Annehmlichkeit mutiert. Zu einem Etwas ohne großen Belang.

Zu Hause las Vus amerikanische, europäische und afrikanische Zeitungen und schnitt Artikel aus, die er anschließend kopiert an Kollegen in Übersee schickte. Den ganzen Vormittag verbrachte er bei den Vereinten Nationen, verwickelte Delegierte in Gespräche, konspirierte mit anderen afrikanischen Freiheitskämpfern und versuchte die Presse davon zu überzeugen, dass eine Revolution in Südafrika den siebenjährigen Algerienkrieg aussehen lassen würde wie ein Sonntagsschulpicknick. Er redete mit jedermann, den er für einflussreich hielt – mit Bankern, Anwälten, Geistlichen und Börsenmaklern. Ich entschloss mich, das Make-up an seinen Krägen und die süßen Düfte in seinen Kleidern Zufallsberührungen im Vorbeigehen mit den Sekretärinnen mächtiger Männer zuzuschreiben.

Ich begann, früh ins Theater zu gehen und ungern nach Hause zu kommen.

Backstage agierten Roscoe Lee Browne und ich ein Zweipersonenstück aus, das in mein allmählich verblassendes Leben etwas Farbe brachte. Unser stärkster Ausdruck lag im Schweigen, und körperliche Berührungen beschränkten sich auf flüchtige Küsschen auf die Wange. Eher rührend als sonst etwas, waren seine Aufmerksamkeiten leider oder zum Glück nicht auf Intimität ausgerichtet. Während die anderen Ensemblemitglieder nicht im Ansatz merkten, wie unglücklich ich war, merkte er es sehr wohl, stellte mich aus Diskretion aber nicht mit Fragen bloß.

Wenn ich in meiner Garderobe saß und Kreuzworträtsel löste oder ein Gedicht in Form bügelte, erklang Roscoes leichtfüßiger Schritt hinter der Tür.

»Hallo, meine Beste. Liegt draußen. Vor der Tür.«

Ich sprang jedes Mal auf, um noch einen Blick auf ihn zu erhaschen, aber der Korridor war jedes Mal leer – bis auf ein hübsches Sträußchen an der Wand oder eine einzelne, in dünnes grünes Papier gewickelte Blume.

Die Kontinuität und der Takt in Roscoes Sorge um mich machten ihn zum idealen Fantasiehelden und nötigen Kontrast zu meinem wirklichen Leben. Er war Vergnügen ohne Delikt, Reiz ohne Reue. Hätten wir uns je umarmt oder auch nur einmal die Tortur meiner Ehe angesprochen, wäre unser heimliches Ritual einer Romanze überfordert von der Alltäglichkeit gescheitert. Mit ein bisschen Glück kann eine einzige Fantasie tausend Wirklichkeiten verwandeln.

Mein Wahn auf Raten führte dazu, dass ich den Ernst eines Anrufs, den ich eines Abends erhielt, nicht erfasste.

Als ich den Hörer abnahm, raunte eine heisere Männerstimme: »Maya Make? Vusumzi Make kommt nicht nach Hause.«

Die Feststellung wunderte mich, aber beunruhigt war ich nicht. »Hat er Sie gebeten, mir das auszurichten? Wieso ruft er nicht selber an? Wer sind Sie überhaupt?«

»Vusumzi kommt nie wieder nach Hause«, sagte der Mann und legte auf.

Ich lief im Wohnzimmer herum und versuchte, die Botschaft zu enträtseln. Das Englisch war schwerfällig gewesen, aber ich konnte den dicken Akzent nicht verorten. Vus kannte so viele Ausländer, der Mann konnte aus jedem Land der Welt stammen. Außerdem kannte er viele Frauen, und vielleicht hatte ja irgendein afrikanischer Diplomat den Verdacht, seine Frau und Vus hätten eine Affäre. Mit seinem Anruf wollte er gar nicht mal Vus drohen, sondern mich argwöhnisch machen. Aber da hatte er seine Zeit und sein Geld verschwendet. Als ich ins Theater aufbrach, war Vus immer noch nicht da.

Während der Aufführung rumorte der Anruf dicht unter meinem auswendig gelernten Text vor sich hin. Erst als Helen Martin und ich ins abschließende Duell des Stücks verwickelt waren, dämmerte mir, dass Vus vielleicht in Gefahr war. Der rasende Ehemann hatte ihm womöglich schon etwas angetan. Vielleicht hatte er die beiden in flagranti erwischt und war mit dem Messer auf Vus losgegangen oder hatte gar auf ihn geschossen. Ich spielte brav zu Ende, und nur Roscoe fiel meine Zerstreutheit auf, denn jedes Mal, wenn sich unsere Blicke trafen, hob er eine Braue, spitzte die Lippen oder sah mich fragend an.

Nach dem abschließenden starren Blick ins Publikum von Seiten des Ensembles drehte ich mich um und stürzte auf meine Garderobe zu, doch direkt hinter der Bühne hatte Roscoe mich schon eingeholt.

»Maya, ist alles in Ordnung?«

Sein teilnehmender Blick ließ mich weinen. »Es geht um Vus. Ich habe Angst.«

Er nickte. »Aha, verstehe.« Von wegen aha, er konnte unmöglich verstehen und ich unmöglich erklären. Auf dem Weg zu den Garderoben durchquerten wir das Foyer, und Vus trat aus einem Knäuel von Theaterbesuchern heraus auf uns zu.

»Guten Abend, mein Schatz.« Er war wohlbehalten und ganz, und er sah umwerfend aus.

Roscoe schüttelte ihm freundlich die Hand. »Mr Make, unsere Queen ist eine großartige Schauspielerin, und heute Abend hat sie sich selbst übertroffen.« Mit einem angedeuteten Nicken in meine Richtung zog er sich zurück. Da ich wusste, dass Vus die öffentliche Zurschaustellung von Emotionen nicht guthieß, drückte ich ihn nur kurz und ging mich umziehen.

Ich konnte meine Erleichterung nicht verhehlen. Auf der Taxifahrt streichelte ich seinen dicken runden Schenkel und legte ihm den Kopf an die Brust, um seinen lebendigen Duft einzuatmen. »Du liebst mich heute Nacht.« Er lachte in sich hinein, und der Klang polterte lieblich in meinem Ohr.

Zu Hause machte er uns Drinks und wir setzten uns aufs gute Sofa. Er nahm meine Hand.

»Du bist sehr nervös. Irgendetwas hat dich verstört. Was war im Theater los?«

Ich erzählte ihm von dem Anruf. Sein Gesichtsausdruck verwandelte sich; er kaute an seiner Unterlippe, sein Blick wurde abwesend.

Gekünsteltes Lachen von mir. »Ich dachte, ein erzürnter Ehemann hat dich mit seiner Frau erwischt und hat womöglich …«

Ich hielt den Mund. Das klang selbst mir zu albern. Vus war weit, weit entfernt.

Als er den Mund wieder aufmachte, war sein Ton kalt und seine Diktion noch knapper als sonst.

»Wir müssen die Telefonnummer ändern lassen. Erstaunlich, dass sie so lang gebraucht haben.«

Ich verstand nicht, und er erklärte. »Das war jemand von der südafrikanischen Polizei. Die machen sowas. Rufen die Frauen von Freiheitskämpfern an und behaupten, ihr Mann oder ihre Kinder sind umgebracht worden.« Er schnaubte. »Eigentlich müsste ich beleidigt sein, dass sie dich erst jetzt auf dem Schirm haben. Das heißt ja, sie nehmen mich nicht ernst.« Er drehte sich zu mir. »Morgen lasse ich unsere Nummer ändern. Und dann kämpfe ich bei den Vereinten Nationen umso härter.«

Der Vorfall brachte mir die Realität der südafrikanischen

Politik näher als alle Reden, die ich bisher gehört hatte. Die Stimme des Anrufers setzte sich in mir fest wie die geistlose Melodie eines Werbespots. Wenn ich am wenigsten darauf gefasst war, knurrte sie: »Maya Make? Vusumzi Make kommt nie wieder nach Hause.«

Am liebsten wäre ich Vus nicht mehr von der Seite gewichen. Auf die Straße, ins Taxi, bis ins UN-Gebäude, überallhin begleitete ihn meine Besorgnis. Selbst zu Hause war ich erst zufrieden, wenn wir beide uns im selben Zimmer aufhielten. Vus' Versuche, mich zu beruhigen, waren fruchtlos. Die Angst hatte sich bei mir eingenistet, klebte mir wie Schweiß an den Handflächen und kehrte wieder, selbst wenn ich sie abgewischt hatte.

Zwei Wochen später kam der zweite Anruf.

»Maya Make? Wissen Sie, dass Ihr Mann tot ist?« Selber Akzent, andere Stimme. »Man hat ihm die Kehle durchgeschnitten.« Ich knallte den Hörer auf, nahm ihn im selben Augenblick wieder hoch und brüllte das Freizeichen nieder. »Du Lügner! Schwein! Rassist! Du apartheidsfanatisches Kindermörderarschloch!« Als ich auflegte, hatte ich jegliche Unflätigkeit verwendet, die ich kannte, und zwar in allen erdenklichen Kombinationen. Als ich Vus davon erzählte, sagte er nur, er würde unsere Nummer noch einmal ändern lassen. Er machte sich Sorgen, dass mich das so aus der Bahn warf, damit sei doch zu rechnen, auch mit Schlimmerem. Ich beschloss, mit allen weiteren Anrufen, so sie denn kamen, fertigzuwerden, und zwar allein.

Einen im Haus wohnenden Vater zu haben, hatte sichtbare Auswirkungen auf meinen Sohn. Guy war seinem Äußeren sein Leben lang indifferent bis vollkommen gleichgültig gegenübergestanden, unter Vus' Einfluss jedoch interessierte er sich plötzlich für farblich abgestimmte Outfits. Vus ließ ihm bei einem Schneider zwei Maßanzüge mit Weste anfertigen und kaufte meinem Fünfzehnjährigen sündteure Schuhe und Button-down-Hemden, und Guy reagierte, als hätte er auf diese Eleganz sein Leben lang gewartet.

Die Anrufe kamen wieder. Man erklärte mir, ich könne die Leiche meines Mannes im Bellevue Hospital abholen, oder er sei in Harlem erschossen worden. Wenn ich allein zu Hause war, beäugte ich das Telefon wie eine zusammengerollte Kobra. Sobald es läutete, packte ich ihren Kopf und hielt ihn fest. Ich meldete mich nie, sondern wartete, bis der Anrufer etwas sagte. Falls »Maya Make« kam, erklärte ich mit leiser Stimme, dass Südafrika eines Tages frei sein würde und alle weißen Rassisten lieber jetzt schon Schwimmen üben oder sich gut bestückte Rettungsboote zulegen sollten, denn die Afrikaner würden sie garantiert bis an den Ozean treiben. Danach legte ich behutsam den Hörer auf und dachte: Jetzt hast du's ihnen aber gezeigt. Meist konnte ich mir ungefähr eine Stunde lang zu meiner fantastischen Selbstbeherrschung gratulieren, bevor die Angst wieder angekrochen kam. Dann versuchte ich mit demselben Telefon, Vus Aufenthaltsort zu bestimmen.

Mburumba Kerina von der South-West Africa People's Organisation war mit ihm befreundet und wohnte in Brooklyn. Dort rief ich zum Beispiel an, und Kerinas afroamerikanische Frau Jane nahm dann ab.

»Hi Jane, hier ist Maya.«

»Ach, hallo, Maya. Wie geht's denn so?«

»Alles okay, und bei dir?«

»Ach, schon in Ordnung. Und bei dir?«

»Alles gut.« Und dann ließ sie meine Hoffnung, Vus sei vielleicht bei ihnen, zerplatzen. »Wie geht's Vus?«

»Ach, gut. Und Mburumba?«

»Bestens. Wir müssen uns bald mal wieder treffen.«

»Ja, ganz bald. Also dann, mach's gut.«

»Du auch. Tschüss.«

»Tschüss.«

Jane hatte keine Ahnung, wie sehr ich sie um ihre ungewöhnliche Selbstsicherheit beneidete. Sie war jünger als ich und hatte Kerina kennengelernt, während sie bei den UN als Touristenführerin arbeitete. Die beiden verliebten sich und heirateten, und sie schlüpfte in die nervenaufreibende Rolle der Frau eines Freiheitskämpfers so ungerührt, als hätte sie den Pfarrer einer Baptistengemeinde in der Kleinstadt geheiratet.

Wenn ich Vus nach zahlreichen Telefonaten dann aufspürte, sog ich mir Gründe für die Unterbrechung aus den Fingern.

»Wollen wir heute nach der Aufführung zum Essen gehen?«

»Wollen wir heute nach der Aufführung gleich nach Hause gehen?«

»Wollen wir heute nach der Aufführung mal in eine Bar?«

Als Meister der Intrige ließ Vus sich vermutlich von meinen Amateurversuchen nie in die Irre führen, sondern tat einfach großzügigerweise so. Eines Tages versetzte mich ein Anruf so in Angst und Wut, dass mir Hören und Sehen verging.

»Hallo, Maya Make?« In der weißen Frauenstimme tummelten sich Reste eines Südstaatenakzents.

»Ja? Hier ist Maya Make.« Ich hielt die Frau für eine Journalistin oder Theaterkritikerin, die die Schauspielerin Maya Make interviewen wollte.

»Ich rufe wegen Guy an.« Sofort schaltete mein Gehirn von angenehmer Vorfreude auf Anspannung um.

»Sind Sie von seiner Schule? Was ist denn los?«

»Nein, ich bin im Midtown Hospital. Es tut mir leid, aber es ist ein schwerer Unfall passiert. Am besten kommen Sie sofort. In die Notaufnahme.«

Sie legte auf. Ich riss meine Handtasche und die Schlüssel von der Ablage, knallte die Tür zu, rannte die Treppe hinunter, und erst unten auf der Straße fiel mir ein, dass ich die Adresse des Krankenhauses gar nicht hatte. Zum Glück hielt an der Ampel gerade ein Taxi. Ich rannte hin und fragte den Fahrer, ob er wisse, wo das Krankenhaus sei, und als er nickte, stieg ich ein. »Schnell, bitte. Es geht um meinen Sohn.«

Auf meiner Uhr war es elf Uhr vormittags, Guy war also in der Schule und konnte nicht bei einem Autounfall verletzt worden sein. Vielleicht Gangs. Obwohl der Taxifahrer andere Autos schnitt, Hupkonzerte ertönten, Reifen quietschten, schienen sowohl die Zeit als auch das Taxi zu kriechen.

Ich bezahlte mit Scheinen, die ich nicht sah, und raste zur Notaufnahme. Die junge Schwarze an der Anmeldung schickte mir einen müden Blick.

»Ja, bitte?«

Ich erklärte ihr, mein Sohn sei verletzt eingeliefert worden, ich wüsste gern, wie schwer, und wo er sei und ob ich zu ihm könne? Sie fuhr mit dem Finger eine Liste ab, dann die zweite Seite, doch Guys Name tauchte nicht auf. Man habe mich angerufen, sagte ich, darauf sie: Ein Guy Johnson sei hier nicht Patient, ob ich auch das richtige Krankenhaus hätte? Die Stimme der Anruferin war mir noch präsent: »Ich bin im Midtown Hospital ...«

Sie hatte gelogen. Sie arbeitete für Südafrika. Die Erkenntnis rammte sich in mein Bewusstsein. Zum ersten Mal, seit ich das »Ich rufe wegen Guy an« gehört hatte, konnte ich wieder klar denken.

Von einem Münztelefon aus rief ich in Guys Schule an. Ein paar Minuten später hatte ich erfahren, dass er wohlbehalten im Geschichtsunterricht saß.

Ich ging zu Fuß die Central Park West hinauf nach Hause, zu wütend, um mich an meiner Erleichterung zu freuen. Mir kamen die unmoralischen Giersäcke in den Sinn, die sich gewaltsam eines Landes bemächtigten und anderen Menschen aufgrund ihrer Hautfarbe das Existenzrecht absprachen. Bisher hatte ich aus Prinzip gegen das rassistische Regime opponiert, weil es einfach hässlich, brutal, erniedrigend und mörderisch war. Mein Mann hatte seine eigenen Gründe, weshalb er die Regierung Verwoerd stürzen wollte, und ich hatte ihn darin unterstützt. Doch als ich nun unter den grünen Bäumen entlanglief und den Duft junger Sommerblüten einatmete, krampfte mir Hass die Kehle zu. Einfach so einer Mutter das Herz zu brechen war das Niederträchtigste, was ich mir vorstellen konnte. Von nun an wurde mein Widerstand persönlich.

Ethel Ayler verließ das Ensemble, weil sie eine große Rolle in einem Broadway-Stück an Land gezogen hatte. An ihrem letzten Abend unterhielten wir beide uns backstage.

»Maya, Sidney müsste uns für die Musik eigentlich etwas bezahlen«, sagte sie, und ich konnte nur zustimmen.

Wir hatten schon bei ein paar Gelegenheiten versucht, ein bisschen Geld aus dem Produzenten herauszuleiern, aber jedes Mal wenn wir ein Honorar für unsere beiden Songs auch nur erwähnten, hatte er uns ausgelacht und zum Essen eingeladen. Da Ethel nun aber einen Schlussstrich zog, wollten wir es ein letztes Mal probieren. Wir zogen uns rasch um und eilten ins Foyer, wo Sidney Bernstein allein herumstand.

Ethel sprach ihn an. »Sidney, du weißt ja, dass heute meine letzte Vorstellung war. Morgen fange ich mit den Proben zu Kwamina an.«

Sidney gönnte Ethel ein fades Lächeln. »Stimmt, Ethel, gratuliere. Ich hoffe, es wird ein Hit.«

»Das hofft sie auch, Sidney«, sagte ich. »Aber wir würden gern über Geld reden. Du musst uns für die Musik zu *The Blacks* was bezahlen.«

Er reckte das Kinn, blickte mir ins Gesicht und machte sich nicht einmal die Mühe, seine Geringschätzung irgendwie zu verpacken.

»Jetzt macht aber mal nen Punkt. Ihr habt doch nichts komponiert. Ich hab's ja gesehen, ihr habt euch einfach ans Klavier gesetzt und ein bisschen rumgeklimpert.«

Ethel und ich gafften erst Sidney an, dann uns gegenseitig. Die Leute, auf die Sidney gewartet hatte, kamen an, lasen ihn auf und gingen lachend mit ihm die Treppe hinunter.

Ich beobachtete, wie Ethel ihre Miene unter Kontrolle brachte. Sie biss sich auf die Lippen und setzte einen teilnahmslosen Blick auf. Als sie die Achseln zuckte, konnte ich mir schon denken, was jetzt kam.

»So ein Idiot, Maya, vergessen wir's.« Ich hatte richtig geraten. Sie drückte ihr Schminkköfferchen an sich und winkte mir mit der anderen Hand vornehm zu. »Mach's gut, Maya. Wir hören uns, ja?« Weg war sie. Mit einem zukünftigen Broadway-Erfolg konnte sie Sidneys unfaires Verhalten leicht wegstecken, ich konnte das nicht; außerdem vernebelte die Bemerkung, ich hätte gar nichts komponiert, sondern nur ein bisschen am Klavier herumgeklimpert, mir den Verstand.

Am Fuß der Treppe warteten Vus und James Baldwin, meine Verstörtheit bekamen sie unmittelbar ab.

Was das bitte schön solle? Das Arschloch sei doch genauso gestrickt wie all die anderen arroganten Diebe, die Schwarzen Künstlern alles klauten, ohne überhaupt die Pistole zücken zu müssen. Aber ich war mit *The Blacks* nicht verheiratet.

Da Vus immer noch die meisten Rechnungen beglich, war ich auf den Job nicht angewiesen, und da ich keine weiteren Theaterambitionen hatte, musste ich auch nicht befürchten, dass mich die beiden Produzenten den Broadway rauf und runter schlechtmachten. Vus und Jim blieben stumm.

Vus fasste mich an den Schultern und drückte mir die Daumen ins Gelenk. Der Schmerz ließ mich Sidney Bernstein, Ethel Ayler, die Musik und *The Blacks* vergessen; ich hörte auf zu heulen, und er ließ mich los.

»Mein Schatz. Du kommst nie wieder in dieses Theater zurück, du hast dein Engagement soeben beendet.«

Ich warf Jim Baldwin einen Blick zu. Vus' Feststellung hatte mich ebenso schockiert wie Bernsteins Abfuhr. Jim würde sicher verstehen, dass ich nicht einfach wegbleiben konnte, er konnte sicher erklären, dass ich als Mitglied der Schauspielergewerkschaft Equity eine Kündigungsfrist von mindestens zwei Wochen einhalten musste. Jim schwieg. Ungeachtet der Tatsache, dass wir drei in Armeslänge Abstand voneinander dastanden, beobachtete er uns, als wären wir Filmschauspieler und er weit weg im Publikum.

»Ich kann nicht einfach so abhauen. Meine Gewerkschaft wird eine Strafe verhängen und Bernstein kann mich verklagen ...«, sagte ich.

Vus trat an den Bordstein und rief uns ein Taxi. Ich flüsterte Jim zu: »Erklär du ihm, dass ich das nicht machen kann. Bitte. Er versteht es nicht.«

Jim grinste, dass die großen Augen vor Freude blitzten. »Er versteht absolut, Maya. Er versteht besser als du, was Bernstein dir angetan hat. Denk dir nichts, das geht alles in Ordnung.«

Wir schichteten uns zu dritt auf den Rücksitz des Taxis, und Vus beugte sich nach vorn zum Fahrer.

»Zur nächsten Western-Union-Filiale bitte.«

Der Fahrer zögerte kurz, ließ dann den Motor an und fuhr uns zum Broadway. Während der Fahrt regten sich Vus und Jim mit mir über die unglaubliche Arroganz der Weißen auf. Ausgerechnet der Produzent eines Stücks, in dem die weiße Gier beredt entlarvt wurde, musste so ein Ausbeuter sein, das war ja der Hohn. Es war doch immer dasselbe, ob in den südafrikanischen Minen oder in einem liberalen New Yorker Theater: Die Weißen konnten den Hals nicht voll kriegen, fanden einfach, ihnen stünde alles zu. Dass sie sich sämtliche Rohstoffe der Erde unter den Nagel reißen mussten, gab einem an sich schon zu denken, dass sie sich aber auch noch als Herren über die Seele und den Stolz anderer Menschen aufspielten, überstieg jedes Fassungsvermögen.

Wir betraten das Western-Union-Büro; Vus füllte ein Formular aus, und Jim und ich unterhielten uns.

Vus reichte dem Telegrafisten den Zettel. Als der Mann die Nachricht übertragen hatte, bezahlte Vus und las uns vor, was da stand. »Mrs Maya Angelou Make wird weder zu *The Blacks* noch zum St. Marks Playhouse zurückkehren. Sie wehrt sich gegen die Ausbeutung ihrer Person und ihrer Ethnie. Sie hat ihr Engagement beendet. Unterschrift Vusumzi Linda Make, Pan African Congress, Johannesburg, South

Africa. Derzeit Beschwerdeführer vor den Vereinten Nationen.«

»Von denen hörst du nie wieder«, ergänzte Vus. »Es sei denn, Bernstein ist auf internationale Komplikationen erpicht.«

Jim lachte laut. »Siehst du, Maya Angelou, ich hab's dir gesagt, denk dir nichts.«

Wir verließen das Gebäude und schlenderten Arm in Arm in die nächste Bar.

Der dicke Xhosa, der dünne New Yorker und die lange Südstaatenlady tranken die ganze Nacht und erzählten sich die alten Storys über weiße Aggression und Schwarze Vulnerabilität. Und lachten wie üblich.

Am nächsten Tag saß ich neben dem Telefon. Mit meinem Kater und all der Aufregung über mein abruptes Ausscheiden war ich so geladen, dass ich Bernstein, Frankel, Glanville oder wer es sonst wagte anzurufen, ordentlich die Meinung geigen würde. Das Telefon sagte keinen Ton.

14

Schwarze und weiße Aktivisten machten dem nationalen Gewissen allmählich die Hölle heiß. In Monroe, North Carolina, sah sich der örtliche NAACP-Präsident Rob Williams einer Phalanx aus weißem Hass gegenüber und ermunterte Schwarze Männer, sich zu bewaffnen, um sich, ihr Zuhause und ihre Familien zu verteidigen. Mae Mallory, eine Bekannte von der Protestaktion bei den UN, hatte sich Rob angeschlossen. Julian Mayfield, der Autor von *The Hit* und *The*

Grand Parade, schrieb einen scharfzüngigen Artikel zu Williams' Haltung und reiste anschließend in den Süden, um selbst mit Hand anzulegen. Stokely Carmichael und James Foreman gründeten als Ableger der anderen Widerstandsgruppen aus den Südstaaten eine neue Vereinigung, das Student Nonviolent Coordination Committee, und brachten den Freiheitskampf in die kleinen Weiler und Dörfer, in denen der weiße Hass tief verwurzelt und die Schwarze Akzeptanz eines unterlegenen Status die historische Norm waren. Malcom X erschien weiterhin regelmäßig im überregionalen Fernsehen, die Zeitungen waren voll von Berichten zu und Hommagen an Martin Luther King sowie Leitartikeln über seine gewaltfreie Weltanschauung. Die Anzahl liberaler Weißer nahm zu; weiße Studenten gingen zusammen mit Schwarzen Studenten auf *Freedom Rides*, »Freiheitsfahrten« mit öffentlichen Verkehrsmitteln in als Hochburgen des Rassismus bekannte Städte in den Südstaaten.

Ralph Bunche, der für sein Wirken als Vermittler im Nahostkonflikt den Nobelpreis verliehen bekommen hatte, war in herausragender Position bei den Vereinten Nationen beschäftigt, und als seinem Sohn die Mitgliedschaft im rein weißen Forest Hill Tennis Club verwehrt wurde, machte Dr. Bunche eine aufschlussreiche Bemerkung. Der international hoch geachtete Staatsmann, selbst so hellhäutig, dass er sich als Weißer hätte ausgeben können, sagte nämlich: »Jetzt weiß ich eines. Erst wenn der geringste Schwarze Pachtarbeiter in den Südstaaten frei ist, bin auch ich wirklich frei.«

Am Broadway hatte Ossie Davis' Stück *Purlie Victorious* Premiere, und Ossies Frau Ruby Dee brachte als zierliche Lutie Belle das weiße Publikum dazu, sich über seine eigene Ignoranz und Raffgier auf die Schenkel zu klatschen. Paule

Marshalls Roman *Soul Clap Hands and Sing* kam heraus und servierte den Lesern süffig geschriebene Geschichten über Schwarze Hoffnung, Verzweiflung und Niederlagen. John Killens' *And Then We Heard the Thunder* entlarvte die Absurdität Schwarzer Soldaten, die in einer segregierten Armee für ein weißes Land kämpften. Baldwins *Nach der Flut das Feuer* war eine eindringliche Warnung, dass Rassismus nicht nur mörderische, sondern auch selbstmörderische Konsequenzen hatte. In Little Rock marschierte Daisy Bates an der Spitze von neun anderen Schwarzen Kindern in eine segregierte weiße Highschool, und als der Gouverneur von Arkansas, Orval Faubus, die örtliche Polizei anwies, den Schülern den Eintritt zu verwehren, schickte Präsident Dwight Eisenhower Truppen, um den Frieden zu wahren.

Harry Belafonte und Miriam Makeba gaben Benefiz-Konzerte für den Freiheitskampf, Max und Abbey reisten mit ihrer »Freedom now Suite« durchs Land.

Guy war vollauf beschäftigt mit Schule, SANE, Ethical Culture und Mädchen, Vus reiste zwischen Ostafrika, Westafrika, London und Algerien hin und her, und ich saß zu Hause – ohne Job und allein mit dem Haushaltsgeld, das Vus mir dagelassen hatte. Martin Luther Kings SCLC hatte ich so Hals über Kopf den Rücken gekehrt, dass es mir peinlich gewesen wäre, dort wieder aufzutauchen und auch nur als Ehrenamtliche meine Dienste anzubieten. Da ich weder Muslima war noch Studentin, hatte ich weder in Malcom X' Organisation noch bei der SNCC etwas zu suchen. Ich zog mich von meinen Freunden und sogar von der Harlem Writers Guild zurück.

Schließlich kam Vus von seiner jüngsten Reise zurück. Wie üblich brachte er Guy und mir Geschenke mit, und dazu

Geschichten, denen wir gespannt und voller Bewunderung lauschten. Ich bekam eine Bluse und ein orangefarbenes seidenes Wickelgewand. Zart und geübt streifte er mir den Stoff um die Hüften und legte mir das Ende über die Schulter, und ich verkniff mir die Frage, wo oder wie er diese Technik erlernt hatte; allmählich entwickelte ich mich zu einer braven afrikanischen Ehefrau.

Als wir die Lobby des Waldorf Astoria betraten, empfing uns ehrfurchtgebietende Stille. Weiße Männer im Smoking glitten, teuer gekleidete weiße Frauen am Arm, geräuschlos über den Teppichboden. Ich hakte mich bei Vus unter und reckte den Kopf, bis ich in meinem orangefarbenen Sari auf meine gut eins achtzig noch ein paar Zentimeter draufgesetzt hatte. Vus hatte mir ein bisschen Xhosa beigebracht, und ich gab in der Klicksprache laut und deutlich ein paar Sätze von mir. Als wir in den Aufzug stiegen, spürte ich all die weißen Blicke in meinem Rücken. Ich war eine Afrikanerin in der Bastion weißer Macht, und mein Schwarzer König würde mich beschützen.

In der Suite des Botschafters von Sierra Leone herrschte festliche Stimmung – afrikanisch gekleidete Menschen verschiedener Schattierungen von Braun bis Schwarz und Highlife-Musik aus Ghana. Vus wollte mich mit dem Botschafter bekannt machen, der mit einer Gruppe von Frauen am Fenster stand.

Als der Botschafter Vus entdeckte, strahlte er uns an. »Ah, Mr Make, herzlich willkommen. Meine Damen, ich möchte Sie mit unserem revolutionären Bruder aus Südafrika bekannt machen, Vusumzi Make.« Vus verbeugte sich lächelnd; das Licht betonte seine Wangenknochen und ließ sein Haar glänzen.

Er richtete sich wieder auf. »Exzellenz, ich möchte Ihnen meine Frau vorstellen, Maya Angelou Make.«

Der Botschafter ergriff meine Hand. »Sie ist eine Schönheit, Make.« Er machte ebenfalls eine Verbeugung. »Madam Make, Ihr Ruf eilt Ihnen in ganz Afrika voraus. Mr Make hat dem Kontinent einen großen Gefallen getan. Herzlich willkommen.«

Ich gab dem Botschafter und jeder Frau einzeln die Hand, und plötzlich hatte sich das Grüppchen zerstreut. Vus stand an einem Tisch, an dem ein uniformierter Barkeeper Drinks mixte, der Botschafter tanzte mit einer zierlichen hübschen Frau in einem tief ausgeschnittenen Cocktailkleid, und mich hatte man am Fenster stehen gelassen. Ein streunender Kellner offerierte mir ein Tablett mit Drinks. Ich griff zu einem Glas Wein und blickte auf die Lichter New Yorks hinunter.

Fremde Sprachen umschwirrten mich; ein Chiliduft, der bei Schwarzen in Arkansas *bird pepper* heißt, wurde immer intensiver. Ich hielt den Kellner auf und nahm ihm ein Glas Scotch ab. Vus hatte das sexy Persönchen vom Botschafter übernommen, tanzte viel zu eng mit ihr und blickte ihr zu tief in die Augen. Ich suchte den Kellner in einem Grüppchen lachender Gäste auf, griff zum nächsten Scotch und trat wieder ans Fenster, denn beim Trinken ließ sich so wunderbar nachdenken.

Ich war frisch beim Friseur gewesen und trug eines der schmeichelhaftesten Outfits, die ich besaß; ich sprach sehr gut Französisch und Spanisch und konnte mich über eine ganze Reihe von Themen intelligent unterhalten; ich kannte mich mit amerikanischer Politik hervorragend, mit internationalen Themen immerhin leidlich aus; ich war mit einem führenden afrikanischen Freiheitskämpfer verheiratet und hatte, dezent, ein französisches Parfum aufgelegt. Und trotzdem unterhielt sich kein Mensch mit mir. Ich holte mir noch einen Drink.

Die Lichter unten auf der Straße verschwammen allmählich, aber dass Vus immer noch mit der Frau tanzte, stand mir klar vor Augen. Wäre die Party von Afroamerikanern veranstaltet oder wären auch nur ein paar Afroamerikaner unter den Gästen gewesen, hätte ich mich schon angemessen verhalten können – auch, wenn die Afrikaner alles Afrikanerinnen gewesen wären. Aber Vus brachte mir gerade erfolgreich bei, dass man sich einem afrikanischen Mann als Frau nur auf ganz bestimmte Weise näherte. Und ich kannte mich nur mit dem Verhältnis zwischen afrikanischer Ehefrau und afrikanischem Ehemann aus. Wie man mit einem fremden Mann ein Gespräch begann, wusste ich nicht, wohl aber, dass ich allmählich betrunken wurde. Wenn ich rasch etwas zu essen bekam, konnte ich die Wirkung des Alkohols vielleicht noch aufhalten. Ich steuerte auf die Küche zu.

Beinahe hätte ich den Botschafter umgerannt. Er wich aus und bleckte die Zähne. »Madam Make, ich hoffe, Sie amüsieren sich gut.«

Ich rang mir ein Lächeln ab. »Danke, Exzellenz«, und behielt meinen Kurs bei.

Eine Schwarze Frau im Schürzenkleid stand gebückt da, um Backbleche aus dem Ofen zu holen. Als sie, wieder aufrecht, mich sah, verschwand jeglicher Ausdruck aus ihrer Miene und Stimme.

»Kann ich Ihnen weiterhelfen, Ma'am?« Starker Südstaatenakzent.

»Ich hätte gern einen Bissen gegessen, einfach irgendwas.«

»Ma'am, in ein paar Minuten wird schon serviert.«

»Sind Sie die Frau des Botschafters?« So wie die Frau gekleidet war, musste meine Frage natürlich strohdumm klingen, aber manchmal multiplizierten sich bei einer Partyvorbereitung ja die Aufgaben, so dass die ersten Gäste schon kamen, bevor alles fertig war, und die Gastgeberin keine Zeit mehr zum Umziehen hatte.

Die Frau platzte heraus. »Ich? Gottchen, nein. Ich, Madam Ambassador? Ich?« Sie lachte, mit offenem Mund und wackelnder Zunge. »Nein, Ma'am. Ich bin doch eine Schwarze. Ich bin die Köchin.« Sie drehte sich wieder zum Herd, und es schüttelte sie vor Vergnügen. »Ich?«, murmelte sie immer wieder.

Ich wartete, bis sie sich wieder umwandte.

»Darf ich Ihnen helfen? Ich bin auch Köchin.« Das Lachen verschwand, sie musterte mich prüfend. Ihr Blick glitt von meiner Frisur über die goldenen Ohrringe, die Halskette und mein Kleid bis zu meinen Händen.

»Nein, Schätzchen. Du kannst vielleicht kochen, aber du bist keine Köchin.«

Ich zog mir einen Stuhl unter dem Küchentischchen hervor und setzte mich. Mit meinem Beruf hatte sie recht, aber wir waren beide Schwarz, beide Amerikanerinnen und beide Frauen.

»Ich bin mit einem Afrikaner verheiratet, der da draußen mit einem Flittchen Schieber tanzt. Und kein Mensch redet mit mir. Deshalb ...«

Sie stemmte die Hände in die Hüften und schüttelte den Kopf. »Schätzchen, die Männer sind so und bleiben so. Du brauchst einfach einen Schluck.« Ein Drink war das letzte, was ich brauchte, aber sie hatte schon eine Flasche Gin aus ihrer Handtasche gezogen und goss großzügig in eine Kaffeetasse. Ich nahm die Tasse, sie schenkte sich selbst ein Schlückchen ein und hob ihre Tasse.

»Schätzchen, wir Frauen müssen zusammenhalten. Also echt.« Sie schluckte, zog eine Grimasse und fauchte zufrieden, und ich tat es ihr nach.

»Setz dich und lass mal gut sein.« Sie rührte in einem Topf blubbernder Soße und redete über die Schulter mit mir.

»Was willst du jetzt machen? Du kannst gern noch ein bisschen hier sitzen, aber irgendwann musst du wieder da raus und ihm ins Gesicht schauen. Komm, trink ruhig noch einen Schluck Gin.«

Das tat ich.

Die Köchin löffelte gerade das Chili in eine große Schüssel, da kam Vus in die Küche. Dampf und Alkohol vernebelten mir die Sicht. Als ich Vus einigermaßen klar sah, musste ich lachen. Er hatte etwas von dem Dschinn aus Aladins Wunderlampe, bloß dicker.

Vielleicht war die Ginflasche der Köchin ja eine Wunderlampe, die hatte ich jedenfalls ausführlich gerieben.

Vus baute sich vor mir auf und wollte den Grund für meine Heiterkeit wissen, aber jedes Mal, wenn ich zu einer Erklärung Luft holte, wurde er scheinbar noch dicker, als wäre er mit meinem Atem verbunden, und dann brachte ich vor Lachen wieder kein Wort heraus.

Vus ging hinaus, und die Köchin kam zu mir her.

»War das dein Mann?« Ich nickte prustend.

»Kind, also jetzt reiß dich zusammen. Er hat einen Bauch, und wenn ein dicker Mann wütend wird ... Afrikaner hin oder her, kein dicker Mann der Welt lässt sich gern auslachen.« Sie reichte mir meine Handtasche. Der Klang ihrer

Stimme hatte eine ernüchternde Wirkung, aber kaum wollte ich ihr erklären, was so lustig gewesen war, kicherte ich wieder los.

»Geh lieber raus, bevor der wieder hier reinkommt. Ich hab sein Gesicht gesehen, und da vergeht dir das Lachen.«

Endlich erreichte ihr Rat mein Bewusstsein. Ich stand auf, bedankte mich, pilgerte durchs Wohnzimmer hinaus auf den Korridor und drückte den Liftknopf. Gerade als sich die Türen öffneten, kam Vus aus der Zimmerflucht geschossen, sah mich am Ende des Korridors und lief los; ich solle warten, rief er. Gemeinsam stiegen wir in den halb vollen Aufzug.

Vus las mir in aller Öffentlichkeit die Leviten. Ich sei seine Frau, die Frau eines afrikanischen Wortführers, ich hätte ihn beschämt, wie ich da in der Küche saß und mich mit der Köchin betrank. Als er mich ansprach, hätte ich ihn nur ausgelacht – keine Afrikanerin würde ihrem Mann solche Schande bereiten. Ich warf einen Blick auf die anderen Menschen im Aufzug, doch die wandten ihre weißen Gesichter ab. Da weder Vus noch ich in ihrer Welt existierten, mussten sie nur bis zum Erdgeschoss warten, dann würden wir uns schon wieder in Luft auflösen.

Den ganzen Weg nach unten, mit diversen Stopps auf den Etagen, hielt Vus' Tirade an. Als wir die Lobby erreichten, stoben unsere Mitfahrer auseinander wie Schneeflocken, und ich stolzierte hoch erhobenen Kopfes auf den Ausgang zu. Vus kam mir nach, zeternd, was ich für eine Schande über ihn, seinen Namen, seine Familie gebracht hätte, was für eine Enttäuschung ich sei, wie respektlos ich einen Sohn Afrikas behandelte.

Im plötzlichen Entschluss, nicht nach draußen zu gehen, machte ich an den Drehtüren scharf kehrt und steuerte wieder auf die Aufzüge zu. Vus' Stimme, bisher ein monotones Grollen, hob sich um ein paar Noten an.

»Wo willst du hin? Doch nicht zurück auf die Party? Das verbiete ich dir. Du bist meine Frau. Wir fahren nach Hause.« Vor dem Lift drehte ich wieder ab und marschierte auf die Anmeldung zu, Vus plappernd mir nach.

Das Personal am Empfang, formell gekleidet wie die teuersten Leichenbestatter, warf mir lange, schwermütige Blicke zu. Ich stolzierte hochmütig an ihnen vorbei. Vus wollte mich am Arm packen, erwischte aber nur den Ärmel; ich riss mich los und schritt noch forscher voran. Als ich zum zweiten Mal die Eingangstüren erreichte, sah ich über meiner Schulter, dass sein Gesicht vor Schweiß glänzte. Mit einer raffinierten Drehung wich ich einem Grüppchen weißer Männer aus, die die Lobby betraten, und beschleunigte meinen Schritt. Vus keuchte und brachte nur noch kurze, explosionsartige Sätze heraus. »Stopp! Dummes Ding! Schwachkopf! Idiotin!« Das mochte alles auf mich zutreffen, aber einholen würde er mich nicht. Ich fiel in Trab und umkreiste die Sofas, dass die Gäste erschrocken die Beine einzogen, Vus immer einen halben Schritt hinter mir her. Plötzlich tauchte das Gesicht eines Rezeptionisten neben mir auf, fassungslos nach Luft schnappend, als wären wir zwei Taucher in einem Pool. Mit einer kurzen Extraanstrengung ließ ich ihn stehen. »Finger weg!«, brüllte Vus. »Das ist meine Frau.« Das Possessivpronomen betont.

Ein konservativ gekleideter Schwarzer stand mir in der Bahn; ich raste direkt auf ihn zu, bog aber im letzten Moment ab, und er riss sein Aktenköfferchen hoch und hielt es sich vor die Brust. Als ich vorbei war, seufzte er vor Erleichterung.

Wieder bei den Liften angelangt blickte ich mich um. Vus hatte mich fast eingeholt, der Rezeptionist war ihm auf den Fersen, und das Schlusslicht bildeten ein Polizist und ein Mann im grauen Anzug, hinter dem ich den Hoteldirektor vermutete. Die Anwesenheit des Polizisten verlieh mir einen zusätzlichen Schub Energie. Das war doch die Gelegenheit. Denen würde ich es zeigen – wenn man nicht auf mich schoss, wenn es ein faires Rennen war, einfach Mann gegen Mann, dann konnte ich es mit jedem New Yorker Cop aufnehmen. Ich klemmte mir die Handtasche unter den Arm und streckte die Beine.

Schreie hallten durch die Lobby: »Haltet sie!« und Vus' »Finger weg!« und »Wer ist das?«.

Verblüffte Gäste suchten unter dem Kronleuchter Zuflucht, während wir weiter unsere Runden drehten. »Ach, schert euch doch alle zum Teufel!«, brüllte ich zurück.

Das leere Segment einer Drehtür glitt langsam vorbei, also hechtete ich hinein und warf mich dagegen. Ein dumpfes Geräusch, und als ich von draußen durch ein Seitenfenster lugte, waren Vus, der Rezeptionist und der Polizist zugleich an der Tür angelangt und gingen in einem Knäuel zu Boden. Im selben Moment sah ich, wie auf der Straße eine Frau aus dem Taxi stieg, und noch bevor sie die Tür zuschlagen konnte, saß ich schon in dem Wagen.

Nach Hause zu fahren wäre jetzt unklug, daher gab ich dem Taxifahrer Rosas Adresse am Riverside Drive.

Dort saß ich dann, schlürfte rabenschwarzen Kaffee und beobachtete, wie Rosa sich über meine Beschreibung des Wettrennens im Waldorf Astoria halb totlachte. Ich war inzwischen wieder nüchtern. Mein Verhalten war unverzeihlich. Vor all den Weißen hatte ich demonstriert, dass Schwarze keine Würde am Leib haben. Ich hatte meinen Mann blamiert, der doch für uns Schwarze sein Leben riskierte. Er hatte mich als Schwachkopf bezeichnet, und er hatte recht. Rosa lachte immer noch, aber für mich war auf einmal Schluss mit der Heiterkeit.

Am nächsten Morgen rief Vus an und holte mich ab.

Er brachte Blumen für Rosa und ein Parfum für mich. Wir küssten uns; er machte mir eine Liebeserklärung. Meinen unsäglichen Auftritt erwähnte er mit keinem Wort, und ich schwieg mich aus über seine vulgäre Flirterei. Wir waren wieder restlos versöhnt.

Eines schönen Winternachmittags standen, bewaffnet und mit feierlicher Miene, die Hilfssheriffs bei uns vor der Tür. Als sie versichert bekommen hatten, dass ich Mrs Make war, drückte mir der eine ein Stück Papier in die Hand, während der andere einen Zettel an der Wohnungstür befestigte. Sie bewegten sich mit geübter Präzision, und bevor ich meine Fragen halbwegs formuliert hatte, waren sie schon wieder weg. Ich stand draußen auf dem Korridor und las erst das Formular, dann den Zettel. Aufgrund von Mietzahlungsrückständen wurden wir zwangsgeräumt. Innerhalb von vierundzwanzig Stunden mussten wir die Wohnung verlassen haben, sonst würden die Hilfssheriffs unsere Möbel auf die Straße stellen.

Guy war noch in der Schule, Vus bei den UN. Ich machte mir in aller Ruhe eine Kanne Kaffee und setzte mich in die Küche, um nachzudenken. In meinem ganzen Leben war ich noch nie aus einer Wohnung geflogen. Meine Mutter bekäme einen ihrer berühmten Anfälle, wenn sie von dieser Zwangsräumung erfahren würde. Meinem Sohn wäre es unendlich peinlich, und er wurde womöglich dadurch noch mehr verunsichert. Meine Freunde würden mich bemitleiden und meine Feinde schadenfroh grinsen.

Ich las das Formblatt noch einmal durch. Was ich in der Hand hielt, war die dritte und letzte Mahnung, also hatte Vus die beiden anderen kassiert, ohne mir Bescheid zu sagen. Dann lag die Verantwortung bei ihm. Ich hatte ja die Rolle der rundum versorgten Hausfrau übernommen, die kein eigenes Geld verdient – und zwar nicht freiwillig, sondern durch unsere Ehe quasi gezwungen. Also hatte ich mir nichts zuschulden kommen lassen, redete ich mir ein, die Verantwortung dafür, wie und wo Guy und ich lebten, lag ganz und gar bei Vus.

Ich hätte mir von den Killens, von meiner Mutter oder von Rosa Geld leihen können, aber laut Räumungsbescheid war es für eine Mietnachzahlung zu spät. Uns blieb nichts anderes übrig, als das Feld zu räumen.

Ich ging in den Supermarkt um die Ecke und besorgte Kartons. Als ich zurückkam, schien mir der Räumungsbefehl an der Tür riesenhaft angewachsen, er reichte vom Boden bis zur Decke. Nachdem ich ihn noch einmal gelesen hatte, ging ich hinein und fing an zu packen. Unsere Kleider kamen in Koffer und die Seemannskiste, die ich aus Kalifornien mitgebracht hatte. Die besten Töpfe und Pfannen wurden aus den Küchenschränken geholt und in die Kartons gestellt. Die Möbel – das teure Sofa, die schönen Betten und gediegenen Sessel – hatte Vus ausgesucht, die Sachen konnten also warten.

Nervöses Schlüsselgeklapper, die Tür wurde aufgerissen. Guy und Vus kamen zugleich in die Wohnung und standen sich in der Diele im Weg.

Guy fand als Erster seine Sprache wieder. »Mom, hast du das an der Tür gesehen? Diesen ...« Ich saß auf dem Sofa und beobachtete, wie sich die beiden sortierten. Vus kam ins Wohnzimmer, Guy hinterher. »Hast du mit irgendwem gesprochen?«, wollte Vus wissen.

Das war eine seltsame Frage. Ich begriff nicht, was er meinte, und schüttelte den Kopf. Als Guy sich bei mir erkundigte, wie es jetzt weiterging, und nicht bei Vus, wurde mir bewusst, dass ich zwar meine Verantwortung abgegeben und Guy Vus als Oberhaupt der Familie scheinbar akzeptiert hatte, er aber, wenn es ernst wurde, doch wieder zu mir kam.

Vus bat Guy, in sein Zimmer zu gehen. Zum ersten Mal seit Monaten forschte Guy wieder in meinem Gesicht nach einer Regung. Als ich nickte, zog er widerstrebend ab, ließ aber die Zimmertür offen.

Vus setzte sich mit einer Schwerfälligkeit, die nicht allein seiner Körperfülle zuzuschreiben war.

Seine erste Bemerkung war so seltsam wie die Frage zuvor. »Ich habe viel Geld, also mach dir keine Gedanken.«

In ein paar Stunden saßen wir auf der Straße. Nicht nur hatten wir dann keine Schlafstatt mehr, sondern auch Adresse und Telefonnummer waren nicht mehr in unserem Besitz, ja, wir hatten bald nichts mehr, worüber wir in unserem Freundeskreis identifiziert werden konnten, außer unseren Namen, und Vusumzi Make saß mir gegenüber und erklärte: »Mach dir keine Gedanken.«

Die Falten um seine Augen wurden tiefer und er zupfte sich heftig an den Härchen am Kinn. Da er mein Angebot, ihm einen Drink oder frischen Kaffee zu machen, offenbar nicht gehört hatte, fragte ich kein zweites Mal.

Nach ein paar Minuten stemmte er sich aus dem Sessel

hoch und nahm seine Aktentasche. An der Tür drehte er sich noch einmal um, ohne mir in die Augen zu blicken. »Wie gesagt, mach dir keine Gedanken.« Er öffnete die Tür, ging hinaus und zog sie leise wieder ins Schloss.

Krank vor Sorge kam Guy aus seinem Zimmer.

»Mom, was machen wir denn jetzt? Vierundzwanzig Stunden steht auf dem Ding. Wo sollen wir denn hin? Wie ist das überhaupt passiert? Was hast du bloß gemacht?«

Beim Anblick meines hoch aufgeschossenen, gutaussehenden Jungen musste ich an einen Unfall denken, der Jahre zuvor passiert war.

Mein damaliger Mann Tosh, Guy, damals sieben, und ich saßen eines schönen Sonntagmorgens in unserem Pick-up. Wir kamen gerade von unserem wöchentlichen Ausflug zur San Franciscoer Mülldeponie, wo Tosh und Guy Haus- und Büroabfälle auf die beißend vor sich hinschwelende Halde abgeladen hatten. Auf dem Heimweg waren wir bester Stimmung, Guy brachte einen Kalauer nach dem anderen, und Tosh lachte sich darüber kaputt. Ich fühlte mich geborgen. Ich hatte einen liebevollen Mann, und der hatte einen Job, mein Sohn, der gesund und intelligent war, bekam Liebe und die für meine Begriffe nötigen Ermahnungen. Was wollte man mehr, was wollte ich, ein junges Schwarzes Mädchen ohne Schulbildung, mehr? Ich lebte in meinem Paradies auf Erden.

Wir standen an der Kreuzung Fulton und Gough an einer roten Ampel, als uns plötzlich ein Auto in die Beifahrerseite fuhr. Ich wurde nach vorn geschleudert, schlug mit der Stirn an die Windschutzscheibe und schrammte mit dem Kinn übers Armaturenbrett. Als ich wieder zu mir kam, blies mir Tosh seinen Atem ins Gesicht. Ich fragte nach Guy und erfuhr von Tosh, ich hätte im Augenblick des Aufpralls Guy an mich gerissen und in meinen Armen geborgen. Jetzt stehe er unverletzt an der Ecke.

Ich stieg aus und tappte hinüber zu meinem Sohn, den inzwischen wildfremde Menschen in ihre Obhut genommen hatten. Als ich mich zu ihm hinunterbeugte, warf er nur einen Blick auf mein zerschundenes Gesicht und begann, statt in meine Arme zu kommen, zu brüllen und nach mir zu schlagen.

Tosh musste ihn überreden, mit uns ins Taxi zu steigen. Noch tagelang schlich er beleidigt im Haus herum und wich meinem Blick aus. Jedes Mal, wenn ich ihn doch beim Hingucken erwischte, zuckte ich zusammen, welch hasserfüllte Anklage in seinen Augen lag.

Wir hatten den Unfall nicht verursacht; am Steuer hatte Tosh gesessen, und ich hatte die schwersten Verletzungen davongetragen. Aber ich war die Mutter, der mächtigste Mensch auf dieser Welt, der alles wiedergutmachen konnte. Wieso hatte ich jetzt alles so schlimm gemacht? Ich hätte den Unfall doch verhindern können, ich hätte nicht zulassen dürfen, dass wir mit unserem Truck um die Zeit an dem Ort waren. Wenn ich besser aufgepasst hätte, dann hätte ich jetzt nicht diese Schnitte im Gesicht, mir wären nicht die Zähne ausgeschlagen worden, und er hätte nicht diesen riesengroßen Schreck gekriegt.

Und jetzt, acht Jahre später, fragte sich Guy, wieso ich, wieder aus Unachtsamkeit, ihm eine solche Demütigung zufügte. Hatte ich vielleicht gedacht, als verheiratete Frau hätte ich nicht mehr die Pflicht, die Welt in den Fugen zu halten und das Universum in Ordnung?

Guy ballte die Fäuste, immer wieder, als wollte er aus seinen Fragen die Antworten herauspressen. Ich blieb stumm und labte mich an einem kleinen, aber schmackhaften Klümpchen Befriedigung. Er hatte seine Loyalität auf Vus verlegt und mich nur die Brosamen seiner Aufmerksamkeit auflesen lassen. Jetzt, in der Krise, wurde ich wieder zur Hauptperson.

Als er merkte, dass ich stumm bleiben würde, setzte er sich zu mir aufs Sofa. Plötzlich fehlten mir die Worte. Hätte ich, als er aus seinem Zimmer gekommen war, eine Erklärung gehabt oder ein paar Alternativen präsentiert, wäre unser Leben auf ewig in denselben Bahnen verlaufen. Aber ich hatte zu lange gezögert.

Ich beobachtete meinen Sohn. Als er zu mir rückte, seine schlaksigen Arme ausbreitete und sagte: »Wird schon wieder gut, Mom. Das überleben wir auch noch«, konnte ich nur noch heulen. Mein Teenager wurde erwachsen.

Vus kam erst nach Anbruch der Dunkelheit zurück. Er hatte den Verkauf unserer Möbel organisiert, und am nächsten Morgen würde ein Umzugswagen kommen und unsere persönliche Habe in ein Hotel bringen, wo Vus ein möbliertes Apartment gemietet und im Voraus bezahlt hatte. Außerdem hatte er die Weichen für unseren Umzug nach Ägypten gestellt. Das teilte er alles mir mit, während er Guy mit schiefgelegtem Kopf zuzwinkerte. Guy schickte einen leeren Blick zurück, sagte: »Toll, Dad«, und ging in sein Zimmer.

Drei Wochen lang lebten wir in dem muffigen Hotel unweit der Central Park West ein Leben, das nicht zu vergleichen war mit allem, was ich bis dahin erlebt hatte. Kranke, aufs Abstellgleis gesetzte Rentner schlurften in leidenschaftliche Selbstgespräche vertieft durch die Gänge, zu jeder Tages- und Nachtzeit taperten gebrechliche Füße über den schäbigen Teppich in der Lobby. Nie blickten die Gestalten auf, nie sprachen sie jemanden an, sie zogen einfach weiter, immer an der Wand entlang, den Kopf gesenkt, die ranzige Luft vor sich herschiebend.

Guy begann, mit gedämpfter Stimme zu sprechen, und Vus und ich flüsterten sogar im Schlafzimmer. Wir machten unsere Besorgungen und huschten schnell wieder ins Hotel. Nur Rosa kam mich in dieser Zeit besuchen, alle anderen sollten nicht wissen, dass wir abgetaucht waren und uns einem Rudel tragischer Maulwürfe angeschlossen hatten.

Es war ja nur für drei Wochen, sagte ich mir ständig. Drei Wochen hielt man auch auf der Folterbank aus, oder beim Fasten. Vielleicht war es ganz gut, dass wir New York ohne Fanfaren oder traurige Abschiede verließen. Vus flog voraus nach Ägypten, um eine Wohnung für uns einzurichten, Guy und ich flogen einstweilen nach San Francisco, denn ich musste meine Mutter sehen. Ich musste einfach noch einmal hören, dass jeder seines Glückes Schmied war und auch jeder auf seinen zwei Beinen stehen sollte. Ich wollte sie sagen hören: »Man schreibt mich F-R-A-U, denn der Unterschied zwischen einem Weibchen und einer Frau ist der zwischen Scheiße und Schuhcreme.«

Am Flughafen wirkte sie abgekämpft, was man durch den zentimeterdicken nussbraunen Puder durchsah, und ihr Lippenstift war so dick aufgetragen, dass es bei unserem Begrüßungskuss schmatzte. Ihre Wiedersehensfreude hielt nur kurz an.

Auf dem Heimweg bestätigte sich der Verdacht, den ich auf den ersten Blick gehegt hatte. Sie lenkte ihren dicken Schlitten unkonzentriert und plapperte von diesem und jenem. Vivian Baxter war in Nöten.

Sie brachte Guy in sein altes Zimmer im Erdgeschoss der viktorianischen Villa und bat mich, mit in die Küche zu kommen. Über hochprozentigen Longdrinks begann sie zu reden.

Ich kannte ihren neuen Mann schon von einem Foto. Er hatte dunkelbraune Haut und sah gut aus, und in ihren Briefen hatte sie von ihm geschwärmt. Die beiden waren auf Schiffsreisen gegangen und hatten sich am Strand von Tahiti und Fidschi und in den Bars von Sydney vergnügt. Ihre Ehe klang wie der reinste Spaziergang: zwei Liebende in einem Bötchen auf ruhiger See. Doch jetzt, hier an ihrem Küchentisch, stellte sich heraus, dass die Beziehung auf der Kippe stand, meine Mutter musste jeden Muskel anspannen, um ihre Ehe über Wasser zu halten.

»Er meint es gut, Baby, und er bemüht sich auch, aber es ist der Alkohol. Er kann damit nicht umgehen.«

Sie wirkte traurig und ihre Stimme zitterte, während sie Eiswürfel und Scotch in unsere Gläser nachfüllte. Im Moment war ihr Mann länger verreist, und sie konnte sich mit der Einsamkeit schwer abfinden.

Die nächsten Wochen brachten einen Wandel in unserer Beziehung, den ich nie erwartet hätte: Wir tauschten die Rollen. Vivian Baxter lehnte sich an mich an, suchte bei mir Unterstützung und Rat, und ich spielte automatisch die schlaue Autorität, die, die immer weiterwusste, die Mutter. Guy fand die neue Rollenverteilung in der Familie verstörend. Er reagierte mit steifer Höflichkeit, lächelte kaum noch und stülpte sich eine nüchterne Würde über, die auf den Schultern eines Teenagers reichlich schief saß.

Vus rief aus Kairo an, dass unsere Tickets in einem Reisebüro bereitlägen, und ich konnte meine Erleichterung kaum verhehlen.

Als ich bei Mutter ankündigte, dass wir bald abreisten, riss sie das für ein paar Feierstunden aus ihrer Trübsal. Sie sei dankbar, nicht nur für meine Unterstützung, sondern weil sie eine Frau großgezogen hatte, die einer Krise die Stirn bieten konnte. Es gebe viel zu viele Weibchen und nicht annähernd genug Frauen, rief sie mir ins Gedächtnis. Sie sei stolz auf mich, und das war mein Abschiedsgeschenk.

Wir verließen San Francisco unter ihren Beteuerungen, dass sie mit den Schwierigkeiten in ihrem Leben schon fertigwürde, wir sollten uns bloß keine Sorgen machen. Letzteres war nicht ganz einfach. Die ganze Reise hindurch, von San Francisco über London bis Rom, hockte die Sorge um meine Mutter bei mir auf dem Schoß. Erst als wir Roms Flughafen Fiumicino verließen, dachte ich überhaupt an Ägypten, an Vus und an das Leben, in das mein Sohn und ich nun aufbrachen.

Ob unser Neustart von Erfolg oder Scheitern gekrönt sein würde, ging mir keine Sekunde durch den Sinn. Ich wusste nur eines, und zwar ganz genau: Aufregend war es schon jetzt.

15

Unser Flugzeug landete an einem klaren Nachmittag in Kairo, und vor unseren Fenstern lag die Sahara als weiter, beiger, uferloser Ozean. Guy und ich passierten den Zoll, beide durch die Milchglasscheibe Ausschau haltend nach einem Zipfel von Vus.

Barfüßige Männer in bodenlangen verdreckten Nachthemden liefen neben uns her, redeten auf Arabisch auf uns ein und stellten uns Fragen. Als wir achselzuckend den Kopf schüttelten, klatschten sie sich wiehernd auf die Schenkel und krümmten sich. In einer fremden Sprache ausgelacht zu werden, hat etwas Ungutes an sich. Guy und ich rückten zusammen und marschierten Schulter an Schulter zum Hauptterminal.

Die Halle war riesengroß und fast leer, und von Vus keine Spur. Ein Gepäckträger fragte in seiner Version von Englisch, ob wir ein Taxi suchten. Ich schüttelte den Kopf. Ich hatte durchaus Geld dabei, in Form von Reiseschecks fast tausend Dollar, aber in einem fremden Land setzte ich mich nicht einfach in ein Taxi. Und dann wurde mir schockartig klar, dass ich gar keine Adresse hatte. Ein Taxi wäre ganz und gar nutzlos.

Mit Rücksicht auf Guy schnappte ich nur innerlich nach Luft.

»Mom, was machen wir jetzt? Du hast Dad doch gesagt, wann wir ankommen, oder?«

»Natürlich. Wir setzen uns jetzt einfach mal da drüben hin.« Den vorwurfsvollen Unterton ließ ich unkommentiert, er war mir aber nicht entgangen. Wir hatten gerade unser Gepäck durch ein Grüppchen feixender Kofferträger und Sicherheitsleute manövriert, als zwei Schwarze Männer in tadellosen, europäisch geprägten Anzügen auftauchten.

»Schwester Maya? Schwester Make?«

Sprachlos vor Erleichterung nickte ich.

»Willkommen in Kairo. Und Guy? Willkommen.«

Wir gaben uns die Hand und die beiden nannten uns ihre silbenreichen Namen. Vus sei in einer Besprechung mit einem hohen Beamten und würde so schnell wie möglich zu uns stoßen. Er hatte die beiden gebeten, uns abzuholen und zu seinem Büro zu bringen.

Sie halfen uns in einen verbeulten Mercedes, als geleiteten sie Mitglieder des Königshauses in eine Kutsche. Mein Sohn und ich wuchsen entsprechend um ein paar Zentimeter und verloren kein Wort, als der Fahrer am Stadtrand von Kairo halsbrecherisch einem Kamel auswich, allerdings stieß ich Guy in die Seite, als am Fenster die wunderschönen weißen Villen von Heliopolis vorbeizogen. Chromblitzende europäische Autos, hochbeinige Kühe mit Hörnern, schlingernde Taxis und Trauben von Fußgängern, Ziegen, Maultieren, Kamelen, dazwischen gelegentlich eine Limousine sowie Knäuel von Kindern machten aus den Straßen eine optische und akustische Chaossymphonie.

Als wir ins Zentrum kamen, öffnete sich die Fahrbahn zu einer Prachtstraße, und Farben, Menschen, Gewühl und Gerüche stürzten mit solcher Wucht auf uns ein, dass mir die Coolness verging.

Ich tippte dem Mann auf dem Beifahrersitz auf die Schulter und rief: »Was ist denn da los? Ist heute ein Feiertag?«

Er blickte aus dem offenen Fenster und wandte sich kopfschüttelnd um.

»Die Leute? Meinen Sie die Leute?«

Ich nickte.

»Nein.« Er lächelte. »Das ist für Kairo ganz normal.«

Guy zappelte vor Begeisterung, und mir wurde etwas bang, ob wir an so einem ganzjährigen Karneval wohl unsere Freude hätten.

Ausgemergelte Männer in langen, zerfledderten Gewändern schrien gestikulierend auf turmhoch beladene Maultiere ein. Schnittige Limousinen glitten durch die Hinterlassenschaften von Kamelen, die, beiläufig mit ihrem dicken Hintern wackelnd, im Schatten der Wolkenkratzer durch die Gegend stolzierten.

Schick gekleidete Frauen in Zweiergruppen oder mit Männerbegleitung würdigten ihre von Kopf bis Fuß in schweres schwarzes Tuch gehüllten Schwestern keines Blickes. Überall rannten Kinder herum, plärrten unter den Rädern klappriger Karren hervor oder duckten sich vor den Reifen vorbeischlingernder Taxis weg. Straßenhändler hielten ihre Waren in die Höhe und boten sie Passanten feil. Kleine Jungs hatten frische Obstsäfte im Angebot, und an fast jeder Ecke standen Männer am Grill. Die Aromen von Gewürzen, Dung, Autoabgasen, Blumen und Schweiß machten die Luft im Wagen fast zum Greifen kompakt. Nach einer gefühlten Ewigkeit bogen wir in ein vergleichsweise ruhiges Viertel, wo unsere Begleiter bald den Wagen parkten, um uns durch einen gepflegten Garten in ein weiß getünchtes Bürogebäude zu führen. Nachdem sie unser Gepäck in der Lobby abgestellt hatten, versicherten sie uns, Vus würde bald kommen, und verabschiedeten sich.

Afrikaner kamen und gingen und nickten uns im Vorbeigehen zu. Als mich allmählich die Erschöpfung einholte, kam Vus durch die Tür, stieß einen Schrei aus und rannte mit ausgebreiteten Armen auf uns zu. Er grinste und sah aus wie höchstens zehn. Im Augenblick hatte ich nicht den geringsten Zweifel, dass wir einander aberwitzig glücklich machen würden. Kairo wäre das Setting für zwei Liebende von heute.

Vus ließ mich los und umarmte Guy, vor Wonne glucksend. Er war ein sexy brauner Santa Claus, dessen Liebe und großes Herz allein uns gehörten.

»Kommt, gehen wir nach Hause. Wir wohnen gegenüber.« Ich warf Guy einen Blick zu und deutete auf unser Gepäck, doch Vus schüttelte den Kopf. »Das wird uns gebracht.« Arm in Arm schlenderten wir durch den Garten und auf die Ahmed Heshmat Nummer fünf zu.

Vus schritt uns voraus, in dem großen Gebäude mit der Marmorfassade die Treppe hinauf. Oben machte ein Schwarzer in nicht gerade properer Aufmachung seinen Kratzfuß: »Willkommen, Mr Make.« Vus drückte dem Mann ein paar Münzen in die ausgestreckte Hand und sagte etwas auf Arabisch. Als wir in den kühlen, dunklen Korridor einbogen, erklärte Vus, das sei Abu gewesen, der *boabab* oder Pförtner, der würde unsere Koffer bringen. Ganz hinten schloss Vus eine mit Schnitzereien verzierte Tür auf, und wir traten in ein luxuriös ausgestattetes Wohnzimmer. Als Erstes stach mir ein rot-gold gestreiftes Satinsofa ins Auge.

Über einem zweiten, sündteuer wirkenden Sofa hing ein Gobelin in gedeckten Farben. In der Zimmermitte stand auf einem antiken Orientteppich ein Couchtisch mit exquisiter Einlegearbeit.

Vus fragte sich laut, ob mir das Zimmer gefalle, und Guy gab anerkennende Laute von sich, ich dagegen konnte mir einfach nicht vorstellen, dass ein Vermieter solche teuren Stücke mit vermietete.

»Schau dir das an, Mom!«, rief Guy von irgendwo her, und Vus führte mich ins Nebenzimmer, wo ein Brokatsofa mit Brokatsesseln im Louis-seize-Stil auf dem nächsten teuren Teppich standen. Das Esszimmer war mit französischen Antiquitäten bestückt, und in den geräumigen Schlafzimmern fanden sich Betten in Übergröße, üppige Schlafzimmerschränke mit Frisierkommoden und wieder Orientteppiche.

Ich lächelte, mehr fiel mir nicht ein. Als wir in die Küche kamen, kehrte ein bisschen Normalität in meinen Körper zurück.

Auf einem Sims mit Stapeln von Tellern, einem Haufen billigen Bestecks und dickwandigen Gläsern stand eine rußverschmierte Lampe.

Vus räusperte sich verlegen. »Das da« – er deutete auf die Lampe – »benutzt man hier zum Kochen. Ein Spirituskocher. Ähm, zum Einrichten der Küche bin ich noch nicht gekommen. Außerdem ist ein normaler Herd hier furchtbar teuer. Ich dachte, damit warte ich, bis du kommst.«

»Soll das heißen, der Ramsch da gehört uns?« Guy, der mit uns in dem kleinen Kabuff stand, schüttelte den Kopf, und Vus warf mir einen vernichtenden Blick zu.

»Ich habe mich bemüht, dir ein schönes Zuhause zu bieten. Sogar meine Arbeit habe ich deswegen vernachlässigt, ich habe wichtige PAC-Termine verschoben, um diese Wohnung einzurichten, und du redest von Ramsch?« Er drehte sich um und stampfte aus der Küche. Guy folgte ihm kopfschüttelnd. Ihr gemeinsamer schweigender Abgang brachte mich zur Besinnung. Vus war ein großzügiger Mensch. Ich hatte solche Möbel bisher überhaupt nur in der Werbung oder bei weißen Filmstars zu Hause gesehen. Mein Mann hob mich und meinen Sohn in anspruchsvolle Sphären, und statt ihm dafür dankbar zu sein, hatte ich ihn angepflaumt.

Ein tiefsitzendes Gefühl von Wertlosigkeit hatte mich bisher davon abgehalten, mir gute Dinge wie teure Möbel oder Perserteppiche zuzulegen. Und genau da wollten die Weißen mich haben. Ich war Schwarz, deshalb verdiente ich keine spiegelnden französischen Antiquitäten im Schlafzimmer, und schon gar keine seidenen Gobelins, auf denen Krieger zu Pferd ihre antiken Schlachten fochten. O nein, jetzt und hier beschloss ich, diesem Gefühl der Wertlosigkeit den Garaus zu machen. Ich verdiente alles, was schön war, meine langen Schwarzen Füße auf Orientteppiche zu setzen stand mir genauso zu wie Lady Astor. Wenn Vus fand, seine Frau solle in Schönheit leben, war er kein geringerer Mann (und das musste unter den Schichten von Minderwertigkeitsgefühlen erst zu mir durchsickern) als ein Rockefeller oder ein Kennedy.

Das Gepäck war mitten im ersten Wohnzimmer abgestellt worden. Vus' und Guys Stimmen drangen vom Balkon zu mir, und ich trat mit einem warmen Lächeln zu ihnen, das den Schnee am Mount Everest zum Schmelzen gebracht hätte.

»Das ist die schönste Wohnung, die ich je gesehen habe.« Vus nickte mir wohlwollend zu wie einem bockigen Kind, das sich nach einem Wutanfall wieder auf seine Manieren besonnen hat. Guy grinste. War ja klar, dass seine Mutter wieder zur Vernunft kommen würde. Unter unserem Balkon kam der gebeugte Rücken eines Mannes zum Vorschein, der dabei war, Unkraut zu jäten, und zwar, wie Vus verkündete, in unserem Garten. Wir hatten also einen Portier und unseren eigenen Gärtner – diese Neuigkeiten waren ein gehöriger Brocken, aber ich schluckte ihn.

Die ersten Wochen in Kairo waren damit ausgefüllt, dass ich mit Freiheitskämpfern aus Uganda, Kenia, Tanganjika, Nord- und Südrhodesien, Basutoland und Swasiland bekannt gemacht wurde; und aus den bereits unabhängigen afrikanischen Staaten kamen die Diplomaten bei uns vorbei, um die amerikanische Frau von Vusumzi Make kennenzulernen, die ihr Bestes tat, es allen recht zu machen.

Jarra Mesfin von der äthiopischen Botschaft und seine Frau Kebidetch Erdatchew kamen gern früh und blieben bis spät; Joseph Williamson, der Chargé d'Affaires aus Liberia, und seine Frau A. B. luden uns gleich zu sich in die Residenz ein.

Ich war die Heldin in einem Roman, in dem es nur so wimmelte vor schmuckbehangenen Frauen, gutaussehenden Männern, vor Intrigen, internationalen Spionen und Gefahr. Opulente Stoffe, exotische Düfte und die Dienstbarkeit persönlicher Hausangestellter drohten, jedwede Erinnerung an mein Aufwachsen als zweitklassige Bürgerin in Amerika auszulöschen.

Vus, Guy und ich gingen in der Nähe der Pyramiden von Gizeh zum Mittagessen aus, wo wir beobachten konnten, wie Kamelreiter beschwingten Schrittes das Hinterteil der Sphinx umrundeten, und Autoradios schickten, fast auf volle Lautstärke gedreht, die schwermütige arabische Musik in die staubige Luft.

Ich hatte Omanadia, eine kleine, stämmige ältere Frau aus dem Sudan, als Köchin und Haushälterin eingestellt, nachdem Vus mir erklärt hatte, mein Widerstreben, eine Dienstbotin im Haus zu haben, sei nicht Ausdruck einer demokratischen Gesinnung, sondern vielmehr bourgeoiser Snobismus, der eine bedürftige Arbeiterin um einen guten Job brächte. Wie auch immer, sie war Köchin und konnte mit dem kleinen Spiritus-Lämpchen umgehen, das mein einziger Herd war und blieb.

Guy war am amerikanischen College in Maadi eingeschrieben und wurde jeden Tag mit dem Bus die fünfzehn Meilen aus Kairo hinaus zu seiner Schule gekarrt. Vielleicht wollte er vor seinen Klassenkameraden und neuen Lehrern angeben, vielleicht hatte ihn auch der abrupte Kulturwechsel animiert, jedenfalls wurde er ein hervorragender Schüler. Niemand musste ihn zu seinen Hausaufgaben drängen, und die schlechte Laune, die ihn in den letzten Wochen in New York und San Francisco immer wieder heimgesucht hatte, war verflogen. In Kairo hatte er eine gewisse Klarheit und war wieder fröhlich und aufgeschlossen, mein wunderbarer junger Sohnemann. Wir lernten um die Wette Arabisch, wer wohl am schnellsten den größten Wortschatz und die beste Aussprache hatte.

Im Zentrum von Kairo war eine afroasiatische Solidaritätskonferenz anberaumt, und Vus meinte, ich würde vielleicht gern teilnehmen.

Beim Anblick des riesigen Sitzungssaals verschlug es mir erst einmal die Sprache. Auf langen Tischen, angeordnet in einer leichten Steigung, standen Mikrofone und lagen Headsets, und Männer in sämtlichen Farbschattierungen und den unterschiedlichsten Nationalgewändern schlenderten durch die Reihen und unterhielten sich in gefühlt tausend für mein Ohr fremd klingenden Sprachen. Die Anordnung der Sitze, die Mikrofone und das multinationale Publikum erinnerten mich an die UN-Generalversammlung, und ich griff nach Vus' Hand, der mir, da er die öffentliche Zurschaustellung von Emotionen hasste, sofern sie nicht von ihm stammte, auswich, aber in Flüsterweite blieb.

»Die machen dich doch nicht nervös, oder?«

Ich straffte die Schultern und rückte genauso weit weg von ihm wie er zuvor von mir. »Überhaupt nicht. Ich lasse mich nicht so leicht einschüchtern.«

Das war den Mund ziemlich voll genommen, aber nun steuerte ich hocherhobenen Hauptes auf die Männerschar zu. Vus fasste mich am Arm.

»Ich möchte dich einem Landsmann von dir vorstellen.« Ein schmaler junger Mann in einem gutsitzenden Anzug lächelte mir aus dem Gedränge heraus zu. Er war mir auf Anhieb sympathisch. Er hatte mandelförmige Augen, ein ovales Gesicht, ein elegantes Lächeln und die Hautfarbe einer leicht angerösteten Mandel. »Das ist David Du Bois«, sagte Vus. »Er ist Journalist hier in Kairo und ein sehr guter Freund. David, das ist meine Frau Maya.«

Seine ersten Worte waren Balsam auf einen Schmerz, von dessen Existenz ich nichts geahnt hatte. »Guten Tag, Maya Angelou Make. Ich habe schon von Ihnen gehört. Ganz Ägypten heißt Sie herzlich willkommen. Und wie man hört, können Sie sogar singen.«

Die Schwarze amerikanische Männerstimme hat eine unverkennbare Textur. Sie hat einen gewissen Glanz, seidig wie polierter Onyx, kann aber auch knubbelig und schartig sein; sie kann sonor klingen wie ein Bass-Solo oder leicht und lyrisch wie eine Flöte. Wenn ein Schwarzer Amerikaner ohne Modulation spricht, ist das nicht nur Absicht, sondern verheißt dem Gegenüber nichts Gutes.

Ich hatte ganz vergessen, wie sehr ich diese süßen Kadenzen liebte. »Ganz herzlichen Dank«, erwiderte ich. »Ich freue mich auch, dass ich hier bin.«

Wir lächelten uns zu und umarmten uns. Vielleicht hatte ihm ja der Klang einer Schwarzen amerikanischen Frauenstimme gefehlt.

Die Cocktailpartys zu Hause wurden immer zahlreicher. Vus musste Kontakte knüpfen, und er musste diese Kontakte, ihre Frauen und Freunde auch unterhalten. Wenn er in Kairo war, hatten wir volles Haus. Ich lernte, mehrgängige Abendessen ohne Schweinefleisch zu kochen, und servierte eisgekühlte Fruchtcocktails ohne Alkohol, wenn wir Muslime zu Gast hatten; Afrikaner und Europäer bekamen Ofenschinken, Reis mit Schinken, Spinat mit Speck und Erbsen mit Schweinshaxe und dazu Scotch und Gin.

Mit der Zeit wurde eine Verbindung zwischen Vus' Reisen und unserem Bewirtungsplan unverkennbar. Wenn er aus dem unabhängigen und militant antikolonialen Algerien zurückkam, war er bester Dinge und flanierte mit einer gewissen Unbekümmertheit durchs Haus. Dann war er auch gern mit Guy und mir allein. Die erfolgreiche algerische Revolution beschrieb er uns, als hätte sich die siebeneinhalb Jahre andauernde Rebellion in Südafrika abgespielt und nicht an der Nordspitze des Kontinents. Guy hörte mit leuchtenden Augen und gebannter Miene zu, wenn Vus uns von seinen Unterredungen mit Ben Bella oder Boumedienne erzählte. Reisen nach Ghana hatten stolze Berichte über die Nkrumah-Regierung und ebenfalls gemütliche Abende zu dritt zur Folge, mit Scrabble und Musikhören. In unserem schummrigen Schlafzimmer dann nahm Vus mich zärtlich in die Arme, mein Körper wurde zur Gebetsmühle, in die er all seine Bittgesuche gab, und die Liebe wurde zum hohen Fest, andächtig und voller Zwischentöne, zur heiligen Kommunion.

Umgekehrt kam er nach einer Reise nach Südafrika ohne Pass oder Reisedokumente, bei der er statt im Maßanzug und mit handgenähten Schuhen mit einer Decke um die Schultern und in Sandalen zu einem Grüppchen gestrandeter Flüchtender gestoßen war, angespannt und wachsam zurück. Das Weiß in seinen Augen hatte sich rot geädert; er war geistesabwesend und vollauf beschäftigt mit dem Erlebten.

Kaum war er im Haus, griff er zum Telefon.

»Habt ihr heute Abend Zeit? Kommt doch rüber. Meine Frau kocht ihr berühmtes amerikanisches Essen. Wir trinken und essen zusammen. Kommt.«

Bevor er sich überhaupt erkundigte, ob ich genügend dahatte, um schnell etwas zu zaubern, war die Einladung schon mehrmals wiederholt, Gäste strömten in die Wohnung, aßen und tranken üppig, unterhielten sich lautstark und gingen wieder. Bisweilen fanden David Du Bois und ich in dem Gewühl ein stilles Eckchen und sprachen über unsere Freunde und Verwandten daheim.

Davids journalistische Zuständigkeit erstreckte sich auf ganz Europa, Afrika und Asien, und mein Horizont hatte sich durch meine Ehe auf die Politik dieser Regionen erweitert. Trotzdem, während man sich um uns herum um Indien und Goa, Tschombé und die belgische Union Minière, die Libanon- und Nahostkrise kümmerte, dachten wir laut darüber nach, wie Schwarze Eltern in Amerika ihre kleinen Kinder bloß inmitten einer Phalanx schimpfender, Gift und Galle spuckender weißer Frauen und Männer auf den Schulweg schicken konnten? Was würde es in den Kindern anrichten, wenn ignorante Polizisten Hunde auf sie hetzten, nur weil sie ihren Unterricht besuchen wollten?

An einem gewissen Punkt angelangt packten wir unser Selbstmitleid wieder weg und versicherten uns gegenseitig, dass unsere Leute schon durchkommen würden. Da hatten wir doch schon anderes geschafft.

Und dann stimmten wir leise summend ein altes Spiritual an. (David bestand immer darauf, als Erstes seinen Favoriten zu singen, *Glory, Glory, Hallelujah, When I Lay My Burden Down.*)

In einem Raum voller sich unterhaltender Menschen zu singen, hatte natürlich etwas von Exhibitionismus, aber uns trieb noch ein anderes Motiv. Die Texte und Melodien hatten die Kraft, uns in eine vertraute Geborgenheit zurückzutragen. Afrika mochte vor langer, langer Zeit unser Ursprung gewesen sein, aber aus jüngerer Zeit stammten und uns näher am Herzen lagen die Klänge des Schwarzen Amerika. Wenn David und ich dieses Spiritual sangen, hielten Diplomaten und Politiker, Freischärler und Revolutionäre, Frauen im Kommen und Männer auf der Flucht inne, legten ihr Gestreite, Geflirte, Gestichel, Gebettel und Geprotze beiseite und hörten zu. Zunächst halbherzig: Da sie wussten, dass unsere Melodien von der letzten großen Gruppe Versklavter auf diesem Planeten geprägt worden waren, gebot allein die Höflichkeit, aufzuhorchen. Nach ein paar Strophen aber entfaltete die Musik ihre Wirkung, denn ihre bemerkenswerte Menschlichkeit war nicht zu überhören. Nicht, dass ich hätte Gedanken lesen können, aber aus den Gesichtern unserer Gäste sprach eine große Verbundenheit mit unseren Liedern. Vus, dem ihre Aufmerksamkeit nicht entging, zollte unserem Überlebenskampf Tribut und half David und mir durch sein Mitsingen, uns mit einer bitteren, wunderschönen Vergangenheit wieder zu verbinden.

16

An einem sonnigen Sommernachmittag kam Omanadia zu mir heraus auf den Balkon.

»Madame?«

Ich war von einem Mittagsschläfchen im kühlen Schlafzimmer aufgewacht und fühlte mich erfrischt und mit der Welt im Reinen. »Ja, Omanadia?« Den Rest des Nachmittags bekam sie nicht frei, falls sie darauf aus war. Ich brauchte noch ein bisschen Verwöhntwerden.

»Madame, ich habe wieder den Teppichmann abgewimmelt. Sie haben gerade geschlafen.«

»Welchen Teppichmann?« Ich war zwar wach, aber noch langsam.

»Der Mann, der das Geld für die Teppiche eintreibt. Er hat seit zwei Monaten nichts bekommen. Und die beiden Möbelkassierer.« Sie lachte verschmitzt. »Die anderen Dienstmädchen warnen mich immer, wenn jemand auf der Ahmed Heshmat unterwegs ist, und dann mache ich einfach nicht auf.«

Aufgrund ihres Alters und ihrer scharfen Zunge war Omanadia bei den Ladenbesitzern, jüngeren Hausangestellten und Pförtnern berüchtigt und beliebt zugleich. Sie kannte jeglichen Klatsch und wusste über die meisten Fakten zu den Menschen in unserer Nachbarschaft bestens Bescheid.

»Omanadia, wie viel sind wir schuldig?«

Sie setzte eine unbeteiligte Miene auf, aber ihre Augen tanzten. »Wie viel, Madame? Das wäre Mr Make aber nicht recht. Er ist der Mann.«

»Wie viel, Omanadia?«

Sie benutzte ihre Finger als Abakus. Von den Teppichen hatten wir erst ein Zehntel des Preises bezahlt, bei den Schlafzimmermöbeln waren wir mehr als die Hälfte schuldig, die bestickte Bettwäsche und die Handtücher hatten wir nicht einmal angezahlt, die beiden Wohnzimmergarnituren und die Esszimmergarnitur waren mehr als überfällig, und mit der Miete befanden wir uns zwei Monate im Rückstand. Ich bedankte mich und gab ihr den Rest des Nachmittags frei.

Das Gespenst der New Yorker Hilfssheriffs stand vor der Tür, versteckte sich hinter den schweren Vorhängen, wartete fast sichtbar in meinem gepflegten Blumengarten. Die Zwangsräumung in New York hatte sich grauenhaft angefühlt, aber wenigstens war ich dort zu Hause, und meine Freunde hätten geholfen, wenn ich sie denn darum gebeten hätte. Außerdem war da noch Mom, ich hätte auch meinen Sohn packen und zurück nach San Francisco gehen können. Aber wenn wir in Kairo auf der Straße saßen ... mit all den anderen obdachlosen Waisenkindern zusammen, wen konnte ich da um Hilfe bitten? Als junge, bettelarme Frau in den Vereinigten Staaten war ich erfolgreich um die Fürsorge herumgekommen, da würde ich doch jetzt, in einem Land, das seine eigenen Bürger schon nicht ernähren konnte, nicht um Unterstützung bitten.

Ich brauchte einen Job.

David ging ans Telefon, und als ich sagte, es wäre ein Notfall, erklärte er sich sofort bereit, sich mit mir in einer Teestube im Kairoer Zentrum zu treffen.

Das Lokal glitzerte vor Kristallleuchtern, polierten Mahagonitresen und klunkerbehangenen Frauen, die aus zierlichen Porzellantässchen türkischen Kaffee nippten. Für meine Jammergeschichte war es der völlig falsche Ort.

David hatte einen Tisch in der Mitte des Prunks ausgewählt, und als er mir den Stuhl anbot, beschloss ich zu lügen – das mit dem Notfall sei erfunden gewesen, ich hätte nur einen Vorwand gesucht, um aus dem Haus zu kommen. Oder ich würde ein Bankett planen und könnte mich für keine Speisenfolge entscheiden. Er bestellte Whiskey, und ich schwafelte von Botschaftspartys, Dinner bei den Pyramiden, meinen Arabischfortschritten und davon, wie gut Guy sich in seiner neuen Schule eingelebt habe.

Er hatte mich kein einziges Mal angelächelt. Als ich mein Geplapper endlich einstellte, fragte er leise: »Der Notfall. Was ist der Notfall?«

»Ach, eigentlich nichts.« Wir hatten noch keine Zeit gehabt, eine Freundschaft aufzubauen; ich hatte ihn mir einfach ausgeguckt, weil wir beide Schwarze Amerikaner waren, aber nun klang mir der Spruch meiner Mutter in den Ohren: »Wir sind vielleicht *Colored*, aber doch keine Cousins.« Unser Alleinstellungsmerkmal hier gab mir noch nicht die Berechtigung, ihn um einen Gefallen zu bitten.

»Hat es mit Vus zu tun?« Er blickte mir direkt ins Gesicht, und ich dachte: Hat nicht alles mit Vus zu tun?

»Mir wird einfach ein bisschen langweilig, wenn ich immer nur zu Hause rumsitze. Ich habe in meinem Leben immer gearbeitet, also, ich dachte, vielleicht weißt du, wie ich an einen Job kommen könnte. Einfach, um was zu tun zu haben.«

Er entspannte sich und grinste. »Du willst einen Job? In Kairo gehen brave Frauen nicht zur Arbeit, ich dachte, das wüsstest du. Tritt doch einer Frauenorganisation bei, oder gründe einen Club für die Gattinnen afrikanischer Diplomaten. Du könntest auch ein paar Artikel für Schwarze Zeitungen in Amerika schreiben, die *Amsterdam News* oder so. Nichts zu tun?« Er lachte. »Ich dachte, es wäre was Ernstes.«

Es war mehr als ernst, ich war verzweifelt. Und mit meinem dämlichen Gelaber wirkte ich auf David nun so wie die blöden Püppchen, die ich selber verachtete.

»David, ich bin blank. Jedes einzelne Möbelstück in unserer Wohnung ist auf Raten gekauft. Die Miete ist überfällig, und mit Guys Schulgebühren sind wir im Rückstand. Ich habe nicht das Geld, um nach Hause zu fliegen, und hierbleiben kann ich nur, wenn ich einen Job finde.« Sein Lächeln verflog, und er nickte. »Okay. Okay. So was dachte ich mir schon. Vielleicht, ganz vielleicht kann ich dir was besorgen. Ich tu, was ich kann. Und was ist mit Vus? Lässt der dich denn arbeiten?«

»Wenn ich einen Job habe, dann lass den Rest meine Sorge sein. Ich hab schon zu viel hinter mich gebracht, um jetzt klein beizugeben. Ich war schon Imbissköchin, Kellnerin, Stripperin und Spendenbeschafferin; einmal habe ich eigenhändig von Autos den Lack abgeschält. Und das ist längst noch nicht alles.«

David schüttelte den Kopf. »Schwarze Frauen, Mannmannmann. Okay, trinken wir noch einen. Ich rufe heute Nachmittag einen Bekannten an.«

Ermutigt vom Alkohol und vielen flotten Sprüchen kam ich aus dem Lokal und fühlte mich so geborgen wie die umsorgten Frauen, die immer noch dasaßen und honigtriefende Baklavas in ihre roten Münder fädelten.

Zwei Tage später stellte David mich Zein Nagati vor, dem Präsidenten der Nachrichtenagentur *Middle East Feature News Agency*. Dr. Nagati war ein sehr großer, gutaussehender Mann in zerknittertem Tweed, der etwas von einem Universitätsprofessor an sich hatte.

Er sprach schnell, ohne jede Wiederholung, als wäre er es gewohnt, effizienten Sekretärinnen auf den Steno-Block zu diktieren.

Er hatte ein Magazin namens *Arab Observer* gegründet. Es war kein offizielles Sprachrohr der ägyptischen Regierung, hatte also nicht direkt den Briefkopf des Informationsministeriums auf der Titelseite, die redaktionelle Ausrichtung sollte jedoch mit der staatlichen Linie übereinstimmen. Er war dabei, einen ungarischen Layouter einzustellen, und hatte bereits zwölf Reporter unter Vertrag. Du Bois behauptete, ich sei erfahrene Journalistin, die Frau eines Freiheitskämpfers und versiert in der Administration. Ob ich Interesse an der Position einer Mitherausgeberin hätte? Falls ja, möge ich bedenken, dass ich als Nicht-Ägypterin, Nicht-Araberin und Nicht-Muslimin sowie einzige Frau im Büro keinen leichten Stand haben würde. Dr. Nagati nannte ein Gehalt, das für meine Ohren nach Töpfen voll Gold klang, stand auf und streckte mir die Hand entgegen.

»Sehr schön, Mrs Make. Am Montag fangen Sie an. Ich komme ins Büro, um Sie vorzustellen, und Du Bois kann Ihnen dann alles zeigen. *Salaam.*«

Er nahm seinen Aktenkoffer, nickte mir zu, gab David die Hand und war draußen.

Ich hätte gern etwas gesagt, kam mir aber vor wie in einen tiefen Graben mit steilen, schmierigen Wänden abgerutscht.

Als ich das Bewusstsein wiedererlangt hatte, kam David mir zuvor.

»Das schaffst du. Ich werde dir helfen, du kannst mich jederzeit anrufen. Du hast doch Erfahrung im Schreiben, und du hast schon Büros geleitet. Außerdem wolltest du einen Job.«

Er bot an, mir sein Büro zu zeigen, das sich im selben Gebäude befinde, und mich dann zum Mittagessen einzuladen. Ich lief ihm benommen hinterher, kann mich allerdings nicht erinnern, seinen Schreibtisch gesehen oder irgendeinen anderen Menschen getroffen zu haben. Wir gingen ins Cairo Hilton, und ich hätte genauso gut Luftsandwiches mit Wolkensalat bestellt haben können. Gedanklich knabberte ich an Davids übertriebener Darstellung meiner Fähigkeiten vor Dr. Nagati, auf Basis der Lügen, die ich ihm aufgetischt hatte. Und der noch größere Brocken in meinem Hals, der mir das Schlucken unmöglich machte, bestand in der Frage, mit welcher List ich wohl Vus von der Sache erzählen und sowohl den Job als auch meinen Mann würde behalten können.

David setzte mich an der Ahmed Heshmat ab und klopfte mir auf die Schulter. »Mensch, Mädchen, ist dir klar, dass wir beide die einzigen Schwarzen Amerikaner in der Medienlandschaft von Nahost sind?«

Ich schenkte ihm ein gekünsteltes Lächeln und stieg mit einem Kopf voller neuer Verantwortlichkeiten aus dem Taxi.

Wenn ich in den Vereinigten Staaten vor einer neuen Situation stand, wusste ich mir schon zu helfen. Meine Bildung hatte ich mir durch nächte- und tagelanges Herumsitzen in Bibliotheken mehr oder weniger in Eigenregie zugelegt, und auch meinem Sohn hatte ich mit geliehenen Büchern ein solides Halbwissen verschafft. In Ägypten dagegen stand ich vor einem Dilemma. Lediglich die amerikanische Botschaft hätte überhaupt englische Bestände, aber da ich vor Afrikanern so hart mit der rassistischen Politik der USA ins Gericht gegangen war, konnte ich mich dort jetzt nicht blicken lassen.

Ich ging die Bücher durch, die Vus und ich aus den Staaten mitgebracht hatten: George Padmores *Africa and World Peace*, Du Bois' *The Souls of Black Folk*, Lyrikbände von Langston Hughes und Paul Laurence Dunbar und Baldwins *Nobody Knows My Name*.

Das Buch von Baldwin machte mir Mut. Auch meinen Namen kannte ja wohl keiner, man hatte mir schon alle möglichen gegeben, von Marguerite, Ritie, Rita, Maya bis Süße, Zicke, Hure, Madame, Mädchen und Ehefrau. Jetzt in Ägypten würde ich eben »Mitherausgeberin« heißen – und ich würde mir den Titel verdienen, und wenn ich wie ein Sklave schuften musste. Na gut, Übertreibung.

Guy brachte die nächste Mahnung wegen der Schulgebühren mit nach Hause, und ich beruhigte ihn, ich hätte schon Vorkehrungen getroffen. Dass der fragende Blick sekundenschnell aus seinem Gesicht wich, war ein Zeichen seines grenzenlosen Vertrauens.

Am Sonntagmorgen kam Vus ausgeruht und attraktiv von seiner letzten Reise zurück. Er war der einzige Mensch, der mir je begegnet ist, der nach einem Zehnstundenflug aussah wie ein frisch gedruckter Geldschein. Guy und ich freuten uns lautstark über unsere Mitbringsel: ein Schachset für ihn und eine Zulu-Halskette für mich. Dann aßen wir ein üppiges Sonntagsmahl, und Guy ging mit ein paar Schulfreunden ins Kino.

Vus und ich verbrachten ein sehr schönes Stündchen im Schlafzimmer, in dem wir unsere Körper wieder miteinander vertraut machten, anschließend servierte ich heißen Tee und Kekse im Wohnzimmer. Vus gesellte sich in Bademantel und Pantinen zu mir.

Ich begann vorsichtig.

»Ich habe mich mit David Du Bois getroffen. Im Teehaus.«

»Oh, wie nett. Wie geht es ihm?«

»Ich habe ihn gebeten, mir bei der Jobsuche zu helfen.«

Vus verschluckte sich heftig und rieb sich mit der Serviette über den Mund.

Seine nächste Reaktion verblüffte mich. Er lachte. Erst tastend, dann brach er in schallendes Gelächter aus und verschluckte sich noch einmal. Als er sich beruhigt hatte, waren seine ersten Worte: »Ihr Schwarzen Frauen. Was soll man mit euch bloß machen?« Leiseres Gelächter. »Ihr Schwarzen Amerikanerinnen noch dazu. Ihr glaubt, ihr könnt nach Ägypten kommen und einfach einen Job annehmen? Was für eine Dummheit. Da sieht man mal wieder, was Schwarze Frauen für Nerven haben und Amerikaner für eine Arroganz. Ich muss schon sagen, mein Schatz, das sind nicht sehr attraktive Eigenschaften. Zieh kein Gesicht, Maya, du weißt, ich liebe dich. Es gibt bloß ein paar Sachen, die stehen dir nicht. Ich habe dir doch Gamal Nassers Buch gegeben – hast du das nicht gelesen? Die Vereinigte Arabische Republik ist dabei, ihre Bürger ökonomisch wie politisch aufzuwerten. Als meine Frau und noch dazu als Ausländerin würdest du nie einen Job finden. Außerdem sorge ich für dich. Du sollst für Guy und mich sorgen und …« – an dieser Stelle rieb er sich liebevoll das Kinn – »und vielleicht kriegen wir ja noch ein Kind, einen kleinen Bruder für Guy.«

Es gibt einen stillen Schrei, der durch die Adern fetzt, zwischen die Muskeln fährt und die Nerven einklemmt, obwohl man nach außen unbewegt bleibt. Über Kinder hatten wir nie gesprochen. Ich hatte schon einen Sohn. Mein Körper hatte offenbar die Order erhalten, dass ein Kind genug war, denn obwohl ich keine Verhütungsmittel benutzte, war ich nur das eine Mal schwanger geworden.

Er zupfte immer noch an seinen spärlichen Kinnhärchen herum.

»Vus, die Miete ist überfällig, die Geldeintreiber für die Möbel und Teppiche waren da, Guy hat aus der Schule schon die zweite Mahnung mitgebracht. Ich habe den Gärtner entlassen und Omanadia von meinem Haushaltsgeld bezahlt. Ich muss arbeiten gehen.«

»Ich kümmere mich schon darum, dass alles bezahlt wird, das tu ich doch immer, oder nicht?« Ich hielt den Mund und verzichtete darauf, ihn an die Zwangsräumung in New York zu erinnern.

Er wurde laut. »Ich werfe mein Geld nicht zum Fenster hinaus, das weißt du genau. Ich bekomme nur einen bestimmten Betrag fürs Büro und einen für die Lebenshaltungskosten. Reisekosten sind hoch, Druckkosten genauso, ich muss auf mein Äußeres achten, und du übrigens auch. Wir sind schließlich Freiheitskämpfer, keine Bettler.«

List und Tücke waren gefragt, und noch während ich an meinem Plan strickte, kamen mir schon Zweifel, ob ich gerissen genug war.

»Vus, du sagst doch selber, dass du mich brauchst. Du brauchst eine Frau, nicht bloß eine Wirtin. Dein Kampf ist doch auch mein Kampf. Ich muss mehr tun, als Flüchtlingen Essen vorzusetzen und dir den Haushalt zu führen.«

Er wollte mich unterbrechen, aber ich ließ ihn nicht. »Wenn ich arbeiten gehe, dann kannst du den Betrag für die Lebenshaltungskosten mit fürs Büro verwenden. Du könntest zum Beispiel monatlich einen Newsletter verschicken statt nur viermal im Jahr, wir könnten den Neuankömmlingen warme Mäntel kaufen, und mein Geld wäre für den Haushalt da.«

Er hörte mir zu, und kurz leuchteten seine Augen auf, dann erlosch das Licht wieder.

»Mein Schatz, du bist eine großartige Frau. Entschuldige meine harten Worte von vorhin. Du bist nicht arrogant, sondern rücksichtsvoll und umsichtig. Aber es geht nicht. Du wirst in Kairo nie Arbeit finden.«

»Vus, ich habe schon einen Job. Mitherausgeberin des *Arab Observer*. Morgen fange ich an.«

Ich konnte beobachten, wie die Ungläubigkeit in seiner Miene sich in Zorn verwandelte, dann in Wut.

»Du hast ohne mich zu fragen einen Job angenommen? Ja, bist du denn ein Mann?«

Er stand auf und lief über den teuren Teppich. Seine Tirade trug ihn vom Sofa zur Tür, hinüber zum Lehnsessel und wieder vor mich hin. Seine Verteufelung umfasste meine Anmaßung, meine Unabhängigkeit, den Mangel an Respekt, meine Arroganz, Ignoranz, Renitenz, Herzlosigkeit, Frechheit und die mangelnde Kinderstube. Ich saß da, beobachtete ihn, hörte ihm zu und überlegte. Er hatte recht. Irgendwo in seinem Wortschwall steckte eine treffende Beschreibung meiner Person. Außerdem war ich womöglich zu weit gegangen. Selbst ein Schwarzer Amerikaner hätte sich mit einer so renitenten Frau schwergetan, um wie viel mehr dann ein afrikanischer Ehemann, für den der zumindest nach außen hin die Autorität darstellende Mann noch selbstverständlich war. Ich hatte die ganze Sache schlecht gehandhabt. Ich hätte feinfühliger vorgehen müssen, hätte Vus Zeit geben sollen, mich traurig und deprimiert zu erleben. Dann hätte er den Grund für meine schlechte Laune selbst aus mir herauskitzeln können. Ich hätte die Situation so manipulieren können, dass er höchstpersönlich vorgeschlagen hätte, ich solle mir vielleicht eine kleine Beschäftigung außer Haus suchen, einen Teilzeitjob, vielleicht nachmittags, als Sekretärin. Mit der Einsicht über mein ungeschicktes Vorgehen kam die schockierende Erkenntnis, dass ich nicht mehr verliebt war.

Der Mann, der hier in schillernden Worten seine Wut an mir ausließ, war nicht mehr meine Liebe. Die letzten geheimnisvollen Schleier hatten sich gehoben. Die körperliche Anziehung hatte so stark gewirkt, dass es, sobald er mir näherkam, an sämtlichen Stellen, wo Haut auf Haut traf, feucht wurde. Nun stand er direkt vor mir, und sämtlicher Reiz war verflogen. Er war einfach ein übergewichtiger Mann, der sich drohend vor mir aufgebaut hatte und schimpfte.

Irgendwann hatte er sich ausgewütet, seine Energie war verbraucht. Ich wartete, bis er sich zurückzog und in den Sessel gegenüber setzte. Er war erschöpft von seiner Tadeltirade und ich wie taub durch den Liebesverlust. Wir blickten uns an, dann den Boden, die Gobelins und wieder uns.

Er machte als Erster den Mund auf, leise.

»Du musst David anrufen und ihm sagen, dass du als Amerikanerin gehandelt hast, aber dann bin ich nach Hause gekommen und habe dich daran erinnert, dass du inzwischen mit einem Afrikaner verheiratet bist.«

Weder Zuckerbrot noch Peitsche würden mich von diesem Job abbringen, das stand felsenfest.

Ich legte Seide in meine Stimme. »Ich habe mein Wort gegeben. Nicht nur David, sondern auch Dr. Zein Nagati. Er ist ein Freund von Gamal Abdel Nasser und weiß, dass ich deine Frau bin. Er meinte, sie würden mich brauchen. Wenn ich da jetzt wieder absage, könnte das auch ein schlechtes Licht auf dich werfen.«

Vus stand wieder auf. »Siehst du? Siehst du, wie dein blöder amerikanischer Dickkopf schon die Sache gefährdet?«

Er versuchte, sich wieder in die Wut von vorhin zu steigern, war jedoch zu erschöpft. Er verschwand im Schlafzimmer, tauchte angezogen wieder auf und rauschte an mir vorbei aus dem Haus, dass die Tür knallte.

Ich blieb in unserem geschmackvollen Wohnzimmer sitzen und überlegte. Ich hatte einen Sohn zu erziehen und ein gemütliches Zuhause. Ich hatte einen Job, für den ich nicht qualifiziert war. Ich hatte einen wütenden Mann, den ich nicht mehr liebte. Und ich befand mich in Kairo, Ägypten, wo ich keine Freunde hatte.

Es klingelte, und in der Annahme, Vus hätte seinen Schlüssel vergessen, machte ich auf. Draußen auf dem Flur stand David Du Bois und lächelte mich an. Ich musste einfach schmunzeln, weil er mir vorkam wie die Erlösung persönlich.

»Girl, ich dachte, du bist vielleicht ein bisschen nervös wegen morgen. Deshalb wollte ich vorbeikommen und dir sagen, dass bestimmt alles glattgeht.«

Wir setzten uns ins Wohnzimmer und plauderten ein wenig über Journalismus und Erwartungen. Am liebsten hätte ich ihm mein Herz ausgeschüttet, dass ich nicht nur keine Ahnung hatte, was man als Mitherausgeberin zu tun hat, sondern dass noch dazu mein Mann sich standhaft weigerte, in mir irgendetwas anderes zu sehen als seine gehorsame Ehefrau.

Mitten in unser belangloses Geplänkel platzte Vus. Als er David sah, leuchteten seine Augen auf, seine schlaffen Wangen strafften sich und er lächelte entzückt.

Während sich die beiden umarmten, nannte er David seinen »Bruder«. Dass er kein Wort an mich verlor, war David sicher aufgefallen.

»Vus, du musst ja wirklich stolz auf deine Frau sein. Wegen des Jobs, meine ich.«

Vus kühlte merklich ab und zog sich in sein Schneckenhaus zurück. »Job?« Mit Todesverachtung sprach er das Wort aus.

Mit einem Blick zu mir sah David das Elend, das ich auch gar nicht zu verbergen versuchte. Er wandte sich wieder an Vus. »Maya hat mich angerufen, als du unterwegs warst. Ich habe sie ins Teehaus eingeladen, und dort meinte sie, du würdest so hart arbeiten, dich so aufreiben, dass sie sich allmählich Sorgen um deine Gesundheit macht. Als deine Frau müsste sie doch auch einen Teil der Last tragen. Ohne Hilfe könnte kein Mann auf der Welt auf Dauer all das schultern, was du dir aufllädst.«

Vus' Körper entspannte sich. Seine Schultern senkten sich auf eine natürliche Höhe, und ein Anflug von Lächeln lockerte die verbissenen Züge.

Mit Worten streichelte David Vus' Feindseligkeit fort. »Die meisten afrikanischen Männer in deiner Position würden ihren Frauen ja nie erlauben zu arbeiten, meinte sie, aber du seist Revolutionär, und dein Ziel sei der Erfolg der afrikanischen Sache. Und dafür sei dir jedes Mittel recht.«

Vus nickte. »Richtig. Richtig.«

David war überzeugend, glaubhaft und ein Lügner. Und er war mir ein helfender, schnell denkender, erfindungsreicher Bruder.

Als Vus und ich ins Bett gingen, stellte ich zu meiner Überraschung fest, dass in den Armen eines Fremden zu liegen meinen körperlichen Genuss in keiner Weise schmälerte.

Vus bestand darauf, mich ins Büro des *Arab Observer* in der Innenstadt zu begleiten. Als wir den monumentalen loftähnlichen Raum betraten, rief uns aus einer entfernten Ecke David zu. Er begrüßte zuerst Vus, dann mich, anschließend stellte er Vus meinen Kollegen vor, und alle Männer gaben sich die Hand, erkundigten sich auf Arabisch nach der Gesundheit des Gegenübers und dankten Gott. Ich war bei ihrer Zeremonie außen vor wie ein Findling auf der Türschwelle eines Waisenhauses. Als sie fertig waren mit Begrüßen, Verbeugen und Lächeln, machte David mir ein Zeichen, und ich wurde vorgestellt.

Ich spürte zwar keine besondere Herzlichkeit mir gegenüber, entspannte mich aber trotzdem, denn immerhin schlug mir keine Feindseligkeit entgegen. Vus' Gegenwart hatte den Männern versichert, dass ich kein tollkühnes Weib war, das ihrer Männergemeinschaft zu Leibe rücken würde. Ich gehörte zu einem Mann, der – vermutlich angesichts angespannter Lebensumstände – seine Frau zur Arbeit schickte. Indem er Vus als Ersten vorgestellt hatte, war David dem etablierten Ritual gefolgt und hatte die Feindseligkeit verpuffen lassen, bevor sie überhaupt entstehen konnte.

Ich musste mir eingestehen, dass trotz meiner Empörung über Vus' Entschluss, mich zu meinem Job zu eskortieren (an meinem ersten Schultag hatte mich nicht einmal mein Vater begleitet), seine Anwesenheit sich als Gottesgeschenk herausgestellt hatte.

Man zeigte mir meinen Schreibtisch, und ein Diener brachte uns allen von einem Messinggestell am Fenster kleine Kaffeetässchen. Als die Kaffeezeremonie schließlich auch über die Bühne gegangen war, gab Vus noch einmal allen Männern die Hand, nickte mir zu und ging. David blieb noch ein paar Minuten und schüttelte dann reihum Hände. Als er zu mir kam, raunte er leise: »Du hast einen guten Eindruck gemacht. Ich ruf dich nachher noch an.«

Ich hatte nichts gesagt und nichts getan, hatte kein Fitzelchen Intelligenz, Witz oder Talent durchblicken lassen. Hatte etwa genau das für den guten Eindruck gesorgt?

Eine gute Stunde lang hielt mich die Ahnungslosigkeit auf meinem Stuhl festgezurrt. Männer, deren Namen ich schon wieder vergessen oder bei der Vorstellung nicht richtig mitbekommen hatte, gingen mit Stapeln von Papieren und abgewandtem Blick an mir vorbei. Der Diener brachte mir eine Tasse suppigen, süßen Kaffees nach der anderen, die ich pflichtschuldig trank.

Plötzlich wurden lautstark Papiere verschoben, Füße aufgesetzt, auf Schreibmaschinen eingehackt. Dr. Nagati war eingetroffen. Er nickte den geschäftigen Reportern zu und kam direkt zu mir her.

»Mrs Make?« Ich stand auf.

»Wie kommen Sie zurecht? David war hier? Man hat Sie bekannt gemacht? Gut.« Lauter und auf Arabisch rief er die Mitarbeiter zusammen. Wieder stand ich außerhalb des Männerzirkels und verstand kein Wort von dem, was er nun in aufbrausender Manier von sich gab. Plötzlich ging er mit unverminderter Wucht im Ton zu Englisch über.

»Mrs Make?« Es war ein gebellter Befehl, auf einer Parade in Galauniform in Habachtstellung zu gehen.

»Ja, Dr. Nagati?« Ich schob mich durch die Lücke, die sich nun für mich auftat, und stellte mich vor den bedeutenden Mann hin. Er blickte herab und versuchte sich an einem Lächeln – vergeblich.

»Dieser Mann hier kümmert sich um die britischen Nachrichten, dieser ist für die europäischen verantwortlich, dieser ist Redakteur für die sowjetischen Nachrichten, dieser für die amerikanischen, dieser für die asiatischen, und Sie schreiben über Afrika. Außerdem lesen Sie sämtliche Manuskripte gegen, und umgekehrt werden die ihren gegengelesen. Der *Arab Observer* wird als Wochenzeitung herauskommen, Beginn nächste Woche. Gedruckt wird im Keller des Hauses. Sie kommen jetzt mit mir nach unten und lernen die Setzer kennen.«

Ohne ein weiteres Wort ging er hinaus, und nach einer kurzen Schrecksekunde begriff ich, dass ich ihm folgen sollte.

Wir betraten den schlecht beleuchteten, muffigen Raum im Untergeschoss. Dr. Nagati erhob wieder die Stimme und polterte etwas auf Arabisch, und wie Phantome tauchten aus dem Halbdunkel lauter Männer in traditionellen Galabijas auf. Urplötzlich erhellte gleißendes Licht auch die entferntesten Ecken.

Ich wurde auf Englisch als Mrs Make vorgestellt, die neue Mitherausgeberin. Die Männer schüttelten mir die Hand und hießen mich auf Arabisch willkommen. Ich lächelte, mir insgeheim wünschend, Dr. Nagati würde für immer und ewig im Gebäude bleiben oder wenigstens mit mir in die oberen Büros zurückkehren. Nach unserem Abschied von den Druckern redete er ununterbrochen auf mich ein, bis wir am Ausgang angelangt waren. Das Magazin müsse nächste Woche fix und fertig für den Vertrieb sein, es müsse attraktiv und anmutig sein, die Nachrichten müssten aktuell und präzise sein. Ich solle mir vor Augen halten, dass diese Männer zwar noch nie mit einer Frau zusammengearbeitet hätten, außer vielleicht mit einer Sekretärin, dass aber doch alle kultiviert und fähig seien. Apropos Sekretärinnen, Ende der Woche würde er ein paar vorbeischicken.

»Auf Wiedersehen, Mrs Make. Sie machen Ihre Sache sicherlich gut.« Er stieß die Tür auf und verschwand, während mir der Mund so offenstand, dass sich ein Fliegenschwarm darin wohlgefühlt hätte.

Ich zwang mich dazu, wieder an meinen Platz zu gehen. Immerhin hatte ich erfahren, dass ich für die afrikanischen Belange zuständig war. Dafür musste ich sämtliche Zeitungen, Zeitschriften, Fachmagazine und Aufsätze sammeln, auch eine Wandkarte von Afrika und eine Ausgabe des großen Oxford-Wörterbuchs wären hilfreich. Ausgerechnet jetzt, da ich Vus nicht länger begehrte, hätte ich ihn gut brauchen können. Jeder Fakt, auf den er je gestoßen war, war sauber in seinem ordentlichen Gehirn abgeheftet. Er kannte Stämme, Wortführer, Topografie, Wetter und politische Positionen sämtlicher Länder auf dem Kontinent.

Zwei Reporter, der Kaffeekellner und ich trafen gleichzeitig an meinem Schreibtisch ein. Der Kellner stellte das Tässchen ab und machte sich aus dem Staub, die beiden Journalisten zogen sich je einen Stuhl heran. Als ich mich setzte, nannten sie mir noch einmal ihre Namen und unterhielten sich ganz unbefangen mit mir. Die stillschweigende Verabredung hieß, dass das ursprüngliche Bekanntmachen nie stattgefunden hatte. Sie erboten sich, mir das Telex zu zeigen und wie ich zu jeder Pressemeldung Hintergrundmaterial bekommen konnte. Sie schlugen vor, ich solle meinen Schreibtisch ins Nebenzimmer stellen, dort sei eine Bibliothek mit Hunderten von Büchern in englischer Sprache. Das Grinsen setzte in meinem Magen ein, oder in den Kniekehlen, oder unter den Zehennägeln. Es sandte süße Wellen aus und überschüttete meinen ganzen Körper mit Wärme und Wohlbefinden. Ich musste an Brer Rabbit denken. Wie alle Schwarzen Kinder aus den Südstaaten war auch ich mit seinen Abenteuern aufgewachsen, und als ich nun in diesem monumentalen Newsroom in Kairo saß, fiel mir eine meiner Lieblingsgeschichten ein.

Jahrelang hatte Brer Rabbit aus einem Garten Karotten stibitzt, und nach vielen Fehlversuchen, mit Hilfe von vielen raffinierten, aber letztlich nutzlosen Fallen hatte ihn der Eigentümer des Gemüsegärtchens schließlich zu fassen gekriegt.

Der Mann tobte. Er schüttelte das Kaninchen, bis dem fast der Schwanz abfiel. »So, Karnickel, jetzt hab ich dich. Und ich werde dir das Schlimmste antun, das die Welt je gesehen hat, also, das Allerschlimmste, das Allerböseste und das Allerfieseste. Du wirst heulen und zähneklappern und dir wünschen, Gott hätte dir nie Atem eingehaucht.«

Das Kaninchen brach in Tränen aus. »Bitte, Mr Farmer, tu mir nicht das Schlimmste an. Alles, boß das nicht. Aber weißt du überhaupt, was das Schlimmste ist? Ach, mach doch, was du willst.« Das Kaninchen grinste verschmitzt. »Bloß nicht das Schlimmste.«

Misstrauisch beäugte der Farmer das Karnickel. »Was ist denn das Schlimmste?«, fragte er. »Das sag ich dir nicht«, antwortete Rabbit. Da log ihm der Farmer etwas vor. »Sag's mir ruhig, kleines Karnickel. Ich tu's nicht, versprochen.«

Das Kaninchen entspannte sich ein wenig. »Schwörst du, dass du es nicht machst, wenn ich es dir sage?«

Der Farmer legte die Hand aufs Herz und schwor. Das Kaninchen entspannte sich noch mehr.

»Farmer, du hast einen großen schwarzen Eisentopf. Du

kannst Fett reingeben, ein Feuer drunter anzünden und mich in siedendem Öl braten, und es wär mir egal«, sagte es.

Der Farmer hatte seine Zweifel, doch das Kaninchen redete weiter. »Du kannst mir bei lebendigem Leib das Fell abziehen und deinem Töchterchen einen Mantel draus machen lassen, und es wär völlig in Ordnung.« Der Farmer sah das Kaninchen ungläubig an, aber es machte weiter. »Du kannst mir die Pfoten abhacken und sie deinen Freunden als Glücksbringer schenken, und ich fände das gut. Aber das Schlimmste …«

Der Farmer horchte auf. »Sag's nur, kleines Karnickel, was wäre das Schlimmste?«

Das Kaninchen begann zu zittern, sein Stimmchen wurde so dünn, dass es der Farmer kaum mehr verstand. »Siehst du die Brombeeren da drüben?« Er deutete auf ein Gestrüpp. »Bitte wirf mich da nicht rein.« Die Miene des Farmers verhärtete sich. »Bist du sicher, dass das das Schlimmste wäre?«, fragte er, und Brer Rabbit antwortete: »Die stechen mich in die Seiten wie glühende Nadeln, sie fahren mir in die Augen wie Dornen, sie fesseln mich wie Ketten und geißeln mich wie Peitschen. Bitte, bitte wirf mich nicht in die Brombeeren.«

Der Farmer packte das Karnickel bei den Ohren, schwang es hoch überm Kopf im Kreis und fragte dabei immer wieder: »Bist du sicher?«, und Brer Rabbit heulte: »Das Schlimmste! Das Allerschlimmste!«

Als der Farmer mit dem Karnickel über dem Kopf ordentlich Schwung aufgenommen hatte, zielte er auf die Brombeeren und ließ los. Brer Rabbit landete auf den Pfoten, die Augen wieder trocken und leuchtend, die Ohren stellten sich auf. Er grinste den Farmer an, die Zähne weiß wie Buttermilch. »Endlich zu Hause, endlich. Großer allmächtiger Gott, endlich bin ich wieder zu Hause.«

Ich lächelte zuckersüß, während die Männer ächzend und schnaufend meinen Schreibtisch in die Bibliothek schoben. Als sie wieder weg waren und ich vor den überbordenden Regalen stand und mir nicht vertraute Titel und unbekannte Autorennamen las, kam ich mir vor wie ein kleiner Brer Rabbit im Brombeergestrüpp.

17

Zwei Wochen lang vergrub ich mich in diesem Zimmer und nutzte jede freie Minute, um von den Regalen Wissen zu saugen – Wissen über Journalismus, das Schreiben, Afrika, Verlagswesen, Druck und Textredaktion. Die meisten Bücher waren von längst verstorbenen Autoren geschrieben und Jahre zuvor in England erschienen; trotzdem fand ich Nuggets von nützlichen Fakten.

Die Ankunft der Sekretärinnen zwang mich ins große Büro mit meinen Kollegen zurück, aber inzwischen hatte ich mir einiges an Journalistenjargon draufgeschafft. Ich begann, ein paar Nachrichten frisch aus dem Telex miteinander zu kombinieren und mit obskuren, halbwegs relevanten Hintergrundinformationen anzureichern, dann setzte ich eine neue Überschrift drüber und meinen Namen drunter.

Ich blieb über ein Jahr beim *Arab Observer*, und mit der Zeit nahm meine Ahnungslosigkeit ab. Von Abdul Hassan lernte ich, wie man einen meinungsstarken Artikel so subtil anlegt, dass der Leser die Meinung für seine eigene hält.

Der Layouter Eric Nemes brachte mir bei, dass die Platzierung eines Artikels auf der Seite, der Satz, ja, sogar die Farbe der Tinte genauso viel zählen wie ein gut geschriebener Text. David Du Bois demonstrierte, wie man sich eine Geschichte greift und so lange dranbleibt, bis man das letzte Fitzelchen an Info in Händen hält. Vus lieferte mir die Einzelheiten zu den politisch instabilen, vor kurzem unabhängig gewordenen afrikanischen Staaten. Am Ende sprangen eine Gehaltserhöhung von Dr. Nagati, der Respekt meiner Kollegen und Komplimente von Wildfremden heraus.

Die Wochentage begannen mit einem von Omanadia servierten Familienfrühstück. Vus las Zeitung, Guy hatte seine Nase in einem Buch, und ich ging irgendwas für die Arbeit durch, das ich grundsätzlich mit an den Tisch brachte. Wenn wir dann aus dem Haus waren und unserer getrennten Wege gingen, dachte ich oft, dass uns die Kunst des Miteinanderredens schon wieder abhandengekommen war. Wir fanden einfach keine Freude mehr aneinander.

Guys Leben wurde allmählich richtig kompliziert. Er musste mit seiner jugendlichen Sexualität, der rätselhaften arabischen Sprache, einem Körper, der in den Himmel wuchs, und schon wieder mit einem freudlosen Zuhause zurechtkommen. Im Versuch, sich zu schützen, zog er sich in seine Bücherwelt zurück oder stürzte sich in die rauen, lärmigen Kairoer Straßen.

Ich bot ihm an, Partys für seine arabischen Freunde zu geben, damit er öfter zu Hause sein könnte. Höflich, aber kühl lehnte er ab; weder er noch seine Bekannten seien gern drinnen eingesperrt, sondern lieber in den Suks und Gässchen, der Altstadt und auf dem großartigen Tahrir-Platz unterwegs, ich solle mir bloß keine Sorgen machen, ihm gehe es bestens.

Weder er noch ich konnten unser Unglück erfolgreich vor dem anderen verbergen – zu lange waren wir uns zu nahe gewesen. Unter gegenseitiger Achtung akzeptierten wir, dass der andere so tat, als sei alles in Ordnung.

Vus' Arbeit verdoppelte sich.

Die Anzahl der Männer, die aus Südafrika flohen, wurde immer höher. Manche kamen nur bis Nordrhodesien, wo sie sich versteckten, bis Vorkehrungen für ihre weitere Flucht getroffen werden konnten. Ein paar hatten in Äthiopien Unterschlupf gefunden, mussten aber von dort weggebracht werden, und Vus hatte die Aufgabe, freundlich gesinnte Nationen ausfindig zu machen, in denen die nun heimatlosen Wanderer bleiben konnten. Alle Geflüchteten brauchten Kleidung, Nahrung und Unterkunft. Manche wollten militärische Schulung, andere baten um eine medizinische oder juristische Ausbildung. Vus kümmerte sich stets um alle Belange.

Auch wenn die Romantik in unserer Ehe verpufft war, so bewunderte und schätzte ich ihn doch nach wie vor. Ich liebte ihn sogar, ich war nur einfach nicht mehr verliebt. Es gab genügend Beweise, dass er ohnehin andere romantische Interessen verfolgte. Oft kam er erst sehr spät nach Hause, nach Parfum riechend, mit schweren Augenlidern und ohne jede Erklärung. Ein paar Mal kam er überhaupt nicht nach Hause. Ich schwieg. Ich hatte meine Arbeit, meinen Haushalt und zwei neue Freundinnen: A. B. Williamson, die dralle, hübsche Frau des liberianischen Chargé d'Affaires, und Kebidetch Erdatchew, Frau des Ersten Sekretärs der Äthiopischen Botschaft. Oberflächlich betrachtet hatten wir nichts gemein außer unserem Geschlecht und der Tatsache, dass wir Schwarz sind. Kebidetch war schmal, zierlich und mit einem Sohn der Selassie-Dynastie verheiratet. Sie war schön wie antikes Gold und so reserviert wie eine Schatzkammer, und sie war der lebende Beweis für den in Afrika sprichwörtlichen Liebreiz der äthiopischen Frauen.

Ihre Schönheit war regelrecht legendär. Eines Tages hatte der königliche Jarra Mesfin sie in Addis Abeba vom Auto aus erblickt und auf der Stelle beschlossen, nach diesem einen flüchtigen Blick, sie zu finden, zu freien und zur Frau zu nehmen. Das darauffolgende Werben und die Heirat wurden sogar zum Stoff für Popsongs, die man auf den Straßen und in den Cafés von Äthiopien hörte. Sieben Jahre später warfen sich die beiden immer noch quer durch überfüllte Räume lange, sinnliche Blicke zu. Sie waren kinderlos und wohnten in einem ruhigen Luxusapartment in Zamalek, zusammen mit einem uralten Diener, den sie aus Äthiopien mitgebracht hatten.

A. B. (von Freunden Bahnti genannt) war in der unterentwickelten Grand-Bassa-Region in Liberia aufgewachsen. Für die höhere Schulbildung schickte ihre Familie sie in die Hauptstadt Monrovia, und durch ihr souveränes Auftreten und ihren Mutterwitz fand sie schnell Freunde und schließlich in einem hochintelligenten jungen Anwalt, dessen Karriere gerade Fahrt aufnahm, ihren Mann.

Das Paar wohnte mit seinen eigenen drei Kindern, Bahntis jüngerer Schwester, der Teenager-Tochter einer Freundin, zwei liberianischen Dienstmädchen, einem Kindermädchen, einem ägyptischen Wäscher, einem Pförtner und einem Koch in der Residenz des Botschafters. Das ganze Haus bebte nur so vor Lautstärke. Lärmende Kinder spielten auf der eleganten Treppe Fangen, aus dem überdimensionalen Plattenspieler dröhnten westafrikanische High-Life-Klänge, im Prunk-Salon kicherten junge Mädchen über Jungmädchengeheimnisse, und die kleine, pummelige Bahnti sauste durchs Haus und fügte mit ihrem Gelächter der Katzenmusik noch eine Melodie hinzu.

Kebi, Bahnti und ich hatten uns schon mehrmals bei diplomatischen Empfängen und bei einer unserer kostspieligen Partys bei uns zu Hause getroffen, doch erst eines Abends in der Liberianischen Residenz, als das dortige Erdgeschoss bis auf den letzten Zentimeter mit Gästen bestückt war, machten wir den Sprung von einer Höflichkeitsbekanntschaft hin zu herzlicher Freundschaft. Afrikanische, asiatische und europäische Diplomaten mit ihren Frauen hatten sich unter ägyptische Regierungsvertreter mit deren Frauen gemischt. Extra angeheuerte Kellner drückten sich durch die Menge und schoben den Gästen Tabletts mit Drinks unter die Nase.

Ich saß gerade mit einer Jugoslawin in der informellen Lounge, als ich aus einem anderen Zimmer über das Stimmengewirr hinweg Vus' Stimme hörte.

»Ich spreche hier für die Xhosa, die Zulu, die Shona und die Lesotha. Ihr seid ein törichtes Volk. Töricht.« Ich sprang auf, erinnerte mich gerade noch rechtzeitig an meine Manieren und entschuldigte mich. (Vus war damals gerade dabei, sich bei den Jugoslawen einzuschmeicheln.) Ich drängte mich durch die Menge. Vus' Stimme wurde lauter.

»Eine törichte, kleingeistige, gierige Nation. Schäbig und dumm. Dumm.« Schneller als erwartet hatte ich ihn erreicht, denn die Leute in seinem Dunstkreis hatten sich in alle Himmelsrichtungen zerstreut. Vus stand einem Weißen gegenüber, an dem das rote Gesicht und die aufgerissenen Augen das einzige Lebenszeichen waren. Stocksteif stand er da; man hatte den Eindruck, ihn hätte der Schlag getroffen und man hätte ihn einfach als Statue so stehenlassen. Vus' Gesicht dagegen strotzte höchst lebendig vor Verachtung; er hatte den Arm gehoben und stieß dem Weißen nun seinen Zeigefinger vor die Brust.

»Sagen Sie den Wilden in Ihrem Land, dass Mutter Afrika sie nicht länger am Busen nähren wird.«

Vus musste entweder Alkohol getrunken oder die nackte Wut im Blut haben, vielleicht auch eine gefährliche Mischung von beidem. Die Geräuschkulisse hatten sich zu einem andauernden, missbilligenden Unterton reduziert. Ich kam mir so machtlos vor, als wäre ich stumm oder hypnotisiert.

»Ich spreche für Südafrika, Südwestafrika, Mosambik, Angola ...«

»Und für Äthiopien.« Das kam aus dem Hintergrund, und während sich der Sprecher Vus näherte, wurde der Ton lauter. »Er spricht für die Amharen, die Gula und die Eritreer.« Jarra, der sich durch die Gruppe gekämpft hatte, tauchte auf und stellte sich neben Vus. Erneut gab es ein Geschiebe, die Menge öffnete sich wieder, und neben Jarra trat Kebi. Das gab mir den Mut, näher an Vus heranzurücken, auch wenn wir beide aus unterschiedlichen Motiven handelten. Sie demonstrierte ihre Unterstützung für Jarra; ich hoffte, dass Vus sich durch meine Anwesenheit vor Schreck zusammenriss. Zu fünft standen wir da wie kriegführende Stämme auf einer Lichtung. Da erhob sich über den Lärm Joe Williamsons ohnehin hohe Stimme.

»Brüder. Brüder.« Leichtfüßig wie ein stolzer Bantamhahn hüpfte Joe neben Vus und Jarra. »Streit ist das eine, Krawall das andere. Hier gehört beides nicht her.«

In unverändertem Tonfall wechselte er ins liberianische Patois. »Sagen bei uns die Alten: ›Schnellschnell dauert bis morgen, immer mit der Ruhe geht bis heute.‹ Oder noch besser: ›Im Krieg zeigst du Waffen, auf Party zeigst du Lachen.‹«

Vus wandte sich zu Joe, und ich hielt den Atem an. Joe war der Doyen des afrikanischen diplomatischen Korps; er hatte Vus und all die anderen Freiheitskämpfer immer unterstützt und genoss in Kairo großen Respekt; und ich mochte ihn. Wenn Vus Joe jetzt die Meinung sagte, konnte ich ihn von der Liste unserer Bekannten streichen, denn Vus' Zunge konnte spitz sein wie ein Assagai, und Joe war ein stolzer Mann. Vus schüttelte lachend den Kopf. »Bro Joe, warum bist du nicht Präsident von ganz Afrika!«

Jarra nahm Vus' entspannte Haltung als Stichwort: »Sprich für den Rest von Afrika, Vusumzi, ohne Äthiopien. Aber vielleicht macht unser Kaiser ihn ja zum *Ras*.« Sie lachten.

Die ganze Gesellschaft schien gleichzeitig aufzuatmen. Plötzlich ertönte Musik, die Menschentrauben lösten sich auf, Vus, Joe und Jarra zogen gemeinsam von dannen, und der Mann, der Vus' Tirade abgekriegt hatte, war verschwunden. Nur Kebi, Bahnti und ich standen noch da. Kebi blickte uns an, lüpfte die Augenbrauen und zuckte fast unmerklich die zarten Schultern. Bahnti hatte die Hände in die Hüften gestemmt und grinste diebisch. Für mich waren wir plötzlich die Nachhut in einem Krieg, dessen Erklärung wir nicht mitbekommen hatten, und jetzt gestrandet auf dem Schlachtfeld nach einem Friedensschluss, zu dem wir nichts beigetragen hatten. Ich musste schallend lachen; Bahnti und Kebi kicherten. Wir rückten zusammen und strichen uns freundlich über Arme, Hände, Schultern, Wangen. Zusammengebracht vom ersten Mann und von der schlauen, humorvollen

Mediation des dritten, sollten wir drei Frauen die nächsten anderthalb Jahre unzertrennlich sein.

Ich kam nie dahinter, welche Sicherung den Flächenbrand verursacht hatte. Meine Fragen beantwortete Vus später mit einem: »Er war im Unrecht und zu feige, zu sagen, was er wirklich meinte.«

»Hat er dich beleidigt? Ich meine uns, als Schwarze?«

»Nicht direkt. Wie die meisten weißen Rassisten war er einfach herablassend. Wenn er mich nur ins Gesicht geschlagen hätte, hätte ich mich wenigstens revanchieren können.«

Ich konnte ihm nur beipflichten. Manche Weiße geraten in Gegenwart von Schwarzen über den Widerspruch zwischen ihrem angelernten, tiefsitzenden Rassismus und dem Gebot der Höflichkeit so in Panik, dass sie vor lauter Verzweiflung sämtliche Schwarzen in Hörweite beleidigen. Das stereotype »Manche meiner besten Freunde ...« und andere hilflose Stolperer in Richtung dessen, was sie für Anstand halten, lösen bei Schwarzen eine Wut aus, die Weiße nicht begreifen und schon gar nicht aus der Welt schaffen können.

Meine Unfähigkeit, fließend Arabisch zu sprechen, und der kulturelle Unterschied machten Freundschaften mit arabischen Frauen schwierig. Die Sekretärinnen in meinem Büro hatten weder den Mut (ich verstand durchaus, dass ich als gut eins achtzig große Schwarze amerikanische Mitherausgeberin eine Seltsamkeit darstellte) noch die Zeit (die meisten arbeiteten, um ihren bedürftigen Eltern oder Geschwistern unter die Arme zu greifen) noch das Interesse (manche waren bereits verlobt und verdienten sich das Geld für ihre Aussteuer), um auf meine Avancen einzugehen.

Ich hatte von Hanifa Fathy schon gehört und bemerkt,

mit welchem Respekt ihr Name ausgesprochen wurde. Hanifa Fathy, die Dichterin. Dann: Hanifa Fathy, die Frau eines Richters. Dass bei einer Ägypterin die eheliche Verbindung nicht als ihre Spitzenleistung genannt wurde, war ungewöhnlich. Als wir uns schließlich auf einer Konferenz kennenlernten, war Hanifa Fathy zu meiner Verblüffung auch noch hübsch. Auf ihr Aussehen war bisher niemand eingegangen. Sie trug ihr hellbraunes Haar wie Lauren Bacall, und auch ihre charaktervollen, weiblichen Züge erinnerten mich an die mutige amerikanische Schauspielerin.

Als wir uns die Hand gaben (ein fester Händedruck bei ihr), meinte sie, sie habe meine Artikel im *Arab Observer* gelesen und mich daraufhin unbedingt kennenlernen wollen. Ich nahm ihre Einladung, ein paar ägyptische Schriftstellerinnen, Akademikerinnen und Lehrerinnen kennenzulernen, gern an.

In Hanifas modischem Wohnzimmer begegnete ich dann Ägypterinnen, die an europäischen Universitäten promoviert hatten, und ernstzunehmenden Künstlerinnen und talentierten Schauspielerinnen, aber irgendwie kamen sie mir zu gebildet, zu sehr auf den Beruf fixiert vor, als dass sie auf den kumpelhaften Kontakt einer Freundschaft aus gewesen wären. Hanifa dagegen war so geistreich wie warmherzig, und wir verbrachten Samstagnachmittage mit herrlichem Klatsch auf der Veranda des Kairoer Country Clubs.

Meine Ehe bot mir Struktur und Verantwortung minus Verliebtheit, und trotz meines zehnstündigen Arbeitstags beim *Arab Observer* zerrann mir das Geld zwischen den Fingern. Vus brauchte immer noch mehr Garderobe, noch mehr Reisen, noch mehr Partys. Guy brauchte neue Kleider und mehr Taschengeld. Ich brauchte von allem noch mehr, jedenfalls *wollte* ich mehr von dem, was ich schon hatte, und dazu kamen ganz neue Begehrlichkeiten.

Von außen betrachtet war unsere Lage nicht rosig, aber ich konnte mich einer Fröhlichkeit nicht erwehren, die mir auf dem Schoß saß, sich über meine Schultern räkelte und mir bis in die Handflächen prickelte. Immerhin lebte ich in Kairo und verdiente mein Geld; meinem Sohn ging es gut, und dann waren da noch David Du Bois, Bahnti, Kebi und Hanifa. Ich hatte einen potenziellen Bruder und drei potenzielle Schwestern. Es hätte wesentlich schlimmer sein können.

Bahnti schmiss eine herrliche Party, zu der nur Frauen eingeladen waren: Anlass war der Geburtstag einer bedeutenden liberianischen Ärztin. Livrierte Diener servierten raffinierte Speisen und eine große Auswahl an Getränken, das Wohnzimmer war geschmückt wie für einen festlichen Botschaftsempfang, und ein Musikertrio spielte bekannte Melodien.

Die Frauen und Sekretärinnen aus den afrikanischen Botschaften sowie vereinzelte Ägypterinnen und ich fühlten uns wunderbar wichtig. Wir aßen, tranken und unterhielten uns, bis die halbe Gästeschar schließlich auf Bahntis poliertem Parkettboden tanzte. Jede Frau hielt sich dabei an die Schrittfolge ihres Landes. Kebi glitt, Hände an den Hüften, in winzigen Schritten über die Tanzfläche, hob erst die eine, dann die andere Schulter und ließ beide sinnlich kreisen. Bahnti und Mrs Clelland von der ghanaischen Botschaft tanzten High Life: kleine Schritte, die Knie leicht gebeugt, das Hinterteil ein wenig nach links, ein wenig nach rechts und direkt nach hinten geschwenkt. Ich kombinierte Twist und Swim und erntete damit beifälliges Gelächter und Applaus von den umsitzenden Nichttänzerinnen.

Als die Party sich schon ihrem Ende zuneigte, schwang sich eine junge Frau in westafrikanischer Nationaltracht auf die Tanzfläche. Der lange bedruckte Rock und die dazu passende Bluse umschmeichelten einen bemerkenswerten Körper. Sie hatte breite Schultern, große, straffe Brüste, ausladende Hüften und eine Kindertaille. Sämtliche Tänzerinnen wichen zurück und suchten sich einen Sitzplatz, während die bildschöne Frau sich zur Musik bewegte. Begleitet von den Anfeuerungsrufen und dem Gelächter des Publikums schwang und schwenkte sie die Hüften, zuckte und zitterte, rempelte und rüttelte.

»Schwing die Beine, Mädchen! Schwing sie!«

»Zeig, was du draufhast, Kind.«

»Juhu!«

Sie setzte eine durchtriebene Miene auf, wissend, lasziv, und ihre voluminösen Hüften flatterten, als wollte sich ein in ihrem Becken eingekeilter Vogel freifliegen.

Die Wonne, die die Zuschauerinnen bekundeten, erinnerte mich an das Wohlwollen, mit dem ältere Schwarze Frauen in Amerika die Sexiness anderer Frauen betrachteten. Jahre zuvor, als ich mein Geld als Showtänzerin verdiente, hatte mir manch eine Dame die Hüften getätschelt und mir zugerufen: »Du hast es drauf, Baby! Schwing das Teil!« Ihre Begeisterung war pur, sinnlich und beifällig. Ältere blickten auf die Sinnlichkeit einer Jüngeren als Erweiterung ihrer eigenen und fühlten sich an ihre Jugend erinnert, Jüngere dachten an ihren letzten Sex oder ließen sich von weiblicher Sexiness zur Vorfreude auf das nächste befriedigende Encounter inspirieren.

Ich fand es schön, dass Afrikanerinnen und Schwarze Amerikanerinnen diese Sitte gemeinsam hatten.

Als Musik und Tanz vorbei waren, mischte ich mich unter die Frauen, die die Tänzerin umringten und unter fröhlichem Gelächter streichelten und tätschelten.

»Ich komme aus Nordnigeria.« Sie hatte eine leise Stimme und hielt aus Respekt vor dem Alter und der Stellung der älteren Frauen den Blick gesenkt. »Ich bin unverheiratet und habe eine gute Mitgift. Ich wohne hier bei arabischen Freunden und lerne Arabisch.«

Sie hieß Mendinah und war eindeutig auf Männersuche.

Wir machten ihr Komplimente, hießen sie in Kairo willkommen, und ich wünschte ihr im Stillen Glück.

18

Eine Woche später kam Vus aus Addis Abeba zurück. Auf seine Frage, was sich in seiner Abwesenheit ereignet hätte, erzählte ich ihm von meiner Arbeit und dass David mir noch eine Möglichkeit zur Aufbesserung meines Gehalts eröffnet hatte: Ich würde nämlich in Zukunft auch Kommentare für Radio Egypt schreiben. Pro Beitrag bekam ich vier Pfund und noch eins dazu, wenn ich den Text selber las.

Guy hatte bei den jüngsten Prüfungen annehmbare Noten bekommen und sich großzügigerweise während Vus' Abwesenheit öfter und länger zu Hause gezeigt. Ich erzählte Vus auch von der Frauenparty und Mendinah. Er hörte sich meinen Bericht an und erzählte in kargen Worten von seiner Reise. Die ehemals exotischen Namen hatten ihren Kitzel eingebüßt, und Vus versuchte schon seit Langem nicht mehr, mich mit Schilderungen seiner gefahrvollen Heldentaten in

Bann zu schlagen. Wir nahmen einfach unseren Alltag wieder auf. Tagsüber wurde gearbeitet, und der eine oder andere stumpfsinnige Abend mündete in einen sparsamen Liebesakt.

Im afrikanischen diplomatischen Korps ging die Kunde, Mendinah sei eine Schlampe, ein Luder, ein Flittchen, eine Ehen zersetzende Hure. Für die Frauen, die sie bewundert hatten, wirkte das wie ein Schwall kochendes Öl in die Ohren. Bei vier Botschaftern hatte sie sich Termine geben lassen, und drei davon hatten ihren Gattinnen berichtet, die hübsche Frau habe ihnen gegen Geld ihre Gunst angeboten. Binnen Wochen hatte sie eine Schneise der Wollust zwischen Diplomaten und deren Ehefrauen geschlagen. Ihr Name wurde zum Alarmsignal, sodass meine Freundinnen gezwungen waren zusammenzurücken und die Reihen gegen den gefährlichen Eindringling zu schließen.

Nie wieder würde sie fortan bei einer Frau eingeladen; selbst wenn sie vor der Tür stünde, ließe man sie nicht ein, und auf der Straße würde sie nicht mehr gegrüßt. Um die Männer, die auf ihre Reize hereingefallen waren, würde sich im intimen Raum ihrer Ehen schon gekümmert, aber die himmelschreiende Missachtung afrikanischer Ehefrauen verlangte nach öffentlicher Strafe.

Zwei Monate vergingen, und für die Afrikanische Community war Mendinah verschwunden, verschollen, ihr Name vergessen. Dann gab eines Abends eine Ägypterin, eine gute Bekannte der Afrikanerinnen, eine Party. Vus und ich kamen erst spät dort an. Als wir den ersten Raum, die informelle Lounge, betraten, saßen Bahnti, Kebi und sieben weitere Ladys schon auf den Sofas, die farbenfrohen Gewänder ein leuchtender Kontrast zur dunkelbraunen Haut. Sie begrüßten Vus, der zurückgrüßte und weiterging in den Salon, wo noch mehr Gäste im Stehen ins Gespräch vertieft waren. Ich blieb in der Lounge, um mich mit meinen Freundinnen und den anderen Afrikanerinnen, mit denen ich mich inzwischen auch gut verstand, zu unterhalten.

Plötzlich durchschnitt ein »Guten Abend, Mrs Make« unser Geplauder. Die Stimme war mir nur allzu vertraut. Als ich aufblickte, stand Mendinah im Türbogen zu einem der Korridore, an einem Plattenspieler. Ich nickte ihr zu, und sie hob den Arm des Plattenspielers, so dass die Musik verstummte. Sie drehte sich mit ihrer ganzen fabelhaften Gestalt zu mir, und wieder wurde die durchtriebene Miene sichtbar.

»Mrs Make, Mr Make hat den ganzen Tag versucht, mich zu erreichen. Durch ganz Kairo hat er mir hinterhertelefoniert, um an meine Nummer zu kommen.« Wortwahl, Stimme und Absicht waren gnadenlos, und mein Herz verweigerte sekundenlang seine natürliche Funktion.

Mühelos durchstanzte sie mit ihrer Stimme meinen ganzen Körper. »Als er mich endlich dran hatte, meinte er, er muss mit mir reden, er muss sich wegen was ganz Wichtigem mit mir treffen.« Bei ihrem Seitenblick auf die Frauen klammerte ich mich mit zusammengebissenen Zähnen an die Strenge meiner längst verstorbenen Großmutter.

»Zu mir in die Wohnung habe ich ihn aber nicht gelassen.« Hastig knöpfte ihr Blick sich wieder mich vor. »Dann meinte er, es würde um Sie gehen. Dass Sie im Büro Hilfe brauchen. Ich suche ja einen Job.« Wieder huschte ihr Blick zu den afrikanischen Frauen, dann schnell zurück zu mir.

Nichts geschah. Kein Engel kam angeflogen, um mich in ein wohlverdientes Himmelreich zu entführen. Keiner rüttelte mich an der Schulter, um mich aus diesem lähmenden

Alptraum aufzuwecken. Niemand krümmte einen Finger. Ich durchharkte meinen Verstand, nahm jedes Fitzelchen Gewandtheit, Geschick und List zusammen und machte einen Schritt auf sie zu.

»Mendinah?« Leise und hochmütig. Sie blickte mir direkt in Gesicht.

»So heiße ich, Mrs Make.« In frechem Ton.

»Warst du denn bereit, für mich zu arbeiten? Für gutes Geld? Mit einer Zulage für die Miete und vielleicht sogar ein eigenes Auto? Warst du bereit?«

Die Falschheit wich aus ihrer Miene, und plötzlich wurde sie zu einem jungen Mädchen, die meine kleine Schwester hätte sein können. Sie war offen, wehrlos, verletzlich, und ich stieß mit aller Kraft zu.

»Der Job ist leider schon vergeben, aber selbst wenn dem nicht so wäre, liebe Mendinah« – ich sprach immer noch leise – »hätte ich dich nie eingestellt. Du kannst nämlich nichts, und du bist ein Flittchen.« Ich bedachte sie mit einem dreckigen Lächeln und stolzierte an ihr vorbei in den Salon.

Zum Glück stand gleich an der Wand eine Reihe von Stühlen; ich musste mich sofort setzen. Hochmut und Empörung waren verflogen, mein Magen fühlte sich leer an, nur aus früh anerzogener Gewohnheit saß ich aufrecht. Bahnti und Kebi eilten herbei und setzten sich neben mich, Bahnti nahm meine rechte Hand, Kebi die linke.

Beide murmelten tröstlich auf mich ein.

»Du warst großartig, Schwester, großartig.« Das war Bahnti.

»Ich bin stolz auf dich, Maya.« Kebi drückte meine Hand.

»Du hast ausgesehen wie eine Königinmutter.«

»Wie eine Prinzessin.«

»Nicht weinen. Nicht jetzt. Du hast es geschafft, es ist vorbei.«

Bahnti beugte sich vor, sodass ich ihr in die Augen sehen musste. »Schwester, du wirst gerächt, keine Sorge. Weißt du, was sagen bei uns die Alten?« Sie war von gewähltem Englisch in den melodischen ländlichen Dialekt von Liberia verfallen. »Sagen bei uns die Alten: ›Wenn du Jesus blöd kommst, macht Gott aus dir Scheiße.‹«

Sie nickte, wie um ihre Bemerkung zu bekräftigen.

Die Blasphemie und der Witz darin wirkten gleichzeitig, ich war schockiert wie amüsiert. Im selben Satz Gott, Jesus, Rechtschaffenheit, Rache und das Wort Scheiße unterzubringen, war ein solcher Stilbruch, dass es mich mit einem Schlag aus der Demütigung herausholte.

Beide Freundinnengesichter blickten mich ernst und bekümmert an, beide Köpfe nickten in Übereinstimmung mit der Weisheit des alten Mannes. Endlich nickte ich, lächelte und stand auf. Vus stand allein an einem Fenster ein Stück entfernt.

»Ah, meine Liebe. Nette Party, was?«

»Vus, wer ist das Mädchen, das da drüben Platten auflegt?«

Er drehte sich um und sah Mendinah direkt an, deren Profil vor der weißen Wand deutlich erkennbar war.

»Ich weiß es nicht. Nein.« Kopfschüttelnd, mit verdutztem Blick.

»Vus, du kennst sie. Lüg mich nicht an. Lüg mich wenigstens nicht an.«

Er verrenkte sich in meine Richtung, die Züge von plötzlichem Wiedererkennen geglättet. »Ach, ist das diese Mendinah, von der du mir erzählt hast?«

Ich hätte ihn am liebsten verdroschen, bis er aufplatzen würde wie Popcorn.

Wortlos drehte ich mich um. Ich wusste nicht, was Gott mit jemandem anstellte, der seinem einzigen Sohn blöd kam, und auch nicht, wie es mir ergehen würde, wenn ich die gehorsame Haltung der Ja und Amen sagenden Ehefrau abstreifte und meine Schwarze amerikanische Weiblichkeit herausließ.

Die schweigende Fahrt nach Hause kam mir endlos vor. Vus fuhr langsam, ließ die alte Klapperkiste ihre Geschwindigkeit selbst bestimmen.

Als wir schließlich zu Hause waren, sah ich nach Guy, der zum Glück friedlich schlief. Dieser Teil meines Lebens war also in Ordnung. Jetzt musste ich nur noch meinem Liebhaber und meiner ehemaligen Liebe gegenübertreten, die im Wohnzimmer hörbar Möbel verrückte. Ich ging ins Schlafzimmer, stand eine Weile im Dunkeln und überlegte, womit ich anfangen sollte.

»Maya. Maya, geh noch nicht ins Bett.« Ich machte mich wieder auf den Weg. Vus saß gefasst auf einem Sessel und hatte einen zweiten Sessel sich gegenüber geschoben.

»Setz dich, Maya. Ich möchte mit dir über Mendinah reden. Über Mendinah und all die anderen.«

Momentane Erleichterung. Immerhin musste ich das Gespräch nicht beginnen. Der kurzen Entlastung folgte abgrundtiefe Angst. Wenn er darauf bestand, dass ich seine Untreue akzeptierte, musste ich mich von ihm trennen. Die Missetat gutzuheißen machte sie nur noch schlimmer. Manche Männer brachten angeblich andere Frauen sogar nach Hause, mitten ins Ehebett. Wenn Vus solche Ungeheuerlichkeiten im Sinn hatte, musste ich meinen Sohn und meine Sachen packen und zum hundertsten Mal losziehen.

Ich saß ihm gegenüber, unsere Knie berührten sich.

»Ich bin ein Mann. Ein afrikanischer Mann. Ich bin weder primitiv noch gefühllos. Eine Nation der Eindringlinge und die meisten Weißen dieser Welt würden mir die genannten Eigenschaften zwar gern überstülpen, aber lass mich jede einzeln behandeln.« Die Nacht würde lang.

»Ein Mann braucht ein gewisses Maß an sexueller Befriedigung – viel mehr, als eine Frau braucht, will oder verstehen kann.«

»Das ist Quatsch, Vus. Du bist keine Frau, woher willst du wissen, was ich brauche?«

»Ich möchte nicht über etwas streiten, das nicht bewiesen werden kann, worüber aber stillschweigende Einigkeit besteht. Ich fahre fort. Als afrikanischer Mann habe ich in meiner Gesellschaft das Recht, mehr als eine Frau zu heiraten.«

»Nicht in meiner Gesellschaft, und das wusstest du, als wir uns kennengelernt haben.«

»Wir haben uns in Amerika kennengelernt« – er lächelte – »aber jetzt leben wir in Afrika.«

Wollte er damit sagen, dass seine Eier auf geografische Gegebenheiten reagierten? Ich erinnerte ihn daran, dass er mir schon in New York untreu geworden war.

Er blickte schockiert. »Dafür hast du keine Beweise.« Und das stimmte fast. Ich hatte nur den Parfümgeruch und die Kosmetikspuren an seiner Kleidung.

Als ich schwieg, entspannte er sich, lehnte sich zurück und öffnete seine massigen Schenkel. »Für einen afrikanischen Mann ist der Sexakt nur so lange wichtig, wie er dauert. Sex ist nicht das, was eine Familie zusammenhält. Er ist angenehm und baut Spannung ab, damit man sich wieder den Lebensaufgaben zuwenden kann.«

»Und die afrikanischen Frauen?«, fragte ich zuckersüß. »Brauchen die nichts Angenehmes und keine Entspannung?«

Beleidigt runzelte er die Stirn. »Habe ich dich nicht immer befriedigt? Hast du da zu klagen? Wie oft bin ich abends heimgekommen, körperlich erschöpft und in Gedanken bei der Arbeit, und trotzdem habe ich meine Pflicht dir gegenüber erfüllt. Das kannst du nicht bestreiten.«

Das Gespräch war mir entglitten. Schuld und Beweislast hockten plötzlich bei mir auf dem Schoß, wo sie ganz sicher nicht hingehörten.

»Ich liebe dich nicht mehr, Vus.« Das stimmte, aber ich nutzte es nicht so sehr als Aussage, sondern eher, um ihn zu erschrecken und mir wieder einen kleinen Vorteil zu verschaffen.

Er blieb gelassen. »Das weiß ich, meine Liebe. Schon seit Langem. Aber wir achten und bewundern einander. Außerdem haben wir gemeinsame Ziele: den Freiheitskampf, die Loyalität zu Mutter Afrika.« Er hielt inne und fuhr leiser fort: »Und Guys Zukunft als afrikanischer Mann.«

In Sekundenschnelle ließ ich mein Herz versteinern. Ich glaubte kein Wort von dem legitimatorischen Geblubber, das sich Vus zusammengeklaubt hatte, und ich ließ ganz bestimmt nicht zu, dass er meinem Sohn diesen Unsinn verkaufte.

»Und Mendinah? Bleiben wir doch mal bei ihr. Wieso nimmst du meinen Namen in den Mund, wenn du bloß sie ins Bett kriegen willst?«

»Dafür entschuldige ich mich. Aufrichtig.« Sein schneller Verstand leistete ihm schnelle Dienste. »Obwohl du mal gesagt hast, du hättest gern noch eine Schwarze Frau im Büro.«

Für mich gab es in Streits schon immer Zeiten, in denen meine Gedanken halb fest, halb flüssig im Kreis wirbeln, ohne dass mein Verstand einen Zipfel zu fassen bekäme. Ich bin zur Stummheit verurteilt, bis das Gemisch langsamer wird und ich genügend Wörter für einen ersten Satz herausklauben kann. Jetzt war es wieder so weit. Vorstellungen flitzten herum wie hysterische Kinder beim Fangenspielen. Vus war Afrikaner und hatte andere Werte als ich. Unter meinen Freunden, Verwandten und Bekannten war Promiskuität der ultimative Schlag für eine Ehe. Sie zerschmetterte die Säulen des Vertrauens, die die Beziehung aufrechterhielten, sie war physisch gefährlich, denn leicht konnten daraus Geschlechtskrankheiten resultieren, sie war illoyal und nicht zuletzt ein unfreundlicher Akt. Im Übrigen war sie nicht nur für den männlichen Afrikaner typisch. Von Anbeginn der Geschichte hatten sich die Gesellschaften damit herumschlagen müssen. Die jüdisch-christliche Bibel etwa verbot Ehebruch, für beide Geschlechter. Meist jedoch zahlten die Frauen den höchsten Preis und verloren ihr Haar an ruppige Friseure oder ihr Leben an eine beleidigte Gemeinschaft, die sie zu Tode steinigte.

In den Vereinigten Staaten hatten weiße Männer Schwarzen Männern die Namen geraubt, ihre Sprachen, jegliche Macht, ihre Frauen, ihre Töchter, ihr Selbstwertgefühl, ihr Selbstbewusstsein. Da sie jedoch ihre Sexualität nicht hatten auslöschen können, begannen weiße Männer, sie ihnen zu neiden, die Schwarzen auf einen Sockel zu heben, zu bewundern und zu fürchten. Eine ganze Reihe von Schwarzen Männern begann nun, da sie offenbar nur noch eines hatten, an das ihre Feinde nicht herankamen, sich auch selbst, vor sich selbst als Meister der Sexualität zu identifizieren, Herren der großen Schwänze, der geschickten Penisse, der unstillbaren Lust. Die weißen Männer stimmten ihnen gierig und voller Neid zu. Die weißen Frauen verzehrten sich in heimlichen Fantasien und seltenen öffentlichen Bekundungen. Manche Schwarze Frauen hatten verinnerlicht, dass Schwarze Männer nun mal einen gefräßigen Appetit hätten, und gestanden ihren Männern oder Liebhabern die Freiheit zu. Manche anderen Frauen wiederum bewiesen mithilfe von Messern und Pistolen, kochendem Wasser, Gift und dem Scheidungsanwalt, dass sie die herrschende Meinung nicht teilten.

»Mendinah. Die soll ja Nymphomanin sein. Solche Frauen sind nur für ein, allerhöchstens zwei Mal gut.« Er hatte schon seit einiger Zeit weitergeredet, wurde mir bewusst. »Die Männer, die von ihr reden, betrachten sie als hübsches, aber nur zeitweiliges Gefäß.«

Ich nickte, bestärkt. Endlich hatte ich meine Sprache wiedergefunden.

»Ich verlasse dich, Vus. Ich weiß noch nicht, wann oder wohin ich gehe. Aber ich verlasse dich.«

Seine Miene blieb dieselbe beherrschte, gelassene Wand, als ich aufstand und ins Bett ging.

Bahntis Anruf im Büro kam überraschend. Ich war am frühen Morgen des Tages nach dem Mendinah-Vorfall bei ihr aufgetaucht und hatte ihr von meinen Plänen, Vus zu verlassen, erzählt. Ihre Reaktion war die einer Frau mit einem treuen Ehemann gewesen. »Schwester, du warst eine Gigantin. Jeder bewundert deine Geduld. Du hast dich wirklich bewährt.« Die Entscheidung getroffen, die Bürde der Toleranz von mir abgefallen und den Beifall meiner Freundin in der Tasche war ich beschwingt ins Büro gefahren.

»Schwester«, sagte sie am Telefon, »Joe und ich hätten

gern, dass du heute Abend zu uns kommst. Nach dem Essen, um neun. Kommst du?«

Ich sagte zu. Der Tag raste dahin. Ganze Absätze sprudelten mir aus der Schreibmaschine, die kaum überarbeitet werden mussten, wenn überhaupt.

Da Vus nicht zum Abendessen erschien, aßen Guy und ich allein. Er wollte lesen und war froh, dass ich noch etwas vorhatte und er die Wohnung in Ruhe für sich haben würde.

Die schwere Tür der liberianischen Residenz wurde von einem Diener geöffnet. Ich trat ins Foyer und nahm eine Wolke leiser Stimmen wahr. Bahnti hatte gar nichts von Partykleidung gesagt, andererseits klang es auch nicht so recht nach Party. Ich machte zwei Schritte am Portier vorbei und stand in der Tür zum Salon, aus dem mir eine Vielzahl von Gesichtern entgegenblickte.

Es war eine Überraschungsparty, Monate nach meinem Geburtstag und ohne die Fröhlichkeit einer Feier.

Um die zwanzig Leute saßen auf Stühlen im Halbkreis; Kebi, Jarra und Bahnti nebeneinander. Hastig studierte ich die mir vertrauten Gesichter und bekam das Gefühl, dummerweise in ein geheimes Ritual oder ein gefährliches Femegericht gestolpert zu sein.

Keiner lächelte, nicht einmal meine Freundinnen, und der peinliche Moment dauerte scheinbar ewig. Joe Williamsons hohe Stimme ging ihm wieder voraus.

»Schwester Maya, wir warten schon auf dich. Komm herein, komm herein. Abdul bringt dir einen Drink. Komm, du sitzt neben Bruder Vus.«

Mein Blick folgte der unbestimmten Geste seiner rechten Hand. Vus saß steif und nüchtern in der Mitte des Halbkreises. Verwirrt, verblüfft und vollkommen ahnungslos kam ich

Joes Aufforderung nach und setzte mich auf den freien Platz neben meinem Mann. Das leise Gemurmel kam nicht zum Erliegen. Ich beugte mich zu Vus und flüsterte: »Was soll denn das? Was ist hier los?«

Er blickte mich an. »Das findet alles wegen dir statt.« Sein Tonfall triefte vor Überdruss.

»Brüder und Schwestern.« Joe stellte sich in die Mitte. »Ihr wisst, warum ihr hier seid.« Man reichte mir einen Scotch. »Unsere Schwester aus Übersee, und aus uralten Zeiten, will unseren Bruder aus Südafrika verlassen.«

Verdammt. Vus wusste davon, ich wusste davon, und Bahnti hatte ich vor ein paar Stunden davon erzählt. Ein Blick auf die Afrikanerinnen und Afrikaner um mich herum sagte mir, dass ihnen die Information nicht neu war. Keine geweiteten Augen, kein vorgeschobenes Kinn.

»Unsere Schwester und ihr Sohn sind nach Afrika zurückgekehrt. Wir wissen alle, dass sie sich sehr bemüht hat und sich als Afrikanerin fühlt.« Beifälliges Gemurmel.

»Unser südafrikanischer Bruder führt einen Kampf für uns alle. Es vergeht kein Tag, an dem er nicht auf dem Schlachtfeld steht. Es bricht kein Abend herein, ohne dass Vusumzi Make nicht drohend ein Geschütz auf die Festung der weißen Unterdrücker richtet.« Wieder rumorte es zustimmend.

»Nun habe ich als Bruder von euch allen ein Palaver einberufen. Keiner dieser jungen Leute hat in Ägypten außerhalb unserer kleinen Gemeinschaft Familie. Deshalb habe ich euch hergebeten, damit wir die Sache bereden können.« Panik stieg in mir auf und legte meine Beine lahm.

»Ich werde diese Seite des Zimmers bitten, für unsere Schwester Maya zu sprechen, und diese Seite für unseren Bruder Vus.«

Ich schüttelte den lähmenden Schock ab und stand auf.

»Entschuldige, Joe, aber ich stehe hier nicht vor Gericht. Ich gehe nach Hause.«

Joe konnte einen missbilligenden Unterton nicht ganz verbergen. »Schwester, du willst doch in Afrika bleiben. Du hast einen Sohn und einen Namen. Wenn du dieses Palaver überstehst, wird sich das in ganz Afrika herumsprechen. Du weißt, Maya, unsere Leute brauchen keine Zeitungen oder Magazine, um Wichtiges zu erfahren. Hier sitzen Menschen aus Ghana, Nigeria, Äthiopien und Liberia. Schwester, tu dein Bestes und setz dich wieder hin.«

Jahre zuvor schon hatte ich begriffen, dass ich nichts musste, rein gar nichts, außer Schwarz bleiben und sterben. Nichts war interessanter als das Erstere, nichts endgültiger als das Letztere. In wahrhaft kritischen Momenten sagte ich mir diese Erkenntnis immer vor. Ich ging zurück an meinen Platz neben Vus, der zu einem fülligen Schwarzen Fremden geworden war.

Ohne seinen Redefluss zu unterbrechen, zog Joe Williamson einen Stuhl in die Mitte des Halbkreises.

»Die Gruppe rechts von Maya wird unseren Bruder verteidigen. Alle links von Vus werden unsere Schwester unterstützen. Und bitte denkt daran, Leute, wir sind alles an Familie, was die beiden hier in der Fremde haben.«

Ich blickte nach rechts und mein Herz machte einen Satz. Meine Freundinnen Bahnti, Kebi, Margaret Young, eine enge Freundin aus Nigeria, und Jarra würden für Vus sprechen. Auf der anderen Seite saßen drei stadtbekannte Lüstlinge, ein paar gleichgültige alte Männer und drei Frauen, die ich nicht gut kannte. Mein Team wirkte vollkommen nutzlos.

Joe setzte sich und sprach mich an.

»Schwester, bring deine Klage vor. Stell deine Seite dar.«

Bei Schwarzen Amerikanern gab es nicht die Sitte, in aller Öffentlichkeit sein Herz auszuschütten. In manchen altmodischen Kirchen waren wohl Leute aufgestanden, um sich über das Benehmen anderer Kongregationsmitglieder zu beschweren, aber solche Zusammenkünfte waren ausgestorben und nur noch als Überbleibsel in unanständigen Witzen vorhanden.

Steht Mrs Jackson auf und sagt: »Herr Pfarrer, Brüder und Schwestern, ich beschuldige Mrs Taylor, dass sie überall in der Stadt rumposaunt, mein Mann hätte eine Warze auf dem Geschlechtsteil.« »Oh, oh, also nein, aber was«, tönen die Kommentare aus der Gemeinde. Steht Miss Taylor auf und meint: »Ich muss das richtigstellen. Brüder und Schwestern, ich habe nie behauptet, Mr Jackson hätte eine Warze auf seinem Geschlechtsteil. Weiß ich doch gar nicht. Ich hab bloß gesagt, es *fühlt sich an* wie eine Warze.«

Ich hatte in meinem Leben keine Vorbilder dafür, wie man Privates offenbart. Reglos und aufrecht stand ich da.

»Schwester, stell deine Seite dar« wiederholte Joe. »Warum findest du unseren Bruder als Ehemann unmöglich?«

Ich blickte Joe an, dann meine heißgeliebten Freundinnen, die Vus zur Seite stehen sollten. Bahnti, Kebi und Margaret kannten alle meine Vorwürfe, unzählige Male hatte ich mich in ihren Armen ausgeheult und ihnen den Kopf in den Schoß gebohrt. Jetzt saßen sie mit unbewegter Miene da, als wären wir Wildfremde. Ich drehte mich dem Trüppchen zu, das in meinem Namen hier saß. Deren Gesichter waren ebenfalls kalt, fremd und ohne Mitgefühl. Wieder einmal war ich allein – andererseits, Schwarz war ich schon, also brauchte ich höchstens noch zu sterben.

»Der Mann stopft sein Ding in jedes Loch, das er finden kann. Ich bin ihm treu, er mir nicht«, sagte ich.

In meinem Team wurde Gehüstel laut, und in Vus' Trupp rappelte und räusperte es sich.

»Ich reiß mir den Arsch auf wie ein Sklave.« (Afrikanerinnen nahmen in gemischter Gesellschaft praktisch nie unflätige Wörter in den Mund, aber ich war ja strenggenommen keine Afrikanerin, außerdem hatten sie sich ja versammelt, um mich anzuhören, und ich war eben Schwarze Amerikanerin. Die Sklaverei in Gegenwart von Afrikanern aufs Tapet zu bringen, war natürlich ein Trick. Ihre Vorfahren waren entweder davongekommen oder hatten über den Preis meiner Vorfahren verhandelt, das wussten sie so gut wie ich, und es verschaffte mir einen kleinen Vorteil.)

»Ich bringe das Geld nach Hause. Um zehn Uhr morgens gehe ich ganz allein ins Funkhaus, um einen Beitrag einzulesen, und dafür bekomme ich ein Pfund. Vus gibt Geld aus, als wären wir reich. Von mir erwartet er Treue, und wenn er nach Hause kommt, stinkt er nach billigem Parfüm und Nuttenfotze.« Das Wort hatten sie womöglich noch nie gehört, aber jeder verstand es.

Ich genoss das unbehagliche Geraschel. Sie hatten mich gefragt und ich hatte geantwortet.

Joe Williamson klatschte in die Hände. »Gut, Schwester Maya hat gesprochen. Vus' Verteidigung möge sich nun äußern.« Im Nu wurden Fragen auf mich abgefeuert.

»Hast du dich rein gehalten?«

»Verweigerst du deinem Mann die ehelichen Rechte?«

»Du bist ja Amerikanerin. Wie gut kannst du denn afrikanisch kochen?«

»Fluchst du und benimmst du dich unziemlich?«

»Versuchst du, deinen Mann zu dominieren?«

»Drängst du ihn zum Sex, wenn er müde ist?«

»Gehorchst du ihm? Hörst du ihm gut zu?«

Ich beantwortete jede Frage offen und mit einer Portion Frechheit. Je früher sie mich bezwangen, desto früher hätte dieses seltsame Ritual ein Ende, und ich wäre frei oder bekäme, was immer sie als gerechte Strafe empfanden.

Als ich alle Fragen beantwortet hatte, wandte sich Joe meiner Mannschaft zu. Deren Verhör von Vus war schwach und mutlos.

»Liebst du sie?«

»Hast du für sie gesorgt?«

»Befriedigst du sie?«

»Sie hatte schon ein Kind, als sie zu dir kam. Hast du versucht, ihr noch mehr Kinder zu schenken?«

»Begehrst du sie?«

Vus antwortete leise und ehrlich.

Als er fertig war, bestellte Joe für alle Drinks, und es gab eine kleine Pause, in der alle mit ihren frischen, eisgekühlten Gläsern in der Hand sitzenblieben.

Dann begann Joe, auf dem freien Fleck Fußboden auf und ab zu stolzieren – elegant, bestimmt, maskulin.

»Mir scheint, Brüder und Schwestern, dass Maya im Recht ist. Ihre Einwände sind stärker als die Antworten unseres Bruders. Ich würde sagen, in diesem Palaver ist unser Bruder der Verlierer.«

Er wandte sich an Vus' Unterstützergruppe.

»Stimmt ihr mir zu?« Allgemeines Nicken, und dann kehrte zum ersten Mal an diesem Abend in die Gesichter meiner Vertrauten ein freundliches Lächeln zurück.

Joe baute sich vor Vus auf, nur eine Armeslänge entfernt.

»Bro Vus, es wurde beschlossen, dass du im Unrecht bist und Schwester Maya im Recht. Stimmst du uns zu?«

Vus senkte beipflichtend den Kopf.

Joe nahm Vus' Einverständnis mit einer Verbeugung entgegen und sprach weiter.

»Du musst allen, die sich heute hier versammelt haben, zu trinken geben. Du musst ein Lamm oder eine Ziege bringen, die wir zerhacken und verteilen werden.« Brüllendes Gelächter, das sich jedoch sofort wieder legte, als Joe fortfuhr: »Und unsere Schwester hat das Recht, dich zu verlassen.«

Schweigen legte sich auf die Schultern der Zuhörenden, trudelte hernieder wie Dunst.

Joe blickte zu mir. »Schwester, du hast dich tapfer geschlagen. Du hast ein afrikanisches Palaver überstanden und es gewonnen. Du darfst jetzt gehen.«

Ich war wie ausgewrungen von dem Ritual und nicht besonders beglückt über Joes Feststellung, dass ich jetzt das Recht hätte zu gehen. Ich hatte nicht gedacht, dass ich dafür jemand anders um Erlaubnis bitten müsste.

Joe trat so nahe vor mich hin, dass ich das Weiß in seinen Augen sehen konnte.

»Und nun, Schwester, nun, da du den Triumph in Händen hältst, nun, da Menschen aus sechs Ländern übereingekommen sind, dass du deinen Mann verlassen darfst, ohne dass dich irgendeine Schuld trifft. Nun in deiner Position der Stärke werfen wir uns vor dich hin.« Jubelndes Gelächter in der Gruppe.

»Wir bitten dich, hoch oben auf deiner Zinne der Gerechtigkeit, gibst du diesem Mann noch mal eine Chance?«

Ich blickte zu Bahnti, die mich mit einem Nicken ermunterte. Kebi schenkte mir ein kleines Lächeln, Margaret Young, meine nigerianische Freundin, hob ihre perfekt geschwungenen Augenbrauen. Ein Ja war gefragt. Ich wusste noch gar nicht, wo ich hinwollte, ich hatte kein Abreisedatum, und wenn Joe recht hatte, was vermutlich der Fall war, hätte mein Name, falls ich jetzt Gnade walten ließ, in Afrika einen goldenen Klang.

»Bleib noch ein halbes Jahr. Schwester, gib dem Mann ein halbes Jahr.«

Ich sah Vus an. Er war nervös. Seine Bedenken hatten weniger mit mir zu tun als mit seinem Ruf, das war mir klar. Er hatte mich nie wissend oder absichtlich schlecht behandelt. Ich konnte noch ein halbes Jahr bei ihm bleiben.

»Ich bleibe«, sagte ich.

Stühle scharrten über den Boden. Vus nahm mich in die Arme und sagte: »Du bist eine großzügige Frau. Meine Frau.«

»Und jetzt wird gefeiert!«, rief Joe Williamson. »Auf das gemästete Kalb warten wir noch, aber jetzt trinken wir und feiern die Wiedervereinigung unseres Bruders und unserer Schwester. Ein Toast auf Mutter Afrika, die alle ihre Kinder braucht.«

19

Guy schloss die Highschool ab, griff sich dann einen Rucksack und machte mit ägyptischen Freunden einen Treck durch die Sahara. Meine Freundschaft zu Kebi und Bahnti wurde enger. Im Büro wurden weitere Frauen eingestellt, von denen etliche meine Anwesenheit unpassend und unzumutbar fanden. Ich sprach nur gebrochen Arabisch, rauchte in der Öffentlichkeit, war keine Muslimin und noch dazu Amerikanerin. An dem Tag, als Präsident Kennedy und Chruschtschow ihre Auseinandersetzung über die Unabhängigkeit Kubas hatten, in den Stunden, als der nächste Weltkrieg über unseren Köpfen schwebte wie ausstehende Schulden, sprach kein Mensch mit mir. Die männlichen Angestellten ignorierten mich, als wären wir per Zeitmaschine wieder an meinem ersten Tag beim *Arab Observer* gelandet, die Frauen verhielten sich offen feindselig. Wenn sie mir Papiere an den Schreibtisch bringen mussten, ließen sie das den Kaffeekellner oder den Kopierjungen erledigen. Was Menschen Tausende von Meilen weit weg taten, Männer, die von meiner Existenz nichts ahnten und von denen ich Verständnis nie erwartet hätte, raubte mir den Seelenfrieden und machte mich zur hassenswerten Figur. Kennedy war Amerikaner, ich auch. Mir fehlte die Sprache, um zu erklären, dass man als Schwarze Amerikanerin etwas qualitativ anderes war als eine weiße Amerikanerin. Ich machte mir Sorgen wie alle und ließ mich im Büro möglichst selten blicken.

Vus gab sich Mühe, und ich auch, aber weder er noch ich konnten unserer welken Ehe einen Schuss Leben verpassen. Er nahm immer mehr zu, ich immer mehr ab. Die Matratze, auf die wir uns betteten, nahm immer mehr den Namen Gleichgültigkeit an, und so verkam unsere Sexualität zu bloßem, unschönen Gerubbel.

Ich hatte versprochen, ein halbes Jahr zu bleiben, und für unser beider Gefühl wurde die Zeit lang.

Bahnti und Kebi schickten ihre Fahrer mit Lebensmitteln und kistenweise Alkoholika zu mir. Auf Zetteln daran stand dann, sie hätten zu viel bestellt oder einfach keinen Platz im Haus dafür.

Ich wurde mehr und mehr abhängig von unserer Freundschaft. Fast jeden Abend verbrachte ich mit der einen, der anderen oder gar beiden. In unseren Unterhaltungen ging es um amüsante Geschichten von ihnen zu Hause, von ihren Familien, von den Männern, die sie liebten, von einem gnädigen Gott und manchmal von ihren heimlichen Fantasien. Der Name Vus fiel nie.

Nach fünf Monaten dachte ich allmählich über meine Zukunft und einen Studienplatz für Guy an einer afrikanischen Hochschule nach. Die Universität von Ghana galt als beste höhere Lehranstalt des Kontinents, allerdings bräuchte ich schon sehr viel Glück, um ihm einen Platz dort zu besorgen, denn ich hatte in Ghana keine Kontakte – aber immerhin Joe Williamson als Bruder. Ich besuchte ihn.

»Joe, ich gehe weg.«

Er zeigte sich nicht überrascht.

»Ich möchte nach Westafrika. Ich würde Guy gern an der Universität von Ghana einschreiben, und ich brauche einen Job.«

Er nickte.

»Und ich brauche deine Hilfe.«

Wieder nickte er und sagte, er hätte meine Entscheidung schon vorausgeahnt und Vorsorge getroffen. Auf ein White Paper zu Liberia hin, das ich für die Vereinigte Arabische Republik geschrieben hatte, hätte sich eine Stelle beim liberianischen Informationsministerium aufgetan. Er stand auf und umarmte mich.

»Schwester, du wirst eine Bereicherung für Liberia sein.«

Vus nahm die Nachricht von meiner Abreise mit unverhohlener Erleichterung entgegen. Wir hatten unsere Ehe aufgetragen, bis sie in Fetzen hing, und es wurde Zeit, sie wegzuwerfen. Er wollte uns Tickets bei den United Arab Airlines besorgen, er habe Freunde in Ghana, bei denen wir ein paar Tage wohnen könnten, und wenn ich je in Schwierigkeiten sei, könne ich immer auf ihn zählen. Die – inzwischen abbezahlten – Möbel könne ich alle nach Liberia schicken lassen.

Ich dankte ihm für das Flugarrangement und lehnte das Möbelangebot ab. Andere Frauen würden in unserer Wohnung sein, bevor meine Laken ausgekühlt wären, da machte ich mir keine Illusionen. Er grinste und umarmte mich.

Guy hatte ich ins Vertrauen gezogen, soweit das bei einem stolzen, distanzierten Siebzehnjährigen möglich ist. Er hatte natürlich mitbekommen, dass ich das ganze letzte Jahr unglücklich war. Nach dem Palaver hatte ich ihm gesagt, dass wir mindestens noch ein halbes Jahr in Kairo bleiben würden, er hätte also Zeit, seine Schule zu beenden.

Er wollte eine Party geben und alle Freunde einladen. Ob Vus und ich ihm die Wohnung für ein paar Stunden überlassen würden? Ob Omanadia Huhn und Lamm mit Reis nach ihrem Spezialrezept kochen würde? Vielleicht könnte er sich von den Williamsons ja Platten ausleihen, und eigentlich könnte er doch auch ein bisschen Bier servieren, oder? Seine plötzliche Unbeschwertheit machte mir deutlich, wie sehr er unter unserem freudlosen Zuhause gelitten haben musste. Es war lange her, merkte ich, dass ich dieses breite unschuldige Lächeln oder seine schönen dunklen Augen so strahlen gesehen hatte.

Bahnti und Joe veranstalteten eine Abschiedsparty für uns, Kebi und Jarra kochten ein authentisches äthiopisches

Gericht für eine ganze ausgelassene Gesellschaft, David Du Bois führte uns alle in ein opulentes Restaurant in der Nähe der Pyramiden aus. Mit Hanifa Fathy und ihren Freundinnen traf ich mich zu einem Abschieds-Lunch, und schließlich kam der Tag, an dem wir Kairo verlassen würden.

Auf dem Flug nahm Guy meine Hand und flüsterte mir zu: »Es wird alles gut, Mom. Nicht weinen. Ich hab dich lieb, Mom. Und ganz viele andere Menschen auch.«

Ich versuchte erst gar nicht, ihm zu erklären, dass ich nicht aus Mangel an Liebe traurig war, und ganz bestimmt nicht über den Verlust an Zuneigung von Vus. Ich betrauerte meine Vorfahren. Ägypten war für mein Gefühl nie richtig Afrika gewesen, aber jetzt, da unsere Route uns über die Sahara führte, sah ich von meinem Fensterplatz aus hinunter auf Bäume und Büsche, Flüsse und dichten Wald. Und hier hatte alles begonnen. Das Elend bitterarmer Kinder, die in rattenverseuchten Mietskasernen oder Autoleichen schlafen mussten. Das gruselige Ächzen meiner Großmutter: »Brot des Himmels, Brot des Himmels, erquicke mich, bis ich satt bin.« Die Tage im Drogennebel und Nächte im Alkoholrausch von Männern, für die es von Anfang an keine Hoffnung gab. Die Einsamkeit von Frauen, die nie Wertschätzung oder auch nur ein Gramm Achtung erfahren würden. Hier, dort, an den Ufern dieses Flusses wurde jemand eingefangen, mit Stricken gefesselt, in Ketten gelegt und gezwungen, mit der doppelten Bürde abgrundtiefer Angst und eines eisernen Rings um den Hals wochenlang zu marschieren. In dieser großen Baumgruppe, aus der großen Höhe vom Flugzeug aus wie Moos anzusehen, waren Jungen und Mädchen gejagt worden wie Tiere, aneinandergefesselt wie Tiere – Opferlämmer auf dem Altar der Gier. Hier unten hatten sie begonnen, Amerikas Zeiten der orgiastischen Lynchmorde, hier, in der riesigen Savanne unter mir.

Jedes Übel, das mir zu Hause widerfahren war, jeder hasserfüllte Blick in einem weißen Gesicht, jede abscheuliche Ablehnung aufgrund meiner Hautfarbe, der Spott, die Entmündigung, die Klagen und das laute Geheule um eine verlorene Welt, um eine nicht wiederzuerlangende Sicherheit, die ganze lange, beschwerliche Reise ins Unglück, die noch immer andauerte, hatte hier unter unserem Flugzeug begonnen. Ich weinte. Guy stand von Zeit zu Zeit auf und brachte mir frische Taschentücher, aber ich traute mich nicht, ihn an meinen Gedanken teilhaben zu lassen. Ich gab keinen Laut von mir. Wenn ich den Mund aufmachte, bekam ich ihn womöglich nicht wieder zu – Schreie würden durch die Luft gellen, und ich würde durch die Gänge rasen wie eine Besessene.

Ich krampfte die Lippen aufeinander, bis sie am Saum fast verschmolzen, und erlaubte mir als einzigen Gefühlsausdruck die warmen Tränen, die mir die Wangen hinunterrannen wie Honig.

Der Flughafen in Accra klang wie ein Spielplatz für Erwachsene und sah aus wie ein Fest. Einzelne Reisende in westlichen Anzügen oder Kleidern, die auch in New York als modern gegolten hätten, standen inmitten von Horden von Glückwünschenden, eingehüllt in Blumendrucke oder die üppigen geometrischen Muster des *Kente cloth.* Sprachen verwandelten die Luft in herzhafte Klangwolken voller Leben. Der Anblick von so vielen Schwarzen Menschen rührte an meine tiefsten Emotionen. Zu lange war ich von den Farben abgeschnitten gewesen. Guy und ich grinsten uns zu und sahen auf einmal etwas, das uns erstarren ließ. Drei Schwarze Männer in Airline-Uniformen gingen an uns vorbei, mit Schirmmützen, weißen Hosen und Jacketts, die vor Epauletten nur so starrten. Schwarze Piloten? Schwarze Flugkapitäne? Wir schrieben das Jahr 1962. In unserem Heimatland, der Wiege der Demokratie, dessen Nationalhymne sich brüstete, »Land der Freien, Heimat der Tapferen« zu sein, tauchten Schwarze am Flughafen nur auf, um Flugzeuge zu betanken, Kabinen zu putzen, Bordmenüs einzuladen oder sich als Gepäckträger ein Trinkgeld zu verdienen. Guy stieß mich an, denn weiter hinten lief noch mal ein Grüppchen von Afrikanern in Uniform seelenruhig auf das Gate zu, das zur Rollbahn führte.

Ghana war genau der Ort, an dem mein Sohn aufs College gehen sollte. Mein *toby* (bei Schwarzen in den Südstaaten das Wort für Glücksbringer) hatte »den richtigen Riecher« gehabt. Guy konnte nun seinen Verstand schärfen und seine Fähigkeiten schulen, ohne dass ihn rassistische Diskriminierung behinderte.

Auch am Zoll freuten wir uns wie die Kinder, dass unser Gepäck einfach von Schwarzen kontrolliert wurde. Der Taxifahrer war Schwarz. Die dunkle Nacht kam mir freundlich vor, und immer, wenn die Taxischeinwerfer einen Fußgänger streiften, kam ein Schwarzes Gesicht zum Vorschein. Als wir schließlich bei der Adresse ankamen, die Vus mir mitgegeben hatte, hatte sich ein Knoten in meinem Bauch gelöst, der mich gedrückt hatte, so weit ich zurückdenken kann. Seit mehr als einer Stunde hatte ich kein einziges weißes Gesicht gesehen. Es war ein leichtes und ausgesprochen eigenartiges Gefühl.

Vor einem weitläufigen weißen Bungalow, der in der schwarzen Nacht etwas fluoreszierend Unheimliches hatte, hielten wir an. Auf Guys Klopfen hin kam ein kleiner, reservierter Mann an die Tür. Er bat uns herein und stellte sich als Walther Nthia vor, und nachdem er uns beide umarmt hatte, führte er uns in Räumlichkeiten auf der Rückseite des Hauses. Ich gesellte mich schnell wieder zu ihm ins Wohnzimmer, um ihm zu versichern, dass wir nicht lange bleiben würden. Ich würde nicht länger als eine Woche brauchen, um die College-Formalitäten für meinen Sohn zu erledigen und ihm ein Zimmer auf dem Campus zu besorgen, und dann müsse ich ohnehin weiter nach Liberia, wo ein Job im Informationsministerium auf mich wartete.

Walter erwiderte, Bro Vus sei der Stolz des PAC, und mir eile mein Ruf auch voraus. Wir könnten so lange bleiben, wie es nötig sei. Er war Wirtschaftswissenschaftler und arbeitete für die Ghanaische Regierung, war geschieden und lebte allein. Er gebe nicht oft Gesellschaften, aber für den Abend habe er ein paar Südafrikaner und in Ghana lebende Schwarze Amerikaner als Begrüßungskomitee für uns eingeladen.

Die Gäste kamen alle auf einmal. Ein großer schmaler Yoruba mit seiner kanadischen Frau, die als Richard und Ellen vorgestellt wurden, ein Südafrikaner, dessen Name ich nicht entschlüsseln konnte, und drei Schwarze aus Amerika. Frank mit seiner kupferfarbenen Haut, seinem Zahnlückenlächeln und seinen munteren Augen umarmte uns gleich wie Verwandte; Vicki Garvey, klein und hübsch, das schwarze Haar in weichen Locken, hatte einen festen Händedruck und eine direkte Art; und bei Alice Windom ging mir vom ersten Moment an das Herz auf. Sie hatte einen Midwest-Akzent und ein hüstelndes Lachen; ihre Haut war dunkelbraun, wie schwarz gepudert, und ihr Blick unerschrocken.

Außerdem hatte sie die schönsten Beine, die ich je gesehen hatte.

Wir tranken den mitgebrachten Gin, und ich erzählte von Ägypten. Dabei fiel mir auf, dass ich mich durch meine Freunde und meinen Mann in Liberia, Südafrika und Tansania eigentlich besser auskannte als in Kairo. Politik interessierte alle, und wenn sie von Kwame Nkrumah sprachen, dem Präsidenten von Ghana, dem Osagyefo, bekamen sie leuchtende Augen und überschlugen sich vor Komplimenten.

»Warum gehen Sie denn nach Liberia? Da ist doch nichts los. Bleiben Sie lieber in Ghana.« Alices Einladung wurde allgemein bekräftigt.

»Genau. In Ghana spielt die Musik.«

»Kwame Nkrumah Mann vor Mann, Eisen durch Eisen.«

Guy kapierte sofort und erklärte: »Er ist ein Mann, der andere Männer übertrumpft, und ein Eisen, das so stark ist, dass es Eisen durchschlägt.«

Frank klopfte Guy auf die Schulter. »Schlaues Kerlchen, kleiner Bruder. Immerhin du bleibst hier, da bin ich schon froh.«

Vickie fragte, ob ich Julian Mayfield kennen würde und ob ich wisse, dass er mit seiner Frau in Accra lebte. Julian, James Baldwin, Rosa Gray, John Killens und ich hatten bei Paule Marshall in New York oft ganze Nächte hindurch diskutiert, getrunken, gejauchzt und gejammert.

Alice verkündete, dass ich am nächsten Abend bei Julian eingeladen sei.

Richard und Ellen trugen wenig zur allgemeinen Unterhaltung bei, außer dass sie Guy und mich zu einem Picknick am übernächsten Tag einluden; die anderen kämen auch. Der Mann hatte mich allerdings herzlich wenig bezaubert, und seine Frau war trocken wie altes Brot. Ich lehnte dankend ab, wir seien zu müde. Das ließ Guy nicht so stehen. »Mutter spricht hier für sich, ich komme gerne.«

Der ganze Raum inklusive meiner Wenigkeit begriff, dass ich mich danebenbenommen hatte. Mein Sohn überragte alle anderen im Raum, war außerdem fast erwachsen, und ich hatte ihn behandelt wie ein Kleinkind. In der sich ausbreitenden Stille verabredeten Richard, Ellen und Guy, dass die beiden ihn frühmorgens abholen würden. Mitbringen brauche er nichts, er solle nur bereit sein.

Frank versprach, uns am nächsten Tag abzuholen und zu Julian zu fahren. Als die Gäste weg waren, spürte ich einen neidischen Stich. Sie befanden sich alle zu einer aufregenden Zeit in einem aufregenden Land. Kwame Nkrumah war der Held Afrikas. Er hatte den Marxismus mit dem angestammten afrikanischen Sozialismus vermählt und war bei Schwarzen auf der ganzen Welt so beliebt wie bei weißen Machthabern verhasst und gefürchtet. Aber Joe Williamson hatte sich nun mal für mich und meinen Job in Monrovia ins Zeug gelegt, außerdem hatte ich ihm mein Wort gegeben, dass ich dorthin gehen würde und er stolz auf mich sein könnte.

Julian Mayfield sah so gut aus, dass man als junge Frau Herzklopfen bekam. Er war groß und breitschultrig, Schwarz, geistreich, attraktiv und verheiratet. Anna Livia Cordero Mayfield war eine kleine, dunkeläugige puerto-ricanische Ärztin mit einem Eigensinn wie eine Lokomotive auf Abwegen.

Unser Wiedersehen gestaltete sich stürmisch. Wir erzählten uns die alten Geschichten und tauschten neue Storys aus. Anna Livia gab mir Namen an der Universität, Julian versprach, mich dorthin zu begleiten. Der Abend endete mit

Gelächter darüber, wie Julian die amerikanischen Behörden ausgetrickst und auf verschlungenen Pfaden erfolgreich Asyl in Afrika beantragt hatte. Guys wichtigtuerische Bemerkungen kamen bei den Leuten gut an, wenn auch weniger bei mir, und Julian meinte, ich könne ruhigen Gewissens nach Liberia gehen, er würde schon ein Auge auf meinen Sohn haben. »Hör mal, Junge«, fuhr er fort, »in Ghana nennen die jungen Leute jeden Menschen, der ein halbes Jahr älter ist als sie, *Auntie* oder *Uncle*. Ich kümmere mich um dich, aber wehe, du Riesenlulatsch mit dem großen Mundwerk nennst mich je ›Onkel Julian‹. Ich bin dein großer Bruder, alles klar?« Wir umarmten uns lachend zum Abschied und verabredeten uns für die nächsten Tage.

Frank setzte uns bei Walter ab. Guy und ich wünschten uns knapp eine gute Nacht, denn ich war ganz und gar nicht amüsiert von seiner großspurigen Einmischung, und ihm hatte mein Missfallen missfallen.

Als ich am nächsten Morgen aufwachte, war das Haus leer. Richard und Ellen hatten Guy zu ihrem Picknick abgeholt, und Walter war schon unterwegs.

Ich sortierte Guys Klamotten aus, legte zur Seite, was man flicken konnte und was nur noch zum Staubwischen taugte. Seine zwei guten Anzüge hängte ich auf, damit sie für die Termine an der Uni knitterfrei waren. Aus meinem Koffer packte ich nur zwei Kleider und die Unterwäsche aus, denn ich blieb nur so kurz, da hob ich die edlen afrikanischen Gewänder, die Bahnti mir geschenkt hatte, lieber auf. Sie hatte Stein und Bein geschworen, dass ich in der liberianischen Gesellschaft damit als Liberianerin durchgehen würde.

Ich kochte, aß, faltete Wäsche und las die Titel in Walters Bücherregal, bis es dunkel wurde.

Gegen sechs Uhr beschlich mich allmählich ein ungutes Gefühl, als hätte ich eine Verpflichtung vergessen oder aus Versehen etwas von Wert zertreten. In der Küche stieß ich auf Walters Ginflasche. In Gesellschaft trank ich gern mal etwas, allein eher nicht. Ich schenkte mir ein kleines Marmeladenglas randvoll mit Gin ein.

Es klingelte. Alice Windom stand vor der Tür, hinter ihr Frank.

»Hi Maya, anscheinend sind wir die Ersten. Die anderen kommen auch gleich.« Ich bat die beiden herein und schenkte Saft aus, da weder sie noch er Alkohol tranken. Mein leeres Ginglas goß ich wieder voll.

Wir saßen ganz entspannt im Wohnzimmer. Frank, der den Blick kaum von Alices Gesicht, Figur oder Beinen wenden konnte, erzählte bruchstückhaft von dem Picknick.

»Massig zu essen. Gute Sachen. Oder, Alice?«

Sie lächelte schwach.

»War lustig, hat Spaß gemacht. Oder, Alice?«

Sie grimassierte noch einmal gutmütig, ins Blaue hinein.

»Wann meint ihr, dass Guy nach Hause kommt?«

»Wir haben sie bei Winneba überholt«, sagte Alice. »Richard hat zu viel getrunken, deshalb saß Guy am Steuer. Sie mussten in den nächsten paar Minuten hier sein.«

Mein Verstand sortierte sich. Wenn Guy selber fuhr, dann war alles in Ordnung. Er hatte seine ersten Fahrstunden in einem uralten Citroën im Gewühl der Kairoer Straßen absolviert; er konnte mit einem Auto umgehen.

Reifenquietschen in der Einfahrt.

»Da sind sie«, sagte Alice.

Unbeeindruckt von den Ozeanen zwischen uns meldete sich der alte *toby* aus Arkansas. Ich sprang auf, holte Guys

Pass aus seinem Zimmer, dann meinen von gegenüber und etwas Geld und wartete, bis Alice die Tür geöffnet hatte.

Gemurmel drang durch den Korridor. Plötzlich eine Stimme.

»Wo ist seine Mutter? Seine Mutter muss doch hier sein?«

Ich schob mir unsere Pässe und die englischen Pfund in den BH und ging nach vorn. Im Wohnzimmer stand Ellen, zerzaust und blutüberströmt. Als sie mich sah, stieß sie einen Schrei aus.

»Maya, es war nicht unsere Schuld. Sonst ist niemand verletzt, außerdem lebt er ja noch.« Ich verstand jedes Wort und die Absicht hinter ihren hysterischen Satzfetzen und ging weiter, bis ich ihr direkt ins blutverschmierte Gesicht blickte. Wo ich herkomme, ist man Gewalt gewohnt, und Verluste sind üblich.

»Wo ist mein Sohn, Ellen? Ich muss sofort zu ihm.« Ich legte dieselbe Beherrschung in meine Stimme wie meine Großmutter, wenn sie von einem Lynchmord gehört hatte.

Ellen heulte sich an Alices Schulter aus. »Im Korle-Bu-Krankenhaus. Aber er hat noch geatmet, ich schwör's.«

Im Auto bat ich Ellen, mit dem Gewinsel aufzuhören. Es ging weder um ihr Leben noch um ihren Sohn. Wir fuhren so schnell wie möglich zum Krankenhaus und in einer Stille, die nur von Ellens gelegentlichem Schniefen unterbrochen wurde.

Die Notaufnahme im Korle Bu war schmerzhaft hell erleuchtet. Ich marschierte los und fand mich in einem weißen Tunnel wieder, an dessen Ende ein einziges besetztes Rollbett an der Wand stand. Als ich dort war, lag mein Sohn in voller Länge ausgestreckt unter einem weißen Laken, seine sattgoldene Haut aschgrau, die Augen geschlossen und der Kopf in einem sonderbaren Winkel.

Ich wand mich von Alice los und befahl Ellen, ihr bescheuertes Geschniefe sein zu lassen. Als die beiden zurückwichen, hatte ich freien Blick auf meinen Sohn, mein einzig wahres Leben. Mit siebzehn hatte ich ihn zur Welt gebracht. Als er zwei Monate alt war, zog ich mit ihm von meiner Mutter weg, und bis auf ein Jahr, das ich ohne ihn in Europa verbrachte, und einen Monat, als er von einer geisteskranken Frau entführt worden war, hatten wir unser Leben zusammen verbracht. Mein ganzes Erwachsenenleben lag ausgestreckt auf diesem Bett vor mir, steif wie ein Sargbrett, in einem fremden Land, das Gesicht blutverkrustet, die Kleider blutgetränkt.

Richard packte mich von hinten an den Schultern. Ich fuhr herum und wäre fast erstickt an der Whiskeyfahne vermischt mit dem Gestank nach schlechten Zähnen.

»Maya, es war nicht meine Schuld.«

Er lallte und sabberte. Meine Beherrschung war dahin. Ich wollte ihm an die Gurgel, an die Augen, die Nase, aber noch bevor meine Hände ihn erreichten, streichelten mir Hände über den Rücken, legten sich auf meine Hüften.

»Schwester, bitte. Üb Geduld.«

Ein fremdes Ehepaar stand hinter mir, alt und mit weisen, liebevollen Gesichtern.

»Ist das dein Sohn?« Ich nickte. »Schwester, wir haben ihn am Straßenrand gefunden und ins Korle Bu gebracht.«

Ihre Freundlichkeit brach meinen Panzer auf. Ich brüllte los und sie schlossen mich in die Arme. »Schwester, schau doch. Er atmet.«

Sie zwangen mich hinzusehen, wie seine Brust sich langsam und im Rhythmus hob und senkte.

»Schwester, bitte danke Gott.« Die Frau hatte mich immer noch um die Hüften gefasst, der Mann hielt meine Hände.

»Ein Lastwagen hat ihn angefahren. Das Auto blieb stehen, der Motor ging aus. Sonst wäre dein Sohn tot.«

»Wir kamen, da hatten die anderen Leute im Auto ihn herausgezogen und an den Rand gelegt.«

»Wir haben das Autowrack gesehen, da haben wir ihn nach Korle Bu gebracht.«

»Jetzt danke Gott, dass er am Leben ist.«

Ich blickte hinüber zu meinem bewusstlosen Sohn und sagte: »Ich danke Gott. Und ich danke euch.« Das Paar umarmte mich und trat zu meinem Sohn ans Bett. Eine Krankenschwester tauchte auf. »Wer ist hier verantwortlich?«

»Ich. Ich bin seine Mutter.«

Sie war effizient und ohne Zartgefühl. »Sie sind beide Schwarze Amerikaner?« Ich nickte, mit der Frage im Hinterkopf, ob unsere Herkunft in Ghana wohl dieselben negativen Auswirkungen hätte wie unsere Hautfarbe in unserem Heimatland. Die Schwester rasselte ihre Litanei herunter. »Wir müssen ihn röntgen. Einer unserer Röntgenassistenten ist auch Schwarzer Amerikaner. Ich rufe ihn an, aber erst müssen Sie Ihren Sohn am Empfang aufnehmen lassen und an der Kasse bezahlen.«

Guy sollte nicht unbeaufsichtigt auf dem Korridor herumliegen. Ich blickte mich nach dem ghanaischen Ehepaar um, aber es war verschwunden.

»Ich bleibe bei ihm, Maya.« Alice legte mir die Hand auf den Arm. Sie blickte gerade feierlich genug, um mich wissen zu lassen, dass es ihr ernst war, aber nicht so tragisch, dass sie meine Hysterie noch verstärkt hätte.

Ich brachte die Aufnahme hinter mich und eilte hinter

einer Menschenschlange her, die dem Rollbett mit meinem Sohn folgte. Der Röntgenassistent und ich machten uns miteinander bekannt, und er schob Guys Liege vor eine Tür.

Wir traten ein. Der besoffene Richard, seine lautstark zerknirschte Frau, Alice und noch ein paar fremde Gestalten lümmelten an der Wand. Der Röntgenassistent schickte alle weg außer Alice und mir.

»Ich brauche jemanden, der ihn umpositioniert und festhält. Er ist bewusstlos, und ich muss seinen ganzen Körper röntgen.«

Alice und ich schoben Guys willenlosen Körper auf eine weitere Liege. Wir drehten ihn um, legten ihm die Arme ordentlich an die Seiten, arrangierten seine Beine, betteten seinen Kopf um, bis jeder Zentimeter seines Körpers dem unheilvollen Röntgenauge ausgesetzt war. Dann schoben wir ihn wieder auf seine Rollliege, und ich bat den Röntgenassistenten um ein Wort.

»Wie lange wird er noch bewusstlos sein?«

»Das kann ich Ihnen nicht sagen. Ich glaube, er hat einen Schock, aber vielleicht liegt er auch im Koma. Die Bilder sind morgen fertig. Kommen Sie vormittags wieder. Vielleicht wissen wir da schon was.« An der Tür wurden wir von zwei Schwestern empfangen, die Guy rasch wegschoben. Ich wollte ihnen schon nachlaufen, aber Alice hielt mich auf.

»Lass sie. Sie wissen am besten, wie sie es ihm bequem machen. Das ist ihr Beruf.«

Ich blickte dem Bett nach, mit dem der mir am nächsten stehende Mensch auf der Welt verschwand.

Zurück in Walters Haus machte ich mir eine Kanne Kaffee und trank eine Tasse nach der anderen, die kochend heiße Flüssigkeit mit Gin auf Trinktemperatur gebracht. Alice fuhr nach Hause, Walter ging irgendwann ins Bett, und am nächsten Morgen suchte ich mir in aller Herrgottsfrühe ein Telefonbuch und rief ein Taxi.

Am helllichten Tag wirkte das Krankenhaus wie eine ganz normale Klinik. Man wies mir den Weg zu Guys Zimmer, er erkannte mich, und meine Lebensgeister erwachten.

»Hi Mom, was ist passiert?«

Seine Stimme war schwach und seine Haut blass wie eine Gewächshauszitrone.

Ich erzählte ihm von dem Unfall, aber noch bevor ich fertig war, hatte er das Bewusstsein schon wieder verloren. Eine Stunde lang blieb ich an seinem Bett sitzen und versuchte, ihn innerlich zum Aufwachen zu bewegen, strich ihm immer wieder mit dem Kopfkissenzipfel übers Gesicht. Was, wenn er sterben würde, wie sollte ich dann bloß weiterleben, wo könnte ich hin, wofür würde es sich lohnen zu leben?

Draußen vor seinem Zimmer nahm mich ein Arzt in Empfang.

»Sie sind Mrs Angelou?« (Ich hatte den Anmeldebogen mit meinem alten Namen ausgefüllt.)

»Ja, Herr Doktor, wie geht es ihm? Wird er überleben?«

»Er hat einen gebrochenen Arm, eine Beinfraktur und möglicherweise innere Verletzungen. Aber er ist jung. Ich glaube schon, dass er durchkommt.«

Ich blieb den ganzen Tag bei Guy im Zimmer und sah zu, wie er immer wieder aufwachte und wegsank. Wenn ich irgendwann ein Taxi zu Julian nahm, dann nur, weil die Schwestern mich explizit aufgefordert hatten zu gehen. Die Besuchszeiten waren angeschlagen, und alle musste sich daran halten.

Anna Livia öffnete, und ich sank ihr in die Arme. Sie hatte

von dem Unfall gehört, und als sich meine Hysterie allmählich legte, sagte sie, sie sei zwar am Korle Bu nicht tätig, aber sie würde noch am selben Abend bei Guy vorbeischauen. Ich solle mich in der Zeit ausschlafen. Sie fuhr mich bei Walter vorbei. Die Tür zu Guys Zimmer starrte mich unheilschwanger an, trotzdem klopfte ich und erhoffte mir insgeheim ein »Ja, Mom, bin grade noch beschäftigt, komm aber gleich«.

Ich wandte mich um und setzte mich auf mein Leihbett. Dann merkte ich erst wieder etwas, als mich Walter an der Schulter rüttelte. »Schwester Maya. Schwester, Dr. Codero ist am Telefon.«

Ich folgte ihm wie in Trance. Weder kannte ich eine Frau Dr. Codero noch diesen Menschen, der mich geweckt hatte, noch dieses Haus, durch dessen Korridor ich torkelte.

»Guten Tag. Hier Maya Angelou.« So förmlich meldete sich Vus immer am Telefon, mit seinem vollen Namen.

»Maya, ich bin's, Anna Livia. Ich habe noch mal Röntgenbilder machen lassen. Ich bin jetzt im Korle Bu. Der Unfall war schlimmer, als die anderen Ärzte dachten. Guy hat Brüche in der Halswirbelsäule.«

Der Unfall, mein bleicher Sohn, seine scheußlich klamme Haut, meine Liebe zu ihm – all das flutete zugleich zurück in meinen Kopf.

»An drei Stellen. Ich habe angeordnet, dass er verlegt wird. Er kommt in einen Ganzkörpergips. Bist du noch da, Maya?«

Ich war nirgendwo. Ganz sicher nirgendwo, wo ich schon einmal war. »Ja, natürlich«, sagte ich.

Sie habe Beziehungen zu einem Militärkrankenhaus, erklärte sie, und sobald der Gips trocken sei, würde Guy dort hingebracht. Es sei ihm ziemlich an die Nerven gegangen, es sei also besser, wenn er sich erst etwas beruhigte, bevor ich kam.

»Ich komme sofort«, sagte ich.

Sie meinte es gut, aber sie kannte meinen Sohn nicht. Kannte nicht den übermütigen Jungen, der tagtäglich damit fertigwerden musste, dass sein Vater ihn ablehnte, kannte nicht den jungen Mann, für den weiße Anmaßung eine Selbstverständlichkeit war und das Weiterziehen von einer Schule zur anderen, von Küste zu Küste nichts Neues, und der sich schließlich auf einem ganz neuen Kontinent und in lauter neuen Kulturen hatte zurechtfinden müssen. Sicherheit gab ihm einzig und allein, dass seine Mutter, ob nun hilfreich oder nicht, nie weit war.

»Ich komme sofort.«

Ich wartete auf den Korridoren, im Garten und in der Kantine des Krankenhauses, bis der Gips ausgehärtet war, und fuhr dann mit meinem Sohn im Krankenwagen in die neue Klinik. Der noch feuchte Gips sonderte einen säuerlichen Geruch ab, doch mein sedierter Sohn sah aus wie ein fahlgoldener Engel in einem langen, weißen Gewand.

20

Mit Guys fortschreitender Genesung wurde Accra zu einer Stadt voller Wunder. Der riesige Makola-Markt zog mich an seinen wogenden wohlriechenden Busen und hielt mich stundenlang dort fest. Schwarze Frauen saßen vor ihren Ständen und boten ihre Waren feil: Erdnüsse, Erdnussbutter, Batikstoffe, Besteck, Pond's Gesichtscreme, Dosenmilch,

Sandalen, Männerhosen, Chilischoten, Chilisoße, Tomaten, Geschirr, Palmöl, Palmbutter und Palmwein.

Das Einkaufszentrum unter freiem Himmel, in dem geschrien wurde und Musik plärrte, Gerüche waberten und Kinder herumsausten, Kunden feilschten und Marktfrauen entschlossen gegenhielten, ließ Amerikas großartige Warenhäuser vergleichsweise farb- und leblos erscheinen.

Stundenlang konnte ich den Präsidentenpalast und das Parlament umrunden, wo Schwarze Menschen Pläne für die Zukunft des Landes diskutierten. Allein dieser Macht nahe zu sein, machte mich schwindelig. Als Guy über den Berg war, schrieb ich Mutter. Ich erzählte ihr von dem Unfall und dass ich mich jetzt erst meldete, weil sie sowieso nichts hätte tun können, außer sich mit mir zu sorgen.

Sie schickte mir postwendend einen ordentlichen Batzen Geld und schrieb, wenn ich sie hierhaben wolle, wäre sie schneller in Afrika, als ich bis drei zählen könnte.

Guy würde einen Monat im Krankenhaus bleiben und sich anschließend drei Monate zu Hause erholen müssen. Ich zog in den YWCA und schrieb einen Brief an Bahnti und Joe Williamson, denn ich konnte ja nun nicht nach Liberia, sondern würde in Ghana bleiben und mir hier einen Job suchen. Anna Livia überließ mir ihre Küche, so dass ich Guy täglich eine warme Mahlzeit kochen konnte. Zum Krankenhaus trampte ich, besorgte mir Mitfahrgelegenheiten oder nahm das Tro-tro (ein billiges Sammeltaxi). Das Geld zerrann mir unter den Fingern, und ich brauchte unbedingt eine Arbeit. Irgendwann kam Guy ja aus dem Krankenhaus, und dann musste ich ein Zuhause für ihn haben.

Julian wollte mich mit Efuah Sutherland in Verbindung bringen – Dichterin, Dramatikerin und Leitfigur des ghanaischen Theaters. Sie empfing mich mit großer Herzlichkeit. Wir setzten uns unter der Markise vors Haus und tranken mit Blick auf das grasbewachsene Gelände ihres Hofes Kaffee.

Oh ja, sie hatte schon von mir gehört. Und vom Unfall meines Sohnes. Wir seien schließlich in Afrika, da spreche sich so etwas herum.

Efua war tiefschwarz, und ihre schlanke Gestalt war in reinweißes Leinen gehüllt. In Ruhepose hatte ihr Gesicht etwas von der kühlen Schönheit der Nofretete-Büste, aber sobald sie lächelte, sah sie aus wie ein verschmitztes kleines Mädchen mit einem köstlichen Geheimnis.

Ich erklärte ihr, warum ich Arbeit suchte, und listete meine Referenzen auf. Sie verschaffte mir einen Termin bei Professor J. H. Nketia, Ethnomusikologe und Leiter des Afrikanistik-Instituts an der Universität von Ghana. Dr. Nketia rief seine Leute zusammen: Joseph de Graaf, Professor für Schauspiel und Theaterwissenschaft, Bertie Okpoku, Professor für Tanz und Grace Nuamah, Tanzmeisterin. Er stellte mich vor und kündigte an, dass sie sich besprechen und mir bald Bescheid sagen würden.

Noch bevor die Woche um war, rief mich Efuah an, ich hätte einen Job als wissenschaftliche Hilfskraft an der Universität von Ghana. Da ich keinen Universitätsabschluss hätte, könne ich nicht über die normalen Kanäle eingestellt werden, was heiße, dass ich nicht das Gehalt erwarten könne, das andere Ausländer erhielten, vielmehr würde ich als Ghanaerin bezahlt, also mit wenig mehr als der Hälfte dessen, was Ausländer bekämen. (Später sollte ich erfahren, dass Nicht-Ghanaer deshalb mehr bekamen, weil sie für alles doppelt so viel bezahlten wie die Einheimischen.)

Ich versuchte, ein Wort dazwischenzubekommen, doch Efuah fuhr fort: »Ein befreundeter Professor ist ein halbes Jahr auf Sabbatical, und wir haben es jetzt so arrangiert, dass du sein Haus haben kannst.«

Ich stieß einen Schrei der Dankbarkeit aus und hörte gerade noch Efuahs Stimme mit einem nüchternen: »Schwester, ich bin auch Mutter.« Dann legte sie auf.

Ich klaubte den Schrankkoffer, den ich bei Walter deponiert hatte, die im Gepäckraum des YWCA zurückgelassenen Koffer und die Tasche, aus der ich in letzter Zeit gelebt hatte, zusammen und zog in ein gemütlich möbliertes Haus auf dem Campus.

Als ich Guy aus dem Krankenhaus abholte, hatte er etwas von einem großen, stabilen Baum kurz vor dem Umstürzen. Er war noch mal ein paar Zentimeter gewachsen und hatte von der Herumliegerei zugenommen. Der Gips, der ihm wie eine Mönchskutte über Kopf und Schultern reichte, starrte vor Dreck, aber er musste ihn trotzdem noch drei ganze Monate tragen.

Wir feierten seine Entlassung mit gefülltem Brathähnchen, unser beider Lieblingsgericht. Er war blendend gelaunt. Er hatte das Schlimmste überstanden, Anna Livia meinte, die Brüche würden gut heilen, im Krankenhaus hatte er sich mit ein paar Leuten angefreundet, und bald käme er auf die Uni. Am nächsten Tag ging ich mit seinem Highschool-Zeugnis zur Einschreibung und erfuhr kurz und bündig, dass mein Sohn nicht anfangen könne zu studieren. Er hatte nicht die nötigen Zulassungsvoraussetzungen. Die Universität von Ghana funktionierte nach dem britischen System, angehende Studenten mussten also die sechste Klasse – oder wie die Amerikaner es nannten, das *junior col-*

lege – abgeschlossen haben. Man schickte mich entschieden wieder weg.

Nicht mit mir. Bei dem, was Guy alles durchgemacht hatte, konnte es nicht daran scheitern.

Conor Cruise O'Brien war Vizekanzler der Universität, und Nana Kobina Nketsia IV, ein hochrangiger afrikanischer Würdenträger, ehemaliger Vizekanzler. Ich ließ mir einen Termin bei Dr. O'Brien geben, und Efuah machte mich mit dem Nana bekannt.

Ich bat und bettelte, redete mit Engelszungen und argumentierte, versicherte, dass ich nicht auf ein Stipendium oder sonstige finanzielle Hilfen angewiesen war, sondern für seine Studiengebühren und sämtliche Bücher selbst aufkommen würde. Nachdem ich wochenlang die Büros belagert, Männer auf Korridoren in die Enge getrieben und auf Campuswegen verfolgt hatte, bekam ich endlich den Bescheid, sie hätten es sich überlegt, und es sei nicht fair, Schüler aus dem amerikanischen Schulsystem zu benachteiligen.

Sie hatten sich eine dreiteilige Prüfung überlegt, zu der Guy am Montag um neun Uhr morgens antreten sollte.

Da ich Guy nichts von dem steinigen Weg bis dorthin erzählt hatte, nahm er die Nachricht gelassen auf. »Okay, Mom. Ich bin dann bereit.«

Den ganzen Montagvormittag fühlte sich mein Schreibtisch an wie ein nasser Schwamm, und die Papiere darauf waren nicht zu lesen. Alle paar Minuten sah ich auf die Uhr. Efuah kam auf einen Schwatz vorbei, aber ich war so abgelenkt, dass das Gespräch immer wieder versiegte.

Schließlich kam Guy über den Campus gehumpelt, der Gipshelm von der Mittagssonne fast weiß getüncht. Ich zwang mich, sitzenzubleiben. Er kam herein und baute sich vor mir auf.

»Fertig.« Er hatte eine rosige Gesichtsfarbe, und die Augen blickten unbekümmert.

»Wie ist es gelaufen?«

»Super. Die Ergebnisse kriege ich erst in ein paar Tagen, aber es lief gut. Mom, wusstest du, dass Conor Cruise O'Brien das Kongo-Projekt der UN geleitet hat?«

Wusste ich.

»Genau, und eine meiner Fragen hieß: ›Welche Rolle kommt dem Europäer bei der afrikanischen Entwicklung zu?‹« Er gluckste vor Vergnügen. »Na, dem hab ich's vielleicht gezeigt. Ich hatte sein Buch *To Katanga and Back* schon in Kairo gelesen.«

Er drückte mir einen Kuss auf die Wange. »Ich treff mich jetzt noch mit ein paar Leuten im Junior Common Room.«

Sprachlos sah ich zu, wie er davonstürmte. Ich hatte gekatzbuckelt, den Tom gegeben und gebettelt, damit er diese Prüfung machen durfte, und der Kerl setzte alles in den Sand, bloß um seine Männlichkeit herauszukehren. Ich steigerte mich in eine heillose Wut.

Als ich eine Stunde später wieder einigermaßen sicher auf den Beinen stand und halbwegs zivilisiert sprechen konnte, ging ich über den Campus und stieß im Senior Common Room auf Dr. O'Brien. Ich bleckte die Zähne, bereit, sämtliche Register der Unterwürfigkeit zu ziehen – mein Volk hatte das Buch der Umgangsformen Weißen gegenüber schließlich nicht umsonst verfasst.

Ich hatte Brei in der Mundhöhle. »Dr. O'Brien, Guy hat mir erzählt, was er auf eine Ihrer Fragen geantwortet hat. Sie hatten sicher noch keine Zeit, seine Arbeit zu lesen ...«

»Doch, doch, Miss Angelou, und seine Antworten sind prima. Die Formulare für seine Einschreibung werden Ihnen ins Büro geschickt. Solche Köpfe sind an unserer Universität gern gesehen.«

Ich bleckte wieder die Zähne und trat den Rückzug an.

Früher oder später würde ich mir wohl eingestehen müssen, dass ich Schwarze Männer oder Schwarze Jungs einfach nicht verstand, von weißen ganz zu schweigen.

Guy zog in die Mensa Sarba Hall. Für meinen Geschmack war sein Zimmerchen fürchterlich klein und fürchterlich dunkel, aber er war begeistert. Zum ersten Mal in seinem Leben würde er allein leben, fern von Mutters Fuchtel, allein verantwortlich, für sich und vor sich. Meine Reaktion stand in krassem Gegensatz zu seiner Begeisterung. Auch ich würde zum ersten Mal im Leben allein sein. Zur Welt gebracht hatte ich ihn ja noch unter dem Dach meiner Mutter, und seitdem waren er und ich beisammen gewesen. Manchmal hatten wir bei anderen gewohnt, oder andere Menschen hatten bei uns gewohnt, aber der Dreh- und Angelpunkt meines Lebens war bisher immer er.

Als er den alten Schrankkoffer Richtung Tür manövrieren wollte, hielt ich ihn auf.

»Du sollst so schwere Sachen doch nicht heben, du tust dir noch weh. Denk an deinen Hals. Pass auf.«

Er stellte den Koffer ab und drehte sich um. »Mom, ich weiß, ich bin dein einziges Kind und du hast mich lieb.« Er blickte mich ruhig an. »Aber merk dir eins, bitte: Es ist mein Hals und mein Leben. Und ich lebe mein Leben mit allem, was dazugehört, oder gar nicht.«

Er nahm mich herzlich in den Arm. »Ich hab dich lieb, Mom. Vielleicht kriegst du jetzt auch mal die Gelegenheit, erwachsen zu werden.«

Draußen hupte es. Guy machte die Tür auf und rief:

»Kommt ruhig rein, ich bin fertig.« Zwei ghanaische junge Männer sprangen lärmend auf die Veranda und kamen ins Zimmer geplatzt. Als sie mich sahen, rissen sie sich zusammen.

Ich bot ihnen Getränke an, ein Bier, einen kleinen Imbiss. Zu gern hätte ich Guys Abreise hinausgezögert. Aber alle lehnten ab. Sie mussten ihrem Onkel das Auto zurückbringen, und Guy musste sein neues Leben beginnen.

Gemeinsam schleppten sie Guys Habseligkeiten zu einem nagelneuen Mercedes und luden sie ein. Guy drückte mich noch einmal, dann stiegen sie ein und fuhren ab.

Ich machte die Tür zu und hielt den Atem an. Jetzt musste doch eine Welle der Emotion kommen, mich überspülen, zu Boden werfen, mir die Luft rauben. Nichts passierte. Ich fühlte mich weder einsam noch verlassen noch trübselig noch trostlos.

Ich setzte mich, immer noch mit dem Damoklesschwert über mir. Doch der erste Gedanke, der mir kam, lautete perfekt ausformuliert und unmissverständlich: »Endlich kann ich beim Brathähnchen mal die ganze Brust allein essen.«